本书编委会

首届中学生家史征文大赛
优秀作品集

家史

周 云 孙玲玲 李 莉 主编

我们的家族故事

第一辑

商務印書館国际有限公司
中国·北京

图书在版编目（CIP）数据

我们的家族故事．第一辑 / 周云，孙玲玲，李莉主编．-- 北京：商务印书馆国际有限公司，2024.6
ISBN 978-7-5176-1062-5

Ⅰ．①我… Ⅱ．①周… ②孙… ③李… Ⅲ．①家族—史料—中国—文集 Ⅳ．① K820.9-53

中国国家版本馆 CIP 数据核字 (2024) 第 091585 号

WOMEN DE JIAZU GUSHI (DIYIJI)
我们的家族故事（第一辑）

主　　编	周云　孙玲玲　李莉
出版发行	商务印书馆国际有限公司
地　　址	北京市朝阳区吉庆里 14 号楼 佳汇国际中心 A 座 12 层
邮　　编	100020
电　　话	010-65592876（编校部） 010-65598498（市场营销部）
网　　址	www.cpi1993.com
印　　刷	三河市紫恒印装有限公司
开　　本	710mm × 1000mm　1/16
字　　数	281 千字
印　　张	18
版　　次	2024 年 6 月第 1 版第 1 次印刷
书　　号	ISBN 978-7-5176-1062-5
定　　价	49.80 元

PREFACE 前言

人民群众是历史的创造者。一个个平凡人物和普通家庭的生活轨迹，绘就不同历史阶段波澜壮阔的社会图景。我们的祖辈见证了历史的沧桑变化，他们或许平凡但绝不单薄的人生故事各不相同，都是生命记忆，是精神遗产，值得被记录和传承。探寻历史真相，总结历史经验，认识历史规律，顺应历史发展趋势，是历史学的重要社会功能；而立德树人是中学历史教育的根本任务。基于此，北京师范大学直属附校学科教育研究共同体发起组织中学生家史征文大赛，以引导中学生将个人、家庭、家族历史置于整个民族、国家的历史发展中去进行观察，通过对家史的考察、整理与写作，发展历史思维，提高历史学科核心素养，发现身边的历史，形成正确的历史观，树立正确的世界观、人生观和价值观。

本次征文活动于 2022 年暑期正式启动，经历了征稿启事的发布与宣讲、学生的动员、家史撰写的专题指导讲座、稿件的征集、评审委员会的组建以及评审标准的商定等环节。

本次活动引导学生通过各种方式（采访老人、走访老宅、查阅家谱、翻阅家人文集与日记、查阅地方志等）搜集整理史料，真实地书写探究过程中发现的历史，共收到家史作品近百篇。由来自北京师范大学的教授，北京市西城区教育研修学院的教研员，北京师范大学附属实验中学、北京师范大学附属中学、北京师范大学第二附属中学的优秀教师组成评审专家，采取双评模式，通过匿名评审，最终评选出获奖作品。

书写家族历史，是对家族前辈生命故事的记录，也为今天的我们和后人提供了了解不同时代历史面貌、时代精神、社会风尚的“望远镜”和“显微镜”。我们将其中的优秀获奖作品汇编成书，希望更多的人能够通过这些鲜活的故事，去感受大时代的波澜壮阔，深刻理解个人、家庭、家族与民族、国家的紧密联系。

北京师范大学直属附校学科教育研究共同体

中学生家史征文大赛组委会

CONTENTS 目录

梦想与时代 ①

北京师范大学第二附属中学 · 王孚嘉

姥爷说，一般人，在贫穷困乏的时候，是不会有很多梦想的。是时代不断进步、物质生活逐步改善、社会文明飞跃发展，才让他的梦想日新月异。梦想是有时代特色的，它需要时代的物质和文化生活去滋养。姥爷还说，他的梦想是与时俱进的。

——题记

今年暑假回新疆，我请姥爷再多给我讲讲他的故事，有哪些难忘的经历、有哪些梦想。姥爷第一句话就跟我说，他像我这么大的时候，从不曾梦想过能有现在这样好的生活！

姥爷说，他上学的时候，梦想都特别简单：天天能吃上白面馒头；鞋子坏了就能有钱买双新的；给优等生的奖励最好是一支钢笔；能住上楼房，不用去外面一桶桶挑水；第一次去北京，坐火车四天三夜坐到腰酸背疼的时候，梦想着啥时候能坐飞机去趟北京……

姥爷说，他很开心有三个孝顺的儿女，他们是他梦想实现的直接助力，但是，国家的发展、时代的进步，才是他梦想实现的坚实基础。

在人生的不同阶段，姥爷有过不同的梦想。曾经，他最基本的梦想，要克服重重困难才能实现；后来又有一段日子，那些现在看来再简单不过的梦想，需要他努力奋斗很多年才会变成现实；改革开放以后，他的梦想实现得越来越快；进入 21 世纪，社会发展的速度，总是超越了他的梦想……

---

① 本文内容来自采访记录。采访时间：2022 年 7 月。受访人：我的姥爷，乌鲁木齐市八一中学退休教师。

第一梦：但有亲人供饱暖

抗日战争全面爆发的第二年，也就是 1938 年，我的姥爷出生在河南许昌一个名叫“古城”的村庄。出生的具体日子，没人记得了。上学要做登记，他就根据从小听到的描述，做了大概推断，写上“12 月 30 号”，从此，这就成了姥爷年龄的正式记载。

姥爷出生后，我的曾外祖母却常常独坐哭泣，也不大理人，但是因为家人都对曾外祖母很好，大家也都觉得生了儿子该是件高兴的事儿，所以周围的亲戚朋友都不能理解。姥爷说，他后来听别人的描述，觉得自己的母亲应该是得了产后抑郁症。但是在那个年代，大家对产后抑郁症完全没有概念，可想而知，就不可能提供帮助。后来，曾外祖母因身体虚弱，又染杂疾，在姥爷才十来个月大的时候就去世了。因为没有照片，姥爷只能从众人的言语里，模糊地勾勒出母亲的模样。在母爱的陪伴下成长，成了姥爷永远不可能实现的梦。

为了让姥爷活下去，我的高外祖母、高外祖父，也就是姥爷的祖父母，在我的曾外祖母去世后，就烧面糊糊，或是把馍馍嚼得软烂，一点点喂给姥爷，就这样，姥爷磕磕绊绊活了下来。那时我的高外祖母、高外祖父最大的梦想，就是不管怎么样，也要给自己的孙子找口饭吃，让他能活下去。

在那个时代，活下去，已是奢侈。

第二梦：但愿人间皆得饱

姥爷一天天长大了，从他有记忆开始，最鲜明的记忆就是饥饿，最大的梦想就是能吃上一顿饱饭。

民国三十一年，也就是 1942 年，河南大旱。那一年的经历，其后无数次被人们描述、回忆。那时姥爷虽小，历史画面却模糊地记在了脑海中。那一年，古城村和周围的几个村子，夏收前没下过一滴雨，颗粒无收。河南饿殍遍野，人们吃草根、啃树皮、嚼观音土，甚至出现易子而食的人间悲剧。草草埋在土里的死尸，被饥饿的人挖出来吃掉……各种惨绝人寰的事情，不一而足。

到了秋天，蝗灾又不约而至。姥爷还记得，一天下午，他在地里躺着，眼见一片黑云快速移近，大队蝗虫像一阵风般袭来，地上、房上落了满满一层。蝗虫啃食庄稼叶子的声音连成“哗哗哗”的一片轰响。蝗虫飞走后，庄稼地里就只剩下了一片光杆儿。当时全国正处于抗战时期，为了支援前线需要筹粮，再加上政府的不作为，更加重了当地的灾难。蝗虫的洗劫，无异于雪上加霜。

姥爷听我的高外祖母说，那次大旱，村里一半人都饿死了。为了活命，有的人拖儿带女，到外地逃荒；有的父母忍痛卖掉孩子，只为能让孩子有口饭吃。逃荒的长队里，每一刻都有人倒下，到处都是饿死和病死的人，尸横遍野。

姥爷跟我说，在我表姐和表哥差不多四岁的时候，他曾经给他们做“忆苦思甜”的教育，说起小时候吃不饱，上大学时早餐只有一个小馒头，说起梦想天天吃白馒头，表姐立刻问姥爷：“馒头不够吃，爷爷你为什么不吃蛋糕呢？”表哥也一脸困惑：“爷爷，要是你肚子饿，吃面包也可以啊，为什么只想要白馒头呢？”两个孩子的反问，让姥爷哭笑不得，他第一次发现，让两个出生在二十世纪九十年代大城市的孩子，理解“极度缺乏”这个概念，并不是一件容易的事情。

在我笑话表姐和表哥的时候，姥爷说我是“五十步笑百步”。我上幼儿园的时候姥爷带我，有一天在幼儿园学了《国际歌》，回家就问姥爷：“姥爷，什么是奴隶呀？”我按照姥爷的回答，在脑子里勾画了一下“奴隶”的形象后，又问姥爷：“姥爷，奴隶生活怎么苦的？他们每天吃什么呢？”姥爷说：“奴隶主对奴隶非常不好，每天都给他们吃最不好的、没有什么营养的东西。”我感慨道：“啊？奴隶每天都只能喝可乐、吃薯条呀！姥爷，我也想当奴隶！”

姥爷常常开心地叹着气感慨：“哎，时代变了。现在，这又是水果，又是酸奶的，天天排着队等着我吃。在以前，哪敢想呢！”

第三梦：发奋识遍天下字

古城村村头，有一座废弃许久的关公庙。村里的人把庙里收拾收拾，凑钱请了老师，在那里给孩子开班授课。姥爷就是在那座关公庙里开蒙的。庙里没有桌椅，孩子们坐在地上，或是搬块石头坐着。姥爷还记得他会带一块板子去庙里，放在腿上，写字的时候当垫板用。

姥爷一心想读书，一起读书的小伙伴里，属他最刻苦。中华人民共和国成立后，姥爷考上县里的初中，家里给他织了一块方形粗布。他把布展开，把书本放上，把斜对的两角系上，打成一个包袱，挎着去学校。那块布，就是他的“书包”。姥爷平时住校，放假了，就挎着“书包”回家，一边帮家里干农活，一边抓紧零碎时间看书。初中毕业后，因为成绩好，姥爷被保送到河南省重点中学许昌高中。河南的夏天潮湿炎热，每次写作业，他都要在胳膊下垫一块毛巾，以免稍不注意，汗水就会洇湿纸面。学校的饭菜不够吃，他每次从家里返回学校的时候，会带一布兜饼，饿的时候就掰一块儿，用水泡软了吃。吃到后来，饼常常已经长了毛，但是他从来没想过扔掉不要，就拍拍打打，把发霉的地方清理一下，接着吃。

1959 年，姥爷考上大学。他上大学的时候，正赶上三年困难时期，中国经济受到重创，百废待举，困难重重。姥爷的大学生活，饥饿依然是抹不去的记忆。再加上 1958 年开始的大炼钢铁造成人力、物力、财力的极大浪费，国民经济比例失调，严重影响了老百姓的生活，一些生活比较艰苦的同学没能坚持到毕业就退学了。作为农民子弟，姥爷的求学之路也异常艰辛，但由于父辈坚韧勤劳精神的熏陶，姥爷一直坚持学习。那时候的早餐，只有 16 两秤的一个二两馒头和一小碗稀粥，粥里几乎没有一粒米。就算这样，学校还不时组织学生参加各种劳动。姥爷常常饿得需要扶着楼梯扶手，才能一步步挪到自习室去学习。

因为没有足够的照明，加上长时间用眼、营养不良，大二的时候，姥爷近视了。学校特批给姥爷一笔补助，让他配一副眼镜。一个周末的上午，姥爷步行 15 里地，到老城区去配眼镜。等走到了，眼镜店却关门了。姥爷走累了，就到旁边的公园，找了一处地方，把鞋脱下来垫在头下，想着睡一觉，等下午眼镜店开了门再过去。但是一觉醒来，发现头枕的鞋不见了，就光着脚去配了眼镜。他没有钱买新鞋，想光脚走回学校，又想到学校也没有可以穿的鞋，他就凭印象找到和自己关系挺好的一个城里同学家里。同学不在家，姥爷讲明情况后，借到了一双鞋，穿着走回学校。那双鞋，姥爷一直到第二年才还上。

姥爷每每看到现在的孩子厌学，学习动机不足，都很难过。他总说："我们那个时候学习，真是如饥似渴。姥爷有点儿时间就读书。现在的孩子是也不饥也不渴，送到嘴边还嫌烦。姥爷可是做梦都想有这么好的上学条件。要是我那个时候能有这么多新本子、新笔，有好几双鞋子能换着穿，梦里都会笑醒！"

第四梦：忽见广厦千间辟

1963 年夏天，姥爷大学毕业。那时候，新疆人才缺乏，国家号召大学生到艰苦的地方去，到祖国需要的地方去。作为学生干部，姥爷响应号召，主动报名。他被分到乌鲁木齐市第四中学当老师。

刚到四中，学校给结婚的老师一间 15 平米的房子。房子是土坯房，每年夏天都需要再上房泥，冬天又需要他请校工来帮着打火墙。1964 年的冬天，我的舅舅出生了；三年后的夏天，姨妈呱呱坠地。姥爷那时候年轻，新的生活刚刚拉开序幕，任何后来想想都不知道怎么熬过去的日子，在当时就那么咬着牙，靠着老乡、同事互相帮，街坊邻里彼此照应，一天天过下来了。姥爷说："都不记得那段日子有过啥梦想，就是希望每个月的工资能撑到月底，孩子不要生病。"那时候舅舅和姨妈动不动就感冒发烧，有时病得厉害了，姥爷就从学校互助金里借几块钱，再借了平板车，让姥姥包严孩子坐在车上，请邻居帮忙，姥爷和邻居一个拉、一个推，往最近的医院跑。那时候姥爷教两个年级的课，当着班主任，但是接新班前和每个假期，他都会花大量时间到所有学生家做家访，再忙再累，都不曾间断过。

1973 年春天，我的妈妈降生了。又过了三年，姥爷调到了八一中学，此后再没有离开，一直到退休。乌鲁木齐八一中学原是王震将军创建的随军学校，有附属的幼儿园、小学、中学、食堂、校医院，条件相对好得多。当时“文革”结束了，生活重回正轨，人们一天天更有盼头了。虽然，一件棉袄舅舅穿了姨妈穿，姨妈穿了妈妈穿，布票还是总也不够用，但是，姥姥已经可以轮着给孩子做一件新衣服了。在八一中学，姥爷一家从砖房住起，冬天还是要架炉子、垒火墙，还是在厨房放两口大缸，一口缸装着挑来的水，一口缸用来腌各种咸菜。因为住在把边的平房，姥爷在屋子两侧，各加盖了一个小院。院子里，各种蔬菜、水果种上一点儿，黄瓜、梅豆、西红柿、辣椒、韭菜、葡萄……又能收获了吃，又能让孩子了解农林事务。改革开放后，姥爷从报纸和广播里知道，国家发生着翻天覆地的变化。当时，姥爷形容自己“像打了鸡血”，把更多的精力投入到工作，很快被评为高级教师。生活好起来，每年姥爷都会给三个孩子每人订一份杂志、一份报纸。姥爷现在还记得，舅舅最喜欢《奥秘》，姨妈爱读《少年文艺》，妈妈给自己选的第一本杂志是《儿童时代》。那时候，姥爷的梦想简简单单，就是想通过自己的努力，让一家人生活得更好，更丰富多彩。

1986 年，姥爷实现了住楼房的梦想，一家人搬进了有三间卧室的楼房。小小的客厅里摆上了冰箱和电视，家里置办了双缸洗衣机，用上了煤气，再也不用挑水、劈柴、垒火墙了。1994 年，学校又一次集资盖家属楼，给高级教师调了更大的户型，姥爷一家搬过去不多久，装上了电话。姥爷说，90 年代一开始，各种变化快得接不住，那时候，每当一个惊喜来到身边的时候，会想，还没开始想呢，就变成现实了！

第五梦：须行即骑访名山

姥爷已进入耄耋之年，三年前实现了四世同堂的梦想。姥爷爱旅行，生活好起来以后，他的梦想就是游遍祖国大好河山。1987 年，是姥爷一家五口人（姥爷、姥姥、舅舅、姨妈、妈妈）第一次全家一起出疆旅行，逛北京、游三峡，去看都江堰、参观兵马俑……其后，他们每两年就设计一条路线。姥姥去世早，后来就是舅舅、姨妈和妈妈找时间陪姥爷出去旅行。

2017 年，姥爷去了台湾旅游，现在除了西藏和香港、澳门，几乎跑遍了中国。姥爷说他每次旅行，看到祖国大好河山、感受华夏文明，都深为骄傲。

后来，“出国看看”进了姥爷的梦想清单。2002 年，姥爷随做访问学者的妈妈去美国，到东部、西部看了很多城市。姥爷中学时代就崇拜“苏联老大哥”，2009 年，妈妈送给姥爷的 70 岁生日礼物，是陪姥爷去俄罗斯旅游。2019 年夏天，姥爷实现了旅行梦想清单里的欧洲行，非常开心。他跟我说，他都工作了也没有想过有一天会到国外旅行，“没有过这样的梦想，因为不知道还有这样的梦想可以存在”。

姥爷说，他像我这么大的时候，即使知道某样事物存在，比如说飞机，也觉得和自己的生活不会有任何关系，那是太遥不可及的事物，没想过可以放进梦想里。他们那个时候，说一个人想法太不可能实现，会说：“你咋不想着还能上天呢！”

妈妈有一次梦见带姥爷坐火箭去月球旅行，她和姥爷穿着宇航服走进舱门时互相对望着笑的那个画面，还有她扶着姥爷走出舱门踏上月球那一刻有些飘的感觉，醒来后都记得特别清晰。她讲给姥爷听的时候，姥爷大笑，笑得流出了眼泪。

这个梦想，也许在姥爷百岁生日的时候，就能实现了。谁能说不会呢！

后记

采访结束后，姥爷对我说：“特别感谢中国共产党和这个好时代，我这么多梦想才能实现。可以说，是时代成就了我的梦想。”姥爷是 1938 年底出生的，比中华人民共和国大了十岁多，他是中国人从站起来到富起来，再到强起来的亲历者之一。习总书记说：“人民对美好生活的向往，就是我们的奋斗目标。”姥爷的经历就是这句话的见证。于是，借着家史征文这个机会，我决定记录下姥爷的这五个梦想，五个由时代发展筑就的梦想。

（指导老师：周云、王斯雯）

悠悠岁月历沧桑　缕缕家风永流传

北京师范大学第二附属中学 · 陈禹同

我爷爷有一句话经常挂在嘴边："咱们家的历史啊，都能写本书！"在当代中国，每个年轻人祖辈、父辈的经历其实都是一部可以大书特书的家族史，也是一部鲜活的中国社会变迁史。

祖辈"闯关东"

爸爸说，听老一辈讲，我们祖上生活在南方，也算是书香门第，直到现在，老家的陈姓一脉仍传承着一套很讲究的祭祖程序和礼仪。每年除夕的祭祖仪式，首先要接神，其次是跪拜，接着要连吃三天素食。后来，家族没落了，其中有一支就闯了关东，来到辽宁朝阳，几代人在这里扎根繁衍。太爷是个地道的农民，没念过什么书，却是个有想法、有追求，颇有正义感的人。太奶是邻村的，长得周正，性格要强，吃苦耐劳，还特别善良。据说，如果有人来乞讨，她从不拒绝，甚至把家里最好吃的东西给人家。太爷和太奶奋发向上、勤勤恳恳，生活还算过得美满。中华人民共和国成立后，太爷浑身有使不完的劲。可惜的是，因为一场急病，太爷才四十岁出头便离世了，把两个不到十岁的孩子扔给了太奶。太奶当时年纪还不算大，不少人来劝她改嫁，她怕孩子们受委屈，一直坚持自己带孩子过。不管多累多难，她每天都把家里家外打理得井井有条，不抱怨，不气馁。她特别爱听《杨家将》这类评书，嫉恶如仇，教育孩子要做正直善良、有出息的人。她总是说，好人有好报，忠厚传家远。现在想来，她在生活和命运跌宕起伏时坚韧不拔的态度实在是了不起。

受太奶的熏陶，爷爷18岁就入了党，还是当时全乡最年轻的大队主任。党的十一届三中全会以后，农村开始搞家庭联产承包责任制。当时村里有个苹果园，想承包给个人，但是村民们犹疑，害怕政策有变，谁也不愿出这个头。爷爷响应号召，辞去大队主任的职务，把果园包下来。这在当时，需要极大的勇气和决心。老实质朴的奶奶一直支持爷爷的决定，给予爷爷莫大的力量。爷爷说，奶奶干起活来好男人都比不上。太奶去世前，曾动情地评价奶奶："一起生活几十年，咱俩脸都没红过。你这么孝顺、这么体贴，就是亲闺女也做不到啊！"

姥爷的"忆苦思甜"

在姥姥家过年时，总有一个特殊的环节，就是听姥爷讲过去的故事，而且这个环节还被起了一个响亮又经典的名字——"忆苦思甜"。妈妈说："这是咱家过年不可或缺的重要部分，到底是从哪年开始的，就连我也记不清了。"姥爷讲的故事都是家里长辈经历过的真事，他讲得富有真情实感，如同电视连续剧一般精彩，却比电视剧更接地气儿、更有吸引力。每每讲到困难处，我都会伤心地流下眼泪，讲到开心处我也会跟着喜笑颜开。在姥爷娓娓道来的语气中，我仿佛也跟着故事情节走进姥爷曾经生活的那个年代。

姥爷经常从自己的父母开始说起，太姥爷太姥姥是地道的东北人，祖祖辈辈都生活在距沈阳30公里外的一个小村庄。这个村庄名为西五旗，是一个少数民族聚居的村子，满族、锡伯族、蒙古族……不同民族的人岁岁年年在这里过着平凡和睦的日子。太姥爷的祖辈成年累月和土地为伴，日出而作，日落而息。他们是以种地为生、勤劳朴实的农民，一辈子从未走出过农村。太姥爷太姥姥生活贫寒，饥无饱腹粮、冷无御寒衣的生活伴随了他们大半辈子，过的不是现在人们想象中的"桃花源"般的田园生活。太姥爷是村里的能工巧匠，豆腐匠、粉匠、苫房匠都是他的职业，而造厨、编筐编篓这些细活他也都精通，在当时是三里五乡不可或缺的角色。家家户户有个大事小情都乐意请他去帮忙，他总是有求必应，经常累得筋疲力尽，到家后连洗脸洗脚的力气都没有，倒在炕上便睡。有一次，太姥爷帮人家苫房时不慎从房顶滚下来，在场人都吓傻了，所幸地面上铺有厚厚的苫房用的稻草才有惊无险。即便如此，太姥爷身上也多处受伤，一瘸一拐走回家，绝口不向家人提起此事，第二天照样随叫随到。那个年代没有雇工，更给不起工钱，农户之间都是互相帮助。由于太姥爷是公认的能人，人缘好又乐意助人，请求帮忙的人自然就很多，一年的帮工占去了整个农闲和大部分业余时间。太姥爷从不拒绝别人的请求，谦和待人，与人为善，从无怨言，更不张扬，在乡亲们心里威望较高。虽然家里贫穷，但太姥爷脸上总是露出微笑，觉得自己活得很充实；虽然吃了上顿没下顿，但他深受乡亲们尊重，使他精神上有一种幸福感，对生活充满信心。

作为一名中学生，给我留下不可磨灭印象的，是姥爷讲述自己那段饥寒交迫、不堪回首的中学时代，他的经历让我感触极深，也将终身受益。每当回忆这段念书求学的真实经历时，姥爷总是满脸的忧郁，声音低沉。那是二十世纪六十年代初国家三年困难时期，当时要想念中学就必须到距家 7.5 公里的区政府所在地，也就是说每天要步行 30 多里路。为保证上课的时间，姥爷都是早起头顶着星星走出家门，晚上顶着星星返回家中。在上学过程中最难的是下雨天和下雪天，雨天身上没有雨伞，更别奢望买雨衣，只能光着脚冒雨前行。若遇小雨，一二节课用体温可以把湿衣服烘干；若遇大雨，则需要半天时间衣服才勉强能干；一旦遇上暴雨或大雪，还要提前半个小时从家里出发。日复一日，年复一年，六年来不管是打雷、下冰雹，不管天有多冷，路有多难，姥爷都没有请过一天假，没有缺过一节课。路途难走，脚被扎伤、身体被摔伤那是家常便饭。姥爷说，有一次大雨瓢泼、雷电交加，他已超过正常到家时间半个多小时还没到家，太姥姥心里再也沉不住气了，急三火四小跑着去路上接。在离家还有几里地的地方，她看见姥爷一个人艰难地走着。原来姥爷的右脚被划了一道长长的口子，疼痛难忍。太姥姥见状，把姥爷搂在怀里大哭了一场。还有一次，让姥爷一辈子都忘不了。初春一场大雪边下边化，路上全是泥水，放学回家路上，姥爷穿的靰鞡鞋[①]无法再穿了，只能光着脚在雪地里走了7.5公里，到家后两脚已无感觉。以上这些苦和难还可以承受，但是有的困难已经超出了承受能力，现在回想起来都觉得是不可能承受的。一个农民家庭供一个孩子上高中已经很难，太姥爷太姥姥却负担四个孩子读书，有念大学的，有念中学的，还有念小学的，钱从哪儿来？几十年压得他俩喘不过气来，在生产队劳动所挣的工分，到了年底结算都不够交口粮款的。太姥爷常讲："再苦不能苦孩子，再难也不能不念书。"还说："读好书才能做自己想做的事，过自己想过的生活。"后来才知道这都是太姥爷太姥姥的血汗钱。太姥姥一年要卖几次血，给的营养品不要，坚持要变成现金。另外，就是养猪、鸡、鸭、鹅等，人的口粮都不够吃，只能在农闲或劳动之余挖野菜做饲料。孩子们开学前，太姥姥走家串户在全村借钱，然后再一分一角地赚钱，年底一定把借的钱全还上。太姥姥说："好借好还，再借不难。"十二年寒窗苦读，姥爷终于如愿以偿考上大学，成为全村第一个大学生。太姥姥又再次挨家挨户去借钱，直到把借钱范围扩大到城镇的亲戚家，才算把学费凑够了。在送姥爷去大学报到的那天，太姥爷太姥姥早早起床张罗，恐怕落下什么东西。最后，他俩坚持步行十几里路送行，一直送姥爷到火车站。当姥爷登上火车那一刻，太姥姥再也忍不住了，哭得一塌糊涂，谁也劝不住。望着远去的火车，太姥爷太姥姥迟迟不愿意离去。当故事讲到这里，姥爷老泪纵横，再也说不下去了。我问姥爷："您为什么会饱含热泪？"姥爷深深地叹了口气说："那是因为对太姥姥深沉的思念。"太姥姥一辈子积劳成疾，不到六十岁就离开我们。姥爷沉默了一会儿，深有感触地说："有人说过妈妈给孩子的再多，总会感到还有很多亏欠。苦日子过去了，妈妈却老了；好日子来了，妈妈却走了，这就是苦命的妈妈。"太姥爷在世时说

① 用牛皮缝制、内絮捶软的乌拉草做的防寒鞋，同时为防冻用玉米棒外皮充填其中，需每天更换。

过："我们做父母的最大安慰，是子女能给我们争气、长脸，我们能以你们为骄傲就知足了。"太姥姥说："是你们让我这个当妈的有一个满意的收尾，成为很有福气的人。"太姥爷太姥姥走完了他们坚强平凡而又伟大的一生，生活的苦难让他们更坚强。可以说，太姥姥是对姥爷影响最深的人，她直接改变了姥爷的人生路。曾经的忍耐与困苦，最终化为姥爷成功路上的基石，也诠释了知识完全可以改变命运这一真谛。想一想太姥爷太姥姥对自己的爱，姥爷觉得没有什么坎迈不过去。

20世纪80年代，姥爷在区里主持开发的当地最大的农贸市场。

我从小就非常崇拜我的姥爷，总觉得他身上有种坚忍不拔的毅力。姥爷如今能取得如此成就，离不开太姥爷和太姥姥对他的教导与影响：培育了他坚忍顽强的性格，锤炼了他忠诚实干的品格，养成了他艰苦朴素的作风。姥爷是1946年出生的，生在旧社会，长在红旗下。改革开放后，在沈阳市第一批走上领导岗位的"四化"干部中，属他年龄最小。说起来，我的姥爷也是赶上了好时代。姥爷通过发奋努力，成为改革开放后的第一批大学生，毕业后自愿回到了生他养他的家乡所在区里工作，37 岁被党组织委以重任，破格提拔为区长、区委书记。上任后，姥爷说他一直坚定一个信念：薪火相传，心系百姓，不忘初心，不辱使命；始终坚持一种作风：不说假话，老实做事，不贪不占，不负年华。这可能就是家风的影响吧。姥姥常常抱怨，姥爷在区里当领导的那些年从来没有节假日，连年夜饭都没在家吃过，没有一天不加班，办公室的灯几乎每天亮到晚上十点以后。妈妈也常说：只要同事们到过姥爷工作过的地方，都会听到当地干部群众称赞的话语。我想这就是“政声人去后”的深刻内涵吧。姥姥更是一个上进的人，悟性好，工作能力强，能独当一面，巾帼不让须眉。她是年龄较小走上工作岗位、罕见的农村出身的小姑娘，工作中很快就崭露头角，十九岁入党，是全区年龄较小的公社党委委员、团委书记兼妇女主任。她因业绩突出，工作不久即被推选为区党代会的党代表且年龄最小，又较早地成为区政府部门的领导干部。

20 世纪 80 年代，姥爷在区里主持开发的著名景区。

姥爷（左）和太姥爷（右）
在区政府院内花园的合影

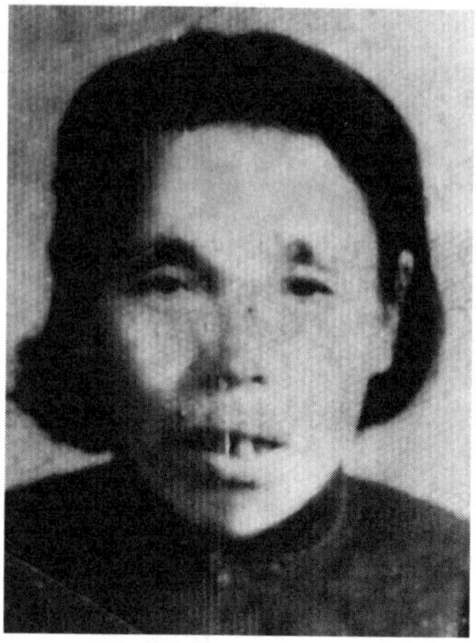

太姥姥的照片

父母的“接力棒”

爸爸在高中时入党，当时整个高中只有他一个学生党员，这明显是受爷爷的影响。爸爸大学毕业后，本可留在大城市，有稳定的工作，过优渥的生活。但是，他心里总是有一个为基层、为群众去干点实事的想法，就毅然选择到乡镇工作。爸爸每天要与基层群众直接打交道，工作琐碎，生活条件也差，住平房，生炉子。但是他无怨无悔，全身心地投入，得到镇里同事和老百姓的认可，成了全县最年轻的副镇长。因为表现突出，爸爸先后被选到省委、央企和国家部委工作。他经常加班，工作仿佛就是他人生的全部。

妈妈和爸爸是大学同学，她毕业后在报社工作。妈妈有一件事让我一直觉得是个“奇迹”：当时她刚刚生下我，处于哺乳期的她担任报社中层干部，还承担具体编辑工作，天天加班加点，爸爸又在香港工作，她竟然利用业余时间攻读了北京师范大学的博士学位！

我很想知道爸爸妈妈为何会对自己的人生和事业有如此强大的动力，

他们用言行告诉我：生逢盛世，服务时代，是他们的使命；做党组织的合格一员，做传承优良家风的子孙后代，是他们的初心。

这就是我的百年家史，没什么惊天动地的大事，也没出什么了不起的大人物，真的很平常。但是，在梳理这百年家史中，有一种感动时时在我心中起伏，不停撞击着我的心扉。我想，这是一种敬仰之情，是对祖先追求正义、勤劳勇敢、乐观向上、忠厚慈孝品质的景仰，这也是沉淀在中华民族精神深处的宝贵财富；这是一种感恩之情，几代人成长发展，靠的是党的政策、党的领导、党的培养；这是一种奋发之情，奋斗者是最美的，奋斗进取才是传承历史、书写历史的如椽巨笔！

悠悠岁月历沧桑，缕缕家风永流传！

（指导老师：王斯雯）

寻 根

——记岁月低语

北京师范大学附属实验中学 · 高艺泽

颠簸着的汽车驶入布满碎石的土路，路过一些平房，它们七零八落地散在阡陌之间，似乎夹道欢迎着远道而来的北京游客。车子驶过，于我而言眼中那一间间房屋模糊在一层飞扬的尘土中，如同过眼云烟，匆匆掠过车窗，接着被远远地抛在身后。直到瞥见爷爷奶奶的目光亲昵得像是在回应那些红色砖瓦，方才明白这是一次故地重游，属于他们的过去就在一片乡土气息里与年迈的他们相会，马路变泥土，引领着我们通往记忆和历史的深处……

一、知悉历史沿革 回望祖先足迹

写下上述文字时，脑海中回忆的是 2019 年的国庆假期，唯一一次拜访祖籍的场景。我的祖籍位于内蒙古自治区赤峰市元宝山区古山镇，这是这片

祖籍老宅现在的样子

2019 年，我与祖籍老宅的合影。

土地在 1995 年以后的名字。1983 年，从喀喇沁旗马蹄营子公社划出四家、西六家、公格营子、水源、岭上 5 个大队，划入元宝山区，1984 年改建为公格营子乡。1995 年撤乡，建古山镇。早在七八千年前，喀喇沁旗境内就有原始先民过着农耕为主，渔猎养畜的定居生活。进入夏朝以来，喀喇沁旗大地先后成为山戎、东胡等少数民族的领地，直到 907 年辽建立。元朝建立后，喀喇沁旗境属上都路辖区。成吉思汗的勋臣者勒蔑为后来迁居喀喇沁地区的兀良哈部的先祖。清朝对内蒙古大部分地区实行盟旗制，自此，喀喇沁旗被纳入了中央政府的直接统辖范围。悠久的历史长河中，一代代人的生命降临又逝去。“人过留名，雁过留声”，“子孙不知姓氏所从来，以昧昭穆之序者，禽兽不如也”，或许是为了证明祖先们留下的痕迹，又或许是为了增进家族的凝聚力和亲情族谊，爷爷过去还张罗过重修家谱的事。奈何爷爷年事已高，身体欠佳，再加上许多谱系已经难以理清或失散，重修家谱的事也就搁浅了。幸运的是，在奶奶的口述中，我似乎听到了时代脉搏越来越近，越来越响。

古山革命烈士纪念碑

二、亲近故乡史事 落叶方知归根

现在的元宝山区，市区的夜晚万家灯火，村子里的月光明朗清澈。可半个多世纪前，这里还是鏖战古山的沙场，是“欲射天狼光禹甸，军民协同共弯弓”的冀热辽军区。

1946 年 1 月，国民党第 13 军大举进占热河省，企图隔断华北与东北的联系，并在《停战协定》生效前，抢占了北票、朝阳、凌源、平泉，进而攻占建平、平庄、古山等地，直逼承德和赤峰。古山战役持续七余日，打击了国民党军不可一世的气焰，守卫了东北革命根据地。[①]“地方党组织和人民群众的支援，是古山战役胜利的重要保证，充分显示了人民战争的伟大。”[②]当我向长辈问起我们的家乡与家族经历过哪些重要的历史事件，他们果断地告诉我：“这里曾经有一场古山战役，这也就是最著名的了。”奶奶还讲道：“过去啊，每逢清明，这附近的中小学师生都会上山扫墓。赤峰平庄人都知道，这场仗，先烈们是在为百姓们打……咱家世代为农，当时没人入党参军，但我想我的父亲母亲不会觉得古山战役的战场远离自身，他们也是支援前线的战争亲历者……”人们平凡又短暂的生命漂荡在浩瀚历史里，也有厚重的生命被脚下的土地和自己的小小家庭托起。因此，鏖战古山的烈士们不会想到自己正参加一场留名青史的战斗，但他们在枪林弹雨中从不曾忘记自己的妻儿和时代使命——解放冀热辽、解放全中国。一个人就像一个未建立的坐标，直到他开始认识自己正经历的时间位置，直到他开始熟悉他所处的空间位置，他才终于立身，那颗跳动的心才终于有了归宿。我的老家，我的亲人，在某种意义上或许可以被称作我的全部了。

---

① 韩晓梅:《毙伤俘敌 1100 余人！古山战斗打击了国民党不可一世的气焰》，中国军网–解放军报，2022 年 5 月 29 日，网址 http://www.81.cn/js_208592/10158576.html。

② 汪奎林主编《公格营子村志》，第 213—242 页。

三、秉承教育初心 振兴平凡农家

奶奶说："读书这件事是从我们这一代开始的。"[①] 太爷爷太奶奶这一辈及前人，都生于农村。在他们的童年里，在那个义务教育还是一场梦的年代，学堂对于他们是遥远的，于是他们在公格营子这个乡一生为农。幸运的是，他们认识到了受教育的重要性。更幸运的是1949年，中华人民共和国成立后，中国建立了全新的教育体系，普通民众及其子女普遍获得了受教育的机会。我的爷爷是1944年生人，在这双重幸运的指引下，他在1952年开始了读书之路。太爷爷太奶奶曾经营糖铺生意，用微薄收入一直支持他读完小学和中学。接受教育的过程中，爷爷的少年时代被教育和知识的光照亮，成为少有的农村学生之一。据奶奶叙述，那个年代的农村家庭大多属于贫农，少部分属于中农，许多家庭是供不起孩子读书的，还有更多的父母秉持着"女孩读书不如学着做农活有用"的传统观念。这样一来，让出生在农村的孩子，尤其是女孩子，接受教育、走出农村，在一些家庭里简直是天方夜谭。"我身边的同龄孩子，除了我以外，女孩子去念书的很少，基本都是在家织布啦、绣花啦、烧火做饭啦……现在和她们也都没联系了。"奶奶这样说。因此，有幸被照亮的人，顺其自然地成了倾洒光芒的人。爷爷奶奶不仅自此收获了精神食粮，还开始了自己的教书育人之路。接下去的每一步，都离不开他们在这个时期获得的幸运和礼物。

虽然都是投身教育行业，爷爷奶奶却是沿着不同的道路找到了交汇口。1951年，教育部召开了第一次全国师范教育会议。会议讨论通过了《关于高等师范学校的规定（草案）》。自此，每一大行政区至少要建立一所健全的师范学院，由大行政区教育部门直接领导。得益于此，爷爷考入师范学校，毕业后在公格营子中学任教。虽然早在民国时期，就已经设立了选拔塾师的资格考试，然而，我国教育资格制度发展的历史留下了七十多年的空

---

① 采访记录，采访时间：2023年2月18日，受访者：刘苓芬。下文中关于过去记忆的描述，如未做标记，均来自于采访记录。

白，直到 1995 年颁布《中华人民共和国教师法》《教师资格条例》后，才对教师资格制度进行了具体规划。因此，当我向家里的长辈寻找史料支撑时，并没有获得爷爷的相关证件。再后来，他脚踏实地地工作，勤勤恳恳地奉献，担任了元宝山区教育局普教科科长一职，直至退休。

如果说，爷爷的经历里，时代背景只是起到了间接的推波助澜之作用，那么 20 世纪 70 年代的“知青下乡”政策则直接决定了奶奶的职业生涯。奶奶上学时期，接受“上山下乡”的动员，成为广大知青的一员，来到村里的小学任教，后来成为一名小学校长。

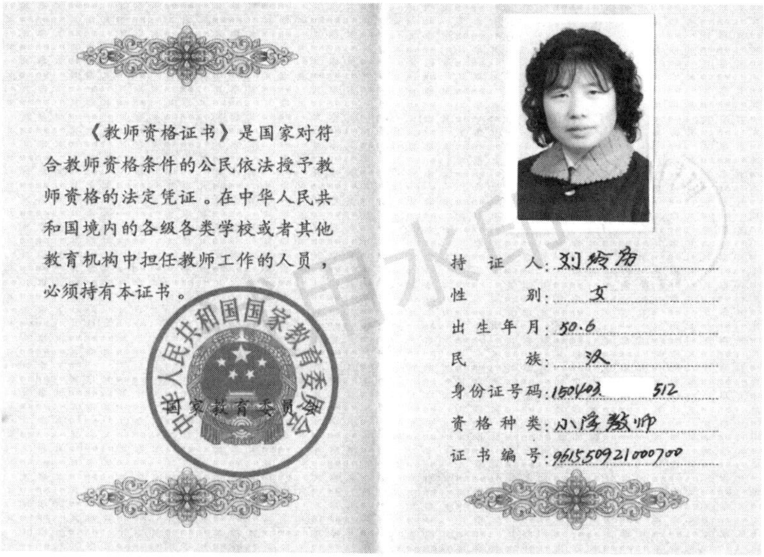

奶奶的《教师资格证》照片

当翻出布满褶皱的一张张旧奖状时，奶奶很自豪地说：“实际那个时候，我基本年年都会得奖状，不过只留下这么几张了。”奶奶无疑是那个年代中一名出色的教育工作者。奶奶还参加了成人高考，通过函授取得了大学专科学历，后担任平庄镇中心校党委书记。随着长辈工作的变动，全家也从农村迁到了城镇，就此告别了在公格营子村里的老房子。这片土地和这间旧屋，随之成为守望在旧日光阴中的祖宅。

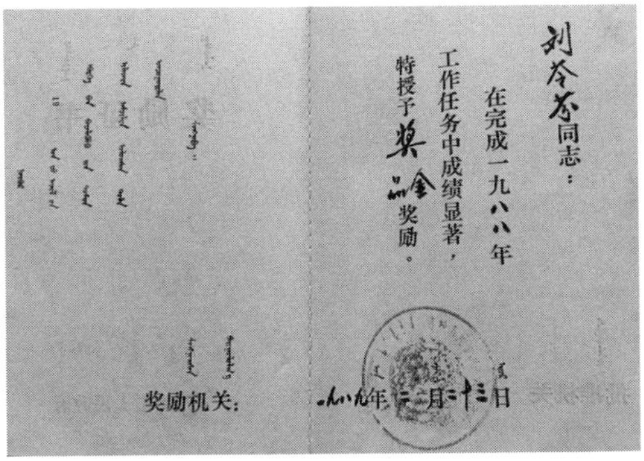

奶奶荣誉证书 1

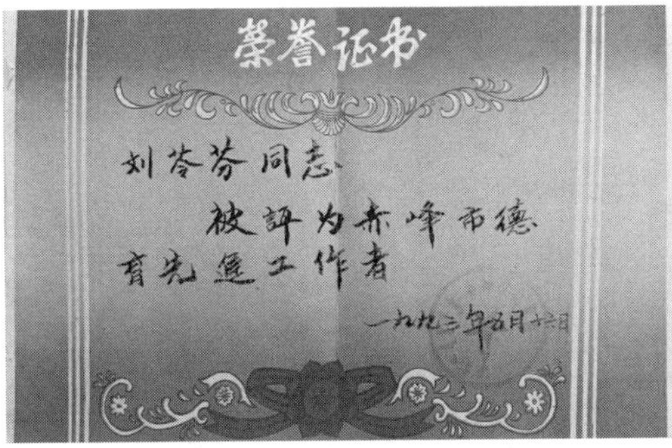

奶奶荣誉证书 2

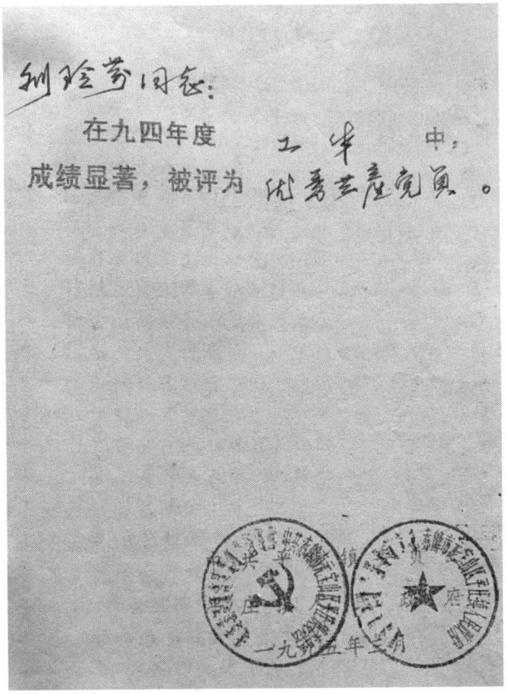

奶奶荣誉证书 3

四、笃行读书之路 实现城市跃迁

爸爸说：“告别公格营子以后，我们住进了在镇子里盖起的平房。现在老家的小区，是再后来搬进去的了。”[①] 从农家小院到城镇平房，再从平房到楼房，爷爷奶奶一辈实现了从农村到城镇的跃迁，这个过程中生活水平也显著提高，这一切都要归功于老一辈对教育的重视。爷爷奶奶的一生得益于此，进而投身教育事业并为之奋斗终身，从而也就沿袭了重视教育的家风，愈加着力培养自己的三个孩子。时间来到 20 世纪 90 年代，大爷从赤

① 来自采访记录。采访时间：2023 年 2 月 19 日，受访者：高志龙。下文中关于过去记忆的描述，如未做标记，均来自于此采访记录。

峰教育学院毕业，成为一名人民教师，至今仍在赤峰市元宝山区古山镇中学工作。1995 和 1996 年，姑妈和爸爸先后以优异的成绩考上大学，离开了家乡内蒙古，分别到北京和大连上学。姑妈毕业后留在北京工作，爸爸在结束本科学习后又继续攻读了硕士学位，毕业后通过国家公务员考试也来到北京，进入国家部委工作。就这样，爸爸这一辈又实现了从小城镇到大都市的迁移；就这样，北京成为我的出生地和居住地；就这样，内蒙古于我，成为只有冬夏才回的老家。

叙述到这儿，我可追溯的那么一小段家族历史也就都予以呈现了。回看整篇文字，我发现撰写的过程中，少不了家人通过口述提供的信息，以及一些记述地方历史的文献和通过实地探访家乡景物得到的图片。它们如同一片片落在身边的拼图，平日里无序地散在生活中，只待有心之人将它们拾起并安放在边缘相互嵌合的位置，渐渐拼凑出一张铺展得愈来愈广的时空图景。令我愧疚和遗憾的是，我只收集到十分有限的、还在家中保存着的老照片或是其他实物史料。这或许是因为家庭的平凡，或许是因为年代的变迁，或许只是因为眼睛望不到更遥远的未来。然而，当泛黄的旧证件扫去尘埃，当我看到照片里没有皱纹的年轻面容，看到来自几十年前的笔迹、落款，也就感受到了四五十年的岁月，也就觉得花时间记下这些文字是值得的。

今天的我，身为家庭中的晚辈，更多的时间里还是一个索取者，接受着长辈的关爱和帮助。但时光总是催着人长大，很快，我也将长大成人，经历一个个真正的考验，从高中步入大学，又从大学走向社会，在波折与坎坷中肩负更多家庭责任。光阴在催白青丝的同时，也将带着一个索取者来到给予者的位置上，完成一代代的接续。因此，我一边记录家史，一边反思作为索取者的我获得了些什么。无疑，如同春风化雨般的家史家风，带给我对文化、艺术、科技知识的渴求，带给我迎难而上的韧性和恒心，带给我待人接物时纯净且开放的视角。恰恰是这些看不见摸不到却充盈精神的力量，早已内化于心，外化于行，变成成长中的轻松与便利。我一边反思着这些，一边展望着未来。我希望再过几十年，我的下一代也能感受到家庭为他带来的上述的美好。在撰写家史的过程中，我深感一个人对家庭的自信，源自他对于家庭的了解。在未来，我不会忘记自己生命的来处，也愿意将此篇文章作为一个开端，日后继续关心、记录家庭发展实况，在字里行间挽留静静流淌的时间。

如果此前漫长光阴里发生的家族故事，如同一本不能再丰富的家谱，我虽无法追寻那无影无踪的上册，却希望以我为界，让下册里充满属于个人、家族乃至民族的那不息的生命力。

（指导老师：孙玲玲）

息 壤

北京师范大学附属实验中学 · 王昱晴

“人事有代谢，往来成古今。”记录家史，传承家风。

——题记

祖父常与我讲家史，讲巴山脚下的土地——他自幼生长的家乡。俗名“王家坝”的小山村里住着王氏一族，近代以来一直靠农耕谋生，改革开放以后才渐渐走出山村。王氏家族自古以来便形成了勤劳奋进、团结有爱的良好家风。通过对祖父的采访和对其日常随笔的整理，我对这段家史有了更深刻的理解。本文简略介绍王氏先祖的迁居历程，记录祖父回忆先辈近百年的生活经历，了解先辈成长生活的时代背景。在那样落后的时代，他们立志成才，塑造人格品质，直面人生的荣辱福祸，以乐观平和的心态享受人生。

一、几番辗转，王氏先祖迁居历程

据王氏家族家谱记载，很多年前，我的家乡并不叫王家坝。那里原是一片荒山野岭，后来因为王姓人家迁居至此繁衍生息而得名。故事要从湖广填四川说起。明朝末年张献忠血洗四川，加之清朝初期持续数十年的战乱，导致当时的四川人口凋零，以至于野兽成群，虎吃人现象在多地频发，人们的生存环境恶劣。屋漏偏逢连夜雨，人们越是孱弱，大自然越不眷念，瘟疫又席卷而来，偌大的四川人口锐减至不足 50 万人，于是，历史上出现了湖广填四川的壮举。

2012 版王氏家族自修家谱第 10 页，王氏家族定居地还原图。

大约两百多年前，王家坝的先祖便从湖北麻城出发前往四川。他们背井离乡，颠沛流离，一路食不果腹、衣不蔽体，甚至遭遇洪水猛兽。凭着对美好生活的向往，他们没有退缩，没有放弃，历经千辛万苦终抵四川通江，并开始在那里扎根。多年以后，移居至此的王氏后裔，又接过迁徙接力棒，再从四川通江出发，跋山涉水来到四川达县，最终定居在一个不足 10 平方公里、名不见经传的小山村。从此，十几代王姓人在这里繁衍生息。面对清王朝的没落、战争年代的残酷和自然灾害的危害，他们就像千千万万中华儿女一样，始终不抛弃、不放弃，硬是将一片荒山野岭开垦成能养育几百人的良田沃土。经过数代人的努力，小山村的王姓人家慢慢多起来，小山村也因此有了自己的名字——王家坝。两百多年的历史细节虽无从考证，其间有多少困难也无法体会，但是村里人口口相传的故事还是保留了历史的些许印记。其中，感慨最多的是那段历史的不堪回首，哪怕稍一放弃或者稍微转向，这里都不叫王家坝。

在人类历史长河中，他们像小草一样渺小。我相信，中华大地还有很多更为生动的故事，它们共同凝聚成中华民族勤劳勇敢、百折不挠、生生不息的文化底蕴，并像小草一样展现出强大的生命力。这种力量是人类繁衍生息的力量，是人类应对风险挑战的力量，是中华优秀文化传承的力量，是我们青年一代需要继承和发扬的优良传统。

二、暗夜追光，川东地下党二三事

1927 年，国民党反动派发动反革命政变，全国处于一片血雨腥风之中，但是革命的火种不会熄灭。根据中央的指示，1927 年初，石子安、石卫卿、石怀保、石轻尘回到虎城。得知县里共产党组织尚未建立，他们发起成立了梁山县（今重庆市梁平区）第一个党小组——虎城党小组。随着地下党组织的建立，越来越多的先进青年加入了中国共产党。1949 年初，年轻的川东地下党龙世祥被解放军从重庆监狱解救出来。他是在一次学生运动中因叛徒出卖被国民党特务抓捕的，那年他才 19 岁。在监狱里的几年时间里，无论特务如何严刑拷打、威逼利诱，他都咬紧了牙关，没有说出半句敌人想要的话。从监狱出来不几天，他与上级取得了联系，上级派他回大竹、达县（今四川达州市达川区）等地继续开展工作。

龙世祥和地下党员王安福来到景市乡，住在乡公所职员老夏家里。一天夜里，一点左右，街道上变得寂静，王安福和龙世祥悄悄从老夏的家里出来，趁着夜色把准备好的标语贴满了景市的大街小巷。他们贴的标语天亮后震动了周围乡里，标语内容是："打倒反动派，解放全中国！""打倒地主恶霸！"……落款是：华蓥山游击纵队。

第二天早上，景市乡公所召开紧急会议，封锁出入路口，全街清查地下党。这时，龙世祥和王安福还在老夏家里睡觉。由于王安福的国民党党员和乡公所文书、保长身份，老夏对他一点也不怀疑。午后，王安福和龙世祥离开了景市乡，龙世祥与王安福告别，说自己已经离家太久了，要回老家安吉探望老父老母。这一别，竟是永别。没过多久，王安福便收到了龙世祥的死讯。王安福十分悲痛，他为那个年轻鲜活的战友的死而惋惜，为联系不上组织而难过——他与龙世祥是单线联系，由于战争的残酷性，地下党组织保密程度极高，短时间内取得联系实在困难。

由于王安福与龙世祥的特殊关系，为了不让别人抓住把柄，王安福当晚将有关地下党的资料全部销毁。但他仍利用一切可能的机会继续寻找地下党组织，想和组织取得联系，争取为解放事业多做贡献。遗憾的是，他一直没能再与组织取得联系。

王安福是我的曾祖父，除去一段鲜为人知的作为地下党的经历，他的人生实在短暂而平凡，若不是祖父与我讲起[①]，这样一段振奋人心的故事也许就要被历史埋没了。

祖父在回忆性随笔中曾写到过他的父亲——我的曾祖父：

“父亲很随和，常常和乡亲们打成一片。他和善友爱、正直、善良、宽厚诚实的人格魅力，受到乡亲们的拥戴，曾担任过伪保长，后来又在国民政府的乡公所任职员，在这期间他曾带领乡里组织的民工队去梁平县修建飞机场。由于长达八年（编者注：实为 14 年）的日本侵华战争，面对民族危亡、山河破碎、生灵涂炭，以及当时社会政治腐败、国民经济极度衰退、人民生活处于水深火热之中，血气方刚的他确胸怀大志，一心向往光明，积极参加进步活动。他和地下党员龙世祥经常往返于虎城、南岳、大树、安吉、景市等场镇宣传共产党的主张。后来因叛徒的出卖，他上线龙世祥被捕入狱，受到严刑拷打，不久病故。由于他们是单线联络，至此他无法与地下党组织取得联系。中华人民共和国成立时父亲才 29 岁，他协助人民政府做了一些工作，比如新旧政权交接的相关事项，协助乡村丈量田地等。”[②]

---

① 来自采访记录。采访时间：2022 年 11 月 26 日。受访者：王大权（本文作者祖父），本文全部采访记录均来自本次采访。

② 摘自本文作者祖父王大权先生 2020 年随笔《近代百年家史回忆录》（未发表）。

祖父说，我的曾祖父以前总是告诉他要珍惜新中国成立后来之不易的生活，即使是一个平凡人也要对平凡的日子心怀感激，对身边的人充满善意。曾祖父也一直言传身教，弘扬爱国爱党的家风，鼓励每一个孩子积极加入中国共产党。想必这一切都来自于曾祖父参与川东地下党斗争的经历。

“川东地下党人的贡献应该被铭记，他们创造了革命的历史，创造了可歌可泣的英雄业绩……成千上万的战士，用鲜血浇灌了这块土地。”①

三、改革开放，春风吹拂生生不息

祖父说，新中国成立前村里人大多吃不饱穿不暖住不好，最困难的时候曾靠吃泥巴充饥，导致消化不畅、营养不良，人均寿命不足 50 岁。中华人民共和国成立后，村里人成了王家坝土地的主人。十一届三中全会后，他们沐浴着改革的春风，开始实施“包产到户”，家家户户都分到了自己的土地，大大激活了村里人的劳动积极性。

20 世纪 80 年代，村里人陆续解决了温饱问题，村里架起了电线，电灯亮起来了，孩子们晚上写作业不再借助昏暗的煤油灯。不久，有人买了一台黑白电视，一到晚上，村里人聚在一起，分享电视节目带来的快乐。再后来，有人开始把茅草屋改成了砖瓦房，还有人买起了自行车，更有人朝着“万元户”目标努力。

20 世纪 90 年代，村里人开始出现了“万元户”，茅草屋渐渐消失了，两层的砖瓦房开始多起来。村里的机耕道开始加宽，手扶拖拉机出现了，肩挑时代开始走向车拉时代。村里的电器逐渐多起来了，电风扇开始取代油纸扇，彩色电视逐步代替黑白电视。更重要的是，村里人思想更解放了，支持孩子们上学的家庭越来越多，第一个大学生、第一个研究生相继出现；外出务工的人们从广东到福建，再到海南，走得越来越远，

① 川陕革命根据地军事斗争史编委会《巴山烽火：川陕革命根据地回忆录》，四川人民出版社，1981。

打工的人越来越多了。

21 世纪头十年，村里的路更宽了，有人开始买了货车做生意，有人开起了轿车代步。空调、洗衣机、彩色电视成为多数人家的标准配置。村里人开始从外地回来，建起了养猪场、种植基地。村里的大学生和研究生数量不再屈指可数。村里的砖瓦房越建越漂亮，抽水马桶进入寻常百姓家……

春风，给王家坝吹来了新的生机，王氏一族依然生生不息。

2011 年后，村里统筹推进新农村建设。外出务工人员持续回归，大学生村官驻村服务，分散居住模式转向集中居住模式，小区化的居住方式出现，旧的宅基地变成了新农田，小轿车开始进入家家户户，天然气成为家庭新燃料，智能手机成为新的通信工具。有钱人开始在镇上、县城、省城买房了，人们的日子越过越红火。现在，王家坝人的平均寿命在 70 岁以上，八九十岁的长寿老人越来越多，他们脸上洋溢着幸福的笑容。

吃水不忘挖井人。村里人日子好了，他们说的最多的是感谢党的好政策，感谢政府：包产到户、免征农业税、新农合……这些惠农政策，在他们的口中如数家珍。我相信，王家坝的变化只是中华大地上的一个小小缩影，王家坝人怀有的感恩之心也是中华儿女普遍心声的写照。

幸福都是奋斗出来的。王家坝人与亿万中华儿女一样，紧跟时代脉搏，响应党和国家号召，以奋斗者的姿态，辛勤耕耘，务实劳作，用幸福的喜悦交出无愧时代的答卷，并深深激励着我们年青一代勤奋学习，努力奋斗，只争朝夕，不负韶华。

后记

据传，王氏一族曾在柳家桥上河左侧修家庙一座，内放家谱原谱等文物。但家庙因近代以来连绵不断的战火而毁坏，仅剩门前字辈碑一座，于 1985 年被王氏后人发现。2011 年 3 月 20 日，部分家族成员讨论决定重修家

谱，

王氏家谱封面

平滩乡柳家桥上坝王氏字辈碑[1]

并历时一年十个月完成。这样一本家谱，承载了王氏家风，寄托着先辈对于后人的深切期望。

祖父在随笔中写道："敬爱的爷爷、奶奶，父亲、母亲，您们的后代在您们的人格品质的激励和影响下，一定会勤奋好学，奋发向上，立志成才；弘扬正气，爱国，爱党，爱家，让好家风代代传承。"[2] 我想这大概就是整理家史的意义：铭记先辈优秀品德，弘扬家族良好家风。王氏家族曾经有严格的字辈（在我这代，家里老人觉得封建繁琐便取消了）："正丹文登单，淇国顺必安。大忠明德善，家修志道全。士以品行立，心宜体孝先。光宗昌永远，世代美名传。"这便是王氏家族自始以来所倡导的良好

① 清朝时修建，位于今四川省达州市平滩乡王家坝。

② 摘自本文作者祖父王大权先生2020年随笔。

家风的写照。

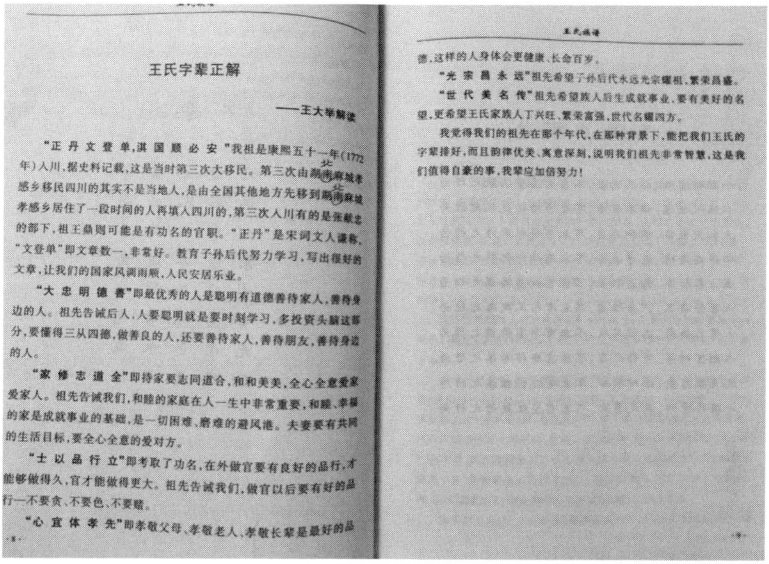

王氏字辈正解

——王大举解读

“正丹文登单，淇国顺必安”我祖是康熙五十一年（1772年）入川，据史料记载，这是当时第三次大移民。第三次由湖南麻城孝感乡移民四川的其实不是当地人，是由全国其他地方先移到湖南麻城孝感乡居住了一段时间的人再填入四川的，第三次入川有的是张献忠的部下，祖王燊则可能是有功名的官职。“正丹”是宋词文人谦称，“文登单”即文章数一，非常好。教育子孙后代努力学习，写出很好的文章，让我们的国家风调雨顺，人民安居乐业。

“大忠明德善”即最优秀的人是聪明有道德善待家人，善待身边的人。祖先告诫后人，人要聪明就是要时刻学习，多投资头脑这部分，要懂得三从四德，做善良的人，还要善待家人，善待朋友，善待身边的人。

“家修志道全”即持家要志同道合，和和美美，全心全意爱家爱家人。祖先告诫我们，和睦的家庭在人一生中非常重要，和睦、幸福的家是成就事业的基础，是一切困难、磨难的避风港。夫妻要有共同的生活目标，要全心全意的爱对方。

“士以品行立”即考取了功名，在外做官要有良好的品行，才能够做得久，官才能做得更大。祖先告诫我们，做官以后要有好的品行—不要贪、不要色、不要赌。

“心宜体孝先”即孝敬父母、孝敬老人、孝敬长辈是最好的品

·8·

王氏族谱

德，这样的人身体会更健康、长命百岁。

“光宗昌永远”祖先希望子孙后代永远光宗耀祖，繁荣昌盛。

“世代美名传”祖先希望族人后生成就事业，要有美好的名望，更希望王氏家族人丁兴旺，繁荣富强，世代名耀四方。

我觉得我们的祖先在那个年代，在那种背景下，能把我们王氏的字辈排好，而且韵律优美，寓意深刻，说明我们祖先非常智慧，这是我们值得自豪的事，我辈应加倍努力！

·9·

王氏字辈碑文本解读页

我在《山海经》中读到一种大禹用来治水的息壤，相传可以世代生长。我的家族也是一片息壤，投身厚土，平凡却充满生机。历史给予每一代人不同的发展机遇，而一代代平凡的人同样用自己的力量铸就历史，做好时代的一片息壤，在良好家风的滋润下生生不息，这便是平凡家族的历史责任。

（指导老师：孙玲玲）

平凡的故事

——记李氏家族史

北京师范大学附属实验中学 · 李行

每个人的生活就是一个世界。即使最平凡的人，也要为他那个世界的存在而战斗。从这个意义上说，在这些平凡的世界里，没有一天是平静的。

——题记

偌大的布帘放在桌上，泛黄的白布似乎透着历史的气息，粗糙的边角好像在诉说着它身世的不凡。布上面一座穿云的彩绘厅堂，依照辈分，写满了李氏一族逝去祖先的姓名。那画笔下的亭台楼阁，以不甚隽秀却十分厚重的笔墨写就的“光宗耀祖”四字，好像在告诫着这个家族的子孙，为人当不忘本来，成事当自强不息……这布帘，老家人叫作“竹子（音）”，其实就是农村人家的家谱。

年年岁岁，我看着这块布帘长大。小时候，我不明白，一块白布为什么要添上这许多的绘画，那写于其上的“妣”“考”二字和那些人名，好像也只是一个幼小孩童心中的一些幻影。岁月如梭，年少时陪伴我的长辈们逐渐老去。年复一年地听着曾祖父、祖父、父亲那句“自强不息，光宗耀祖”的叮咛，看着每年春节祭祖的香燃尽，化作一缕青烟，几沓烧纸投入火堆，顷刻之间化为灰烬，飘向遥远的天边，这块布帘的意义好像在我心中重大了起来。穿过历史的浩渺烟云，一个家族六百余年的故事，像一幅长卷，缓缓铺陈在我的眼前……

这是一个数百年家族与贫穷的顽强斗争史，这是十几代普通人对家族风范和美好理想的坚定守护与不懈追寻，这是一段平凡的故事，亦是一个不朽的传奇。

一、杜树·生根

李家，从哪里来?

爷爷说:“从山西洪洞的大槐树底下启程。”

老爷爷说:“在武城张王庄的大洼中扎根。”[①]

“那应当是明朝永乐初年，俺们家的第一代老奶奶从山西启程，一路走到了山东地界……那个时候，单身一人走完这几千里路，是一件极其凶险的事，何况她还拉扯着两个孩子……”老爷爷回忆，“那两个孩子，一名李璞，一名李高。”

那年，有数以万计的人们离开家乡，像这母子三人一样，在家乡的大槐树下启程，踏上移民的漫漫征途。从此，温暖的家乡变作了遥远的故乡。这些客居外地、流落天涯的人们有一个共同的故乡——山西洪洞。

明永乐年间，为了修复“靖难之役”后社会经济遭受重创的北方地区，成祖朱棣先后数次下令，征召山西洪洞的民众迁往受战乱破坏严重的山东、河南、河北等地。在山东地区，移民们“主要迁往东昌府、济南府、兖州府、德州府”。在上述的部分地区，“大约半数以上的村庄是明代建立的”。[②]李璞、李高两兄弟就是这时历经千难万险，与母亲徒步跨越千里，来到东昌府临清县（今临清市）。然而，当时的临清地区临近京杭大运河，漕运发达，经济繁荣，人口众多，初来乍到的李氏兄弟在这样一个繁华的都市中没有容身之所。经过深思熟虑，二人决定带着母亲再次启程，迁往临清东北的武城县谋生。当时，武城大洼地区人烟稀少，土地肥沃，适于耕种，母子三人就在大洼的张王庄村盖起房舍，定居下来。李氏兄弟就是李氏一族的第一代始祖。此后的六百年间，一个庞大的家族将会在这个由山西大槐树移民建立的村庄里发展壮大、生生不息……

① 来自采访记录。采访时间：2023 年 1 月 21 日、1 月 22 日。受访者：李洪茂、李建中。下文中关于记忆的描述，如未做标记，均来自于此采访。

② 张青《山西洪洞大槐树》，天马图书有限公司，2000 年，第 47 页。

李氏兄弟不仅种田是一把好手，还有一身修墙盖屋的本领。平日里，他们开垦土地，从事农业活动，农闲时就当起泥瓦匠，帮村里人建造房屋。虽然生活并不富裕，但日子过得也算风生水起。在张王庄定居几年后，母亲驾鹤西去。家谱上没有记载她的姓氏，她的身世、生平也都无从可考。六百年之前，她以一妇人之身，带领着两个孩子跨越充满千难万险的移民之路。我们不知道，她这一生经历了多少苦难，饱尝了多少苦辣酸甜，但是，每一个李家后人都知道，她，是一位伟大的母亲，是令子孙骄傲的祖先……

母亲死后，李氏兄弟拿出积蓄，将她厚葬在村中的一片果园中。母亲的墓旁，还有一棵由兄弟二人亲手种下的杜树苗。“二人是泥瓦匠，做的是土木之业，一木一土，是为‘杜’树，”爷爷讲起这棵杜树的来历，依旧心潮澎湃，“他们没想到，这树一种，就是五百年。”杜树的根深埋土下，向着土地深处生长，一天天，一年年……它的枝叶将会愈加繁茂，它的根系将会愈加壮硕，百年之后即将长成的那棵根深叶茂、繁花满枝的参天大树，浮现在兄弟俩的眼前……

“娘呀，您看吧，百年之后，俺们的子孙将在这棵参天大树下齐聚，俺们的家，永远不散……”

往事如过眼云烟，消逝在历史的浩瀚长河中。几百年之后，兄弟二人留给后人的只有家谱中“始祖之神位”和李璞、李高这两个名字，然而，二人的故事和经历，被后来的十几代人记忆和传颂。他们的故事既告诫着后人先祖创业的艰难、游子客居他乡的悲苦，更令人们明白了平凡的农家人骨子里的坚韧不拔和先祖对家族生生不息、千秋万代的美好祈愿。他们的故事永远被后人铭记，成为李家亘古不变的家族风范……

二、东方·既白

光绪三十一年（1905），大年三十，一个少年站在桌旁。他的舅舅和舅妈站在他面前，用鄙夷的眼光上下打量着他，匆匆地将几盘残羹冷炙递到他手里：“你个穷鬼，赶快走吧！”

家谱上李璞、李高之位

少年垂头丧气地出了亲戚的家门，平白地受到这样的侮辱，他的心中充满了委屈和愤怒，眼泪从他的双颊流下。但是，作为一个十几岁的孩子，他，什么也做不了。

少年名叫李东亮，是张王庄李氏的第九代后人。

他痛恨他出生的那个年代。清末民初，国家内忧外患，官员整日忙着中饱私囊，哪有时间管老百姓的死活？他甚至痛恨上天，在他生活的时期，武城大洼“十年九灾……卫运河一旦东决皆注此洼”[①]。雨涝、蝗灾更是数不胜数。少年东亮家因为缺少壮年劳动力，只有他和母亲相依为命，也就成了家族里最贫穷、最不受别人尊重的家庭。“人呀，真的不能受穷！”回忆起这段不堪回首的往事，老爷爷的声音哽咽了起来。持续数年的社会动乱和自然灾害彻底击垮了前八代祖先创下的基业。即使是大年三十，东亮也

① 李建中、陈有德、耿向田等编《山东省武城县地名志》，内部资料，山东省武城县印刷厂印制，1983年，第13页。

只能到亲戚家讨要年饭。他打小是个要强的孩子，不甘心整日受到亲戚的羞辱和冷嘲热讽，更不甘心就这样安于贫穷，在穷困潦倒中结束一生……

第二天，东亮辞别了母亲，向着家里的老屋投下了最后一瞥。随后，他决然地转过头去，向着北方，踏上漫漫前路。他将要去的地方，在当时被人们称作“关外”……

年仅十四岁的他，穿着破衣烂衫，踏上了“闯关东”这条凶险异常的道路，身上除了仅能支持几天的水和饭食别无长物。

离开家乡，东亮一路北上，身上没有一文盘缠，靠着沿途乞讨为生。凭借着惊人的毅力和胆识，他竟硬生生挨到了河北沧州。休整几天后，他靠着双腿继续北上。又一个月，他竟然真的跨越山海关，到达了东北，到了那个年代许多山东人梦寐以求的关外。“……东亮老爷爷下关外时只有十四岁呀！当年‘闯关东’时有多少正值壮年的人倒在了走向关外的路上。这个十几岁的毛头小子竟然真的能走到东北，要不是后来大家看到了这个活生生的人，哪一个能相信……”老爷爷再次提到这个家里人口口相传数代的故事，仍是唏嘘不已。

到了关外，东亮开始以替人放牧为生。开始时，掌柜的看他年纪小，让他养猪，这是平日里人们避之不及的脏活累活，东亮却将这件事干得有声有色。“他干活很勤快，”老爷爷说，“既肯吃苦，也能耐劳。”凭借出色的表现，东亮得到了同伴的赞誉和掌柜的赏识。之后，他得到了放马的新工作，从此，在大东北一望无际的茫茫旷野上，多了一个骑在马背上的少年。他的头发污浊、混乱，皮肤被烈日晒得黝黑，衣着破烂，但是，他的眼中，透着坚毅和勇敢……

时光飞逝，几千个日日夜夜过去，在这无垠的世界中，只有日月、狂风和马儿与他做伴。在这极致的孤独里，东亮度过了他人生中最为宝贵的十年，那个昔日马背上的懵懂少年，成长为一个成熟、勇毅、果敢的山东汉子。

“俺娘在等着我，是时候回家了。”他想。

看着眼前膘肥体壮、精神饱满的马儿，掌柜笑了。十年间，善良的掌柜看东亮年纪小，将他干活挣的工钱存了起来。“孩子，这是这几年你应得的工钱，”掌柜掏出两块大元宝，塞在东亮手里，“孩子，回家吧！”

带着两块元宝和掌柜赠送的一匹骏马、一只小马驹，东亮踏上了千里归途。不久后，他回到了家乡，骑着高头大马，身后还跟着从驿站雇佣的两个保镖。

“那一天之后，人们都知道，李家的东亮小子不得了啦！没有人再敢看不起他……”老爷爷回忆，一个耄耋老人的脸上，竟流下了两行热泪……

他用十年青春，用李氏后人独有的决心和毅力，用无数汗水和坚强拼搏，战胜了贫穷，铸就了属于一个平凡农人的辉煌，为后世子孙带来光明。他，创造了不朽的传奇。

之后，东亮用挣得的工钱还清了债务，还为家里添置了三十亩田地。那个黎明，他站在属于自己的田垄上，闻着泥土的气息、花草的芬芳，看向远处升起的朝阳——

东边的天亮起来啦。

三、烈火·燃烧

“忠孝传家远，诗书继世长。”这样一副对联挂在“竹子”的两侧，年年被人们瞻仰。我时常在想，若是没有老爷爷，这个家族也许会在“面朝黄土背朝天”的生活中悄无声息的消逝，这“诗书继世长”的一联文字，应该也就不会留下了。

1932 年，老爷爷在家中众人的期盼下诞生。作为家中的第五个孩子，也是第一个男婴，从小他就受到了太老爷爷无微不至的关怀与照顾，他期盼着将眼前这个孩子培养成一个优秀的农民，将来继承家里的田产。

然而不久之后，太老爷爷察觉到了异样，这个几岁的少年不爱种地。每当他绘声绘色地讲授农桑稼穑时，老爷爷总是在田地边拿着书本默默阅读。日久天长，太老爷爷终于知道了这个孩子真正的愿望——

“爹，俺不想干农活，俺想读书。”

在那个年代的中国农村，人们的观念比较传统，认为农村人家的后代读书不吉利，应该继承祖上的基业，种地务农。像太老爷爷这样一个老农，更是此观点的忠实拥护者。但是他拗不过老爷爷的软磨硬泡，百般无奈之下，只好答应老爷爷念完小学，并把他送到了当地的教会学校读书。接触到文化知识的老爷爷，像一棵久旱缺水之苗欣逢甘露，如饥似渴地在诗书的海洋里遨游。作为一个农村人家的孩子，他竟然显露出了极强的学习天赋。他学习刻苦，成绩优异，无时无刻不想着通过自己的努力和学识，消除家人的愚昧，改变贫穷的现状，美好的未来好像浮现在了他的眼前……

1937 年 7 月，全面抗战爆发。9 月，日军向老家所在的山东德州发起进攻，而当时的国民党政府毫无作战准备，闻敌胆寒，日夜兼程向黄河以南撤退，武城县长弃城南逃。1938 年 11 月，日军攻占武城，烧杀抢掠、无恶不作，肆意杀害没有武装的普通群众，制造了骇人听闻的“旧城（武城原名）惨案”。在那个战火纷飞的年代，老爷爷依然坚持学习。只念了四年小学，他就以优异的成绩考入了市里的中学。正当他梦想着“男儿立志出乡关，学不成名誓不还”的时候，固执的太老爷爷却再也不想让他继续学习了，还是中学里的老师苦苦解劝，太老爷爷终于松口，但是他无论如何都不愿意提供学费。

于是，老爷爷只得白天在学校努力学习，获取知识；晚上就到市里的小作坊工作，值班三四个小时，勤工俭学，挣取学费。然而，在战乱年代，社会满目疮痍，民生凋敝，失去了经济支持的学校最终原地解散，老爷爷也只能回家避难。他痛恨日本侵略者，痛恨他们挑起了这场战争，夺去了他来之不易的学习机会；他也痛恨国民党政府，面对外敌入侵，毫无民族气节，县长弃城逃走，将老百姓的生命置于不顾。仇恨之火，在他心中燃烧……

在他万念俱灰之际，一个新的组织出现在他眼前——中国共产党。

在家的几年，他亲眼目睹了共产党领导的抗日武装“武工队”宣传抗日主张，帮助村民们组织民兵自卫队，建立妇救会；武工队的党员干部们工作起来不分白天黑夜，废寝忘食。这一切，老爷爷都看在眼里，记在心上。国共两党，孰是孰非，他已看得明明白白。这些经历和见闻，在一个十几岁的少年心中点起了一团火，一团革命的星星之火……

1945 年 7 月，武城全境解放，成了中国较早的解放区之一。武城解放后，党将工作重心放在城市工作上，注重恢复经济，发展教育。老爷爷也进入共产党开办的师范学校学习。在那里，他更加深入地了解了党的主张，想加入共产党。为即将到来的新世界贡献出自己的一份力量，成了他心中的一个夙愿。彼时那个少年心中的星星之火，如今业已化作一团烈火，熊熊燃烧。

中华人民共和国成立后，老爷爷进入德州行政公署，成为一名党的干部。1956 年，在鲜红的党旗下，他举起右拳，郑重宣誓，成为一名光荣的中国共产党党员。

之后，他调往家乡武城任职，为家乡的建设贡献出了自己的一份力量，并主持修订了 1983 年版《武城县地名志》，在家乡的史册上，留下了浓墨重彩的一笔。

时至今日，已经 90 岁高龄的老爷爷不仅是党龄 60 多年的老党员，还是全省优秀离退休干部。他平常从不提起他获得的荣誉，一袋子的奖章也收在橱柜里。每当别人问起，他总是说：“这有什么，俺只是比别人多活了几年而已！”

老爷爷获得的荣誉（部分照片）

以往，听老爷爷回忆起这段往事，我总是在想，当年的他，作为一个旧社会农民的孩子，不拘于时，敢于提出求学读书的愿望，需要多大的勇气？在战火中坚持学习，这又需要怎样的毅力？现在我明白了，八十多年前，当他读完第一本书，一团烈火早已被点燃，这是一个普通人对知识的渴望……

后记

命运·沉浮

今天，翻开李氏家谱（“竹子”）的背面，能看见用秀气的楷书写下的一首小诗：

一九六六焚谱书，一至六代录不足。

八零修谱七代续，承先启后莫忘祖。

清晰的笔迹记录着历史，也记录着一套家谱的命运沉浮。1966 年，“文化大革命”开始，家里的老人们被迫焚毁了祖传的家谱，祖坟旁李璞、李高种下的那棵五百年的大杜树也惨遭砍伐。

“竹子”全貌

人们深知先祖创业的艰难和家族延续至今的不易，1980年，老人们开始家谱的重修工作，李璞、李高、李东亮等人的名字得以重见天日。然而，因为当年焚烧过于匆忙，第一代至第六代祖先仅存姓名，而迭代继承关系，已然散佚了。

家族的命运正如这家谱的命运。李氏一族或许是平凡的，却不甘安于沉寂，在艰难中找到出路。从李氏兄弟艰苦创业，再到李东亮那辈人发家致富，又传至老爷爷、爷爷、父亲三代人，他们学习知识，投身时代洪流，为家、为国做出了自己的贡献，在平凡的世界里战斗。今天，家族仍在接续，生命生生不息，只有那无言的李氏家训碑永远矗立，让后人铭记着祖先的一切——

刻于七代祖李杰阳墓碑上的家训

先祖贻德后辈铭记，

修齐治平忠孝节义。

光明磊落不偏不倚，

宽以待人严于律己。

勤俭持家诗书继世，

致富莫淫即贫莫移。

威武不屈贫弱勿欺，

承先启后自强不息。

（指导老师：孙玲玲）

故 乡
——齐鲁大地

北京师范大学第二附属中学 · 丁浩歌

依稀记得，在小时候回到山东老家，会穿过一条弯弯曲曲的石板小路。那条小路很旧，边上的围墙也都带有了历史的痕迹。有时，看着这些痕迹，我就想，这里发生过什么？又有着怎样的过去？村子旁边有块荒地，长满了荒草，几乎没有人会去那里。有次偶然间遇到，我就站在荒草丛中，静静感受风的吹过。这片荒地不知道什么时候有的，现在几年没回去，估计它已经不在了，和大部分普通人的人生一样，消散在了风中。仔细想想，我对家族的概念还是仅仅停留在小时候父母给我讲的他们的故事上罢了。于是我想写点什么、留下点什么，就当抓住了那阵风。

一、家族历史的溯源

丁氏族人生活之地名为朱家庄，有说法是因朱姓人先在此定居，遂得名此。清光绪《续修丁氏族谱》载：“始祖明洪武初年自冀州迁于青州府益都县朱家庄定居。”同时，在康熙九年（1670）的《颜神镇志》、民国二十六年（1937）的《续修博山县志》中，均分别载有“朱家庄”字样。村中原有明成化、清乾隆年间之碑碣，均载有“朱家庄”的村名。

丁氏人又是何时迁入朱家庄的，却又有几种不同说法。据《丁氏宗谱》载：“吾祖四公子，于洪武七年（1374）由冀州枣强县迁于山东省淄川县道凯庄同居。洪武八年，迁于颜神镇安居。六世应振，字简廷，郡庠生，自八陡迁居朱家庄。”据此，丁氏当于明弘治年间（1488—1505）在此定居。

但在前文的《续修丁氏族谱》中是于明洪武初年（1368）定居。

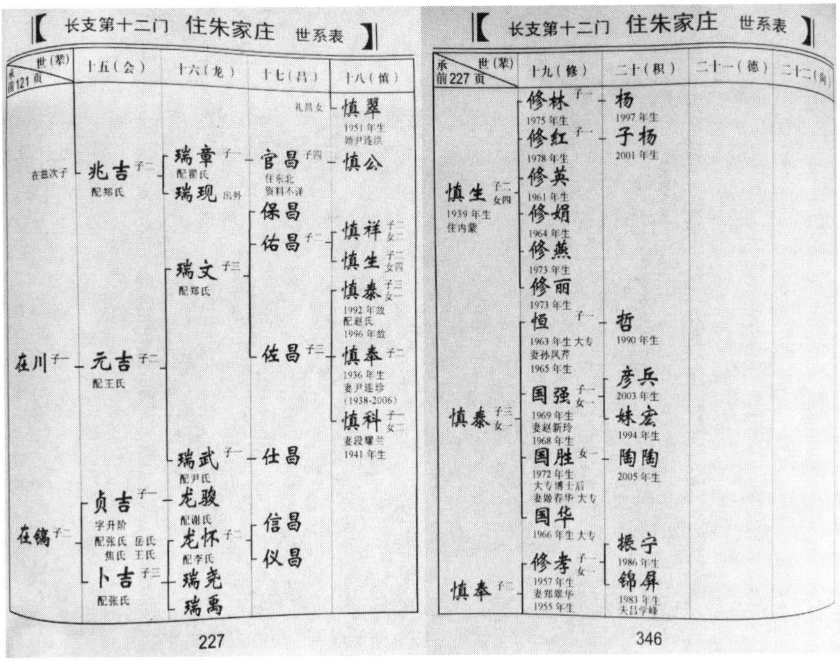

丁氏家谱实拍图

《明太宗实录》中记载：“山东安丘县民邢义等言：本邑人稠地隘，无以自给，愿于冀州枣强占籍为民。从之。仍命户部徙青州诸郡民之无业者居冀州，凡徙八百余户。”而这里的迁徙路径却恰恰相反。[①] 原文在此处做了很多分析，在这里不一一叙述。

由此可见，对于家族历史的溯源有时无法得出一个确切的答案。据各方史料考证，推测丁氏族人可能在明初从河北迁入山东一带，居于济南附近，而后靖难之役遭受打击，四处逃散，明弘治年间又迁了回来。答案不止一种，现在也很难探寻到真相。不过能确定的是，丁氏在此定居，繁衍生息直到现在。

① 转引自张金奎《明代山东地区枣强裔移民考古》，《古代文明》2011 年 10 月第 5 卷第 4 期。

山东老家朱家庄一角

二、被时代影响的个人命运

听父亲讲，小时候爷爷家很穷，算是村里最穷的了，奶奶却出身于邻村的大地主之家。奶奶被许配给了另一户人家，也是地主，也姓丁，为了所谓的“门当户对”。后来土地革命轰轰烈烈，“打土豪，分田地”的浪潮此起彼伏。因为奶奶的哥哥是军人，所以她家并未受到什么影响。至于被许配的那家地主，则是地被没收，人被改造了。但已经说好媒了，奶奶也就这么嫁过去了，还生了两个孩子。本来，照这样发展下去，爷爷奶奶是不会有交集的。[①]

① 来自采访记录。采访时间：2022 年 8 月 24 日。受访者：家父丁国盛。下文中关于过去记忆的描述，如未做标记，均来自于此采访记录。

可是天有不测风云，奶奶的第一任丈夫在生产队时和同事闹着玩儿，同事失手，奶奶的第一任丈夫就去世了。而同事在队里的授意下，逃了。从那之后，奶奶的精神状况就有些不太正常。当时她也在队里工作，也算是帮忙照顾，于是队里撮合了爷爷和奶奶成了家。

奶奶生的第一个儿子，我应该是叫大爷的，没有跟去，由他奶奶照顾。虽说如此，两家距离不太远，关系也还不错。大爷的爷爷是秀才，而由于成分太高，大爷始终当不了兵。当不了兵，便出不去；出不去，便只能困在这小小天地仰望星空，困了一辈子，成为他的一个心结。

那时家里很穷，常常欠队里的粮食，衣服也是只有过年才有新的。父亲回忆起他小时候，过年时穿的新衣是邻居家帮忙做的。帮忙裁剪、缝制，自家只出线和布料的钱。每年都是，从不收钱。还有，每次去找邻居借钱时，邻居们也是尽力而为。不图什么，没有要求过什么回报，甚至连钱都没想着能要回来。

之后，大抵是父亲的三哥开始工作后，外债才慢慢还上。那时，改革开放的春风吹拂了整个神州大地，也到了朱家庄。当时村里成立了村办企业，二大爷在里边工作，开始是企业的销售人员，后来成了车间主任。随着中考、高考的恢复，父亲的三哥考上了中专，去镇里工作了。家里有钱了，父亲也考上了本地的大学，读研后又来到了北京。

时间的钟摆在慢慢推进，人们的生活也在慢慢变好。

真实的生活不是小说，没有那么多的转折，没有主角光环。有的，只是一个又一个普通人平凡而坚定地活着罢了。人们被时代的洪流影响，随那滔天巨浪似脱缰野马般冲向前方，乘着时代巨浪前行。他们是普通人，却汇聚成了一个时代。

三、家风家教与文化传承

父亲说，在他小时候，父母经常教导他，有邻居来玩儿一定要送到家大门口。不是房门，是外面的院门。有时晚上邻居来串门，虽然很晚了，但也一定要送到大门外，这是相处之道，是礼节。

在山东地区有句俗语，叫“守着矬人不说矮话”。爷爷说，有次一个人来家里做客，恰巧有只别人家的鸡跑了进来。那时家家户户都养鸡，别人家的鸡过来会偷吃自家的粮食，于是奶奶就一边赶鸡一边说了一句“你看你天天来我们家偷吃”，轰鸡到门口时被那人听见了。那人的家庭条件也不是很好，又很敏感，听了就觉得是在暗示自己，暗示自己来别人家蹭饭吃。于是那人以后就再也没来过。所谓“守着矬人不说矮话”就是指这样，虽然自己无心，但听者有意，觉得是在含沙射影，就产生了误会。

同样，不背着人说坏话、背后夸人也是我家代代相传的礼节。很多人都说山东人好，相处起来很舒服，他们守信用、讲义气。虽然不是所有的山东人都如此，但我家总有那种朴实存在，它是一代代的文化积淀，精神传承。

山东自古被称为齐鲁大地，这里有良田沃土，同时临海，交通便利、渔业发达。这里的人民世代劳作着，他们从土地中收获，又将一切奉献给它。山东是孔子、孟子的故乡，传承发扬着儒家文化，激励了一代又一代的山东人。他们耕读传家，告诉后辈不忘本，同时指明了前进的方向。代代相传的家风、家教构筑起了山东的文化，这种文化融入人们的内心，滋润着人们的精神。

山东的文化根植于这片沃土，混着青草的芳香，凝结成山东人朴实无华的精神底色。随着一辈辈人的谆谆教诲、一代代人的家风传承，这种精神将不断发扬光大。

（指导老师：周啸然、张岩）

勤善传家

——记我的太姥姥

北京师范大学附属实验中学·马依然

“麦田，一望无边的麦田。金黄色的麦穗被风吹拂，一起一伏，像大海中的波浪，好看极了……秋收的庄稼种类很多，有大豆、高粱、谷子、玉米。高粱的身量很高，叶子长长的，每根秫秸上顶着一个大大的穗头……到了收割的时候，村里的人们拿着镰刀到田里，远近传来嚓嚓嚓的声音，还有农夫们的说笑声，夹着牛马车辆运输声响成一片，好不热闹。农村广阔天地是大有作为的，是其乐无穷的。现在我离开这可爱的家乡已经四十多年，但我的脑海里仍留着极深刻的印象呢！”①

这是我的太姥姥，也就是我姥姥的母亲，曾经写下的短文《我的故乡》。读着这质朴又满含真情的文字，我仿佛能听见从田野上飘来的说笑，看见那个年轻、爱美的姑娘在金黄的麦地中穿行。

我曾听姥姥讲过太太（我习惯这样称呼我的太姥姥）的许多故事，却未曾对太太有过什么清晰的认识。直到太太去世后，姥姥写下纪念太太的长文《思念》②，直到我读过太太亲笔写下的这些信，一个完整、鲜活的太太形象才出现在我的脑海中。从青年到暮年，我通过文字和照片了解了这个平凡却极为勤劳、善良的妇人的一生。

① 引文为太太在1990年写下的散文及回忆录，被姥姥编为《散文集》。后文未标明的引用的散文及回忆录均来自于此《散文集》。

②《思念》为2019年姥姥为纪念太太写下的回忆录，后文中有部分关于太太经历及姥姥个人经历的描述取自《思念》。

一、热爱学习与劳动

> “我爱劳动，但我也爱学习。因为我没有文化基础，写点儿东西实在困难，几次参加夜校学习，都因家务所迫，坚持不了半路停止了，遗憾的很。老头退休了，家中由他管理，我因身体有病不能整天劳动，心中烦闷，便开始练习写字、写小短文。但因我年老手笨，写起字来很吃力，进步很慢。老头对我很是鼓励，说：‘字无千日功，万般不负有心人。’我在他的支持鼓励下，便下定决心，一定要坚持下来。”

这是太太在 1990 年写下的一篇短文《我爱劳动，但我也爱学习》，太太谦虚好学的精神跃然纸上，我仿佛能看见太太因学习到知识而喜悦的笑脸。

我的太太陈书墨，字若兰，1923 年出生在河北大城的南曹村。太太曾对姥姥讲过，太太小时候，一次日本鬼子扫荡，她差点被抓住，幸亏躲进了农村茅房旁的草垛中才逃过一劫。[①] 姥姥说，太太很不想看关于抗日战争的电影。我想，那是因为苦难的亲历者不太愿意回顾那些悲惨的经历吧。

太太小时候并未上过学，却可以读书和写字，我想这是因为太太的家庭是个喜欢阅读、充满书香的农民家庭吧。1943 年，我的太太与老祖结婚。婚后，二人的生活十分和谐。太太在 1948 年生下了长女，也就是我的姥姥，此后，太太又接连生下了四个儿女。

嫁人生子后，太太仍然想上学，学习新的知识。可是因家务所累，太太几次参加夜校后都中途停止了。但是在年老、儿女不再需要她照顾的时候，太太仍愿意拾起一向未泯的学习心愿，跟老祖虚心地学习写字和作文章。姥姥说，其实在六十年代，太太已经可以写信来与亲友通信了，可她仍不满足，愿意继续学习，这样的虚心和对学习文化的坚持令我十分钦佩。

---

① 姥姥对太太的回忆来自于对姥姥的采访。采访时间：2023 年 2 月 5 日。受访者：孙希文。后文关于回忆的描述，若未标明，均来自于此采访。

青年时代的太太与老祖①

“因为我劳动惯了，待不住，所以又开始工作了。时间过得真快，转眼又是几年，我们的国家形势大好，人民生活水平提高，精神面貌焕然一新，服装改革的热潮高涨起来。大家都穿西装，很多单位都发高级的毛料。我做西服还是第一次，感到很困难，经常自己返工……我现在是将近七十岁的年纪，而且又是半病的身体，但我总珍惜这宝贵的时间，不愿白白度过。回顾过去，我明白了人生的道路是曲折的，尝到了各种苦辣酸甜的滋味，经受过百般的磨炼。我敢断定：我是勤劳的一生，奋斗的一生。”

这是太太自己写下的短文，她形容自己的一生是“勤劳的一生，奋斗的一生”。我想这是十分贴切的，我的太太是个非常热爱劳动的人，已经到了“闲不下来”的地步。

中华人民共和国成立初期，百废待兴，北京需要充实教师队伍。我太太因曾做过夜校老师而被招聘到北京的小学当老师，但是考虑到上有老下有小的家庭，只好放弃机会。为了与老祖一起承担养家的责任，太太想找既不离家又能有收入的工作。当时太太家北面正盖楼房，建筑工地的工作

① 图片来源于姥姥存留下的老照片。后文中出现的老照片，若未标明，均来自于姥姥的收集。

人员许多是外地的，给他们洗衣服便成了活计。

1953 年，太太开始在西单缝纫技术培训班学习裁剪。学业结束，家里买了第一台缝纫机，开始给外人做衣服。此后五六十年，太太在缝纫机上不知给多少人做了多少样式的衣服，单的、厚的，男式的、女式的。缝纫机成了太太家的一大功臣，先后有三台缝纫机进入太太家工作，最早的是“劳动牌”，第二台是上海牌。太太甚至说过，如果生命要结束的话，她“愿意倒在缝纫机上”。太太用自强不息的精神、勤劳节俭的行动哺育着她的儿女，也将这种劳动的热情传递给了她的孩子们。

二、乐观而善良的心灵

该用什么词语来形容我的太太呢？我一时想不出确定的答案。看着太太亲笔写下的那些信件，我想太太对待生活的乐观、对待他人的善良，应当是她身上最令我敬佩的地方。

我的太太是位意志顽强、极有耐心的女人，她总是带着希望生活。这表现在她生活的方方面面、生命的各个阶段。比如对待疾病，她坚持锻炼身体。第三次出院在家养病，太太简直变成蹒跚学步的幼儿，从里屋到外屋要扶着墙或桌椅、柜子走路，但坚决不拄拐棍。能够出门了，她就每天早、中、晚去公园散步，去木樨地河边儿散步。

太太还曾因眼疾而多次住院，为此，她还写下过一首小诗：

我有一个亲密的伴侣，
几十年和我在一起，时刻不离。
它给我解决了生活的困难和愁烦，
它给我增添了家庭的幸福和愉快。
我的眼睛看不见了，它辞我而去，
我感到枯燥无味，
常自暗叹，不知何日再回还！

——《我的伴侣》

她在医院里做白内障手术时，心里虽也害怕忐忑，但也在事后写下短文《难忘的一天》。二十年后，姥姥再次带太太去医院检查眼睛，医生看过后不建议她再做手术。太太也不气馁，反而说：“这双眼出了大力了，我知足。”虽然太太晚年疾病缠身，但她依旧没有失去对生活的热情，每天都看经书，吃饭时总要喝上一小杯白酒，以几粒花生米下酒。

我的太太是个比较内向的人，从不串门与人闲聊，但是家里若做了新鲜的饭菜，她就要端上一碗送给邻居家的老人或病人。太太给人做衣服不仅合适，还省布料，余料都和成品一起交还。太太对生活的苦难从不抱怨，总是随遇而安。哪怕是在最困难的“文革”时期，太太也一个人撑起了家庭。那时太太终日活动于十几平米的房间里，做着她喜欢做的事，对远离家庭前去上山下乡的子女们毫无怨言，还经常给他们写信问候。下面是其中的一封。

1985 年春节，三代人的全家福。

“家里的东西空了，经济非常紧张，小妹的东西还没有准备好，我也很着急，但我想到主席的教导，在困难的时候要看到光明，看到成绩，无论怎样困难，我是会克服的。小妹批下来，很快就走，我没什么顾虑，从内心里支持。”[1]

对于小辈们的教导，太太也有自己的心得。她从不溺爱自己的孩子，对他们的管教十分严格，在这些教导背后，蕴含的却是一个长者对后辈们真心的引导。哪怕是面对十分疼爱的孙子孙女们，太太也总要向孩子们讲些做人的道理，叮嘱他们要学习文化。正如1986年太太写给我大舅的那封信里所透露出的那样：

“接到信知道一切，见到你写的信语句通顺、内容丰富，有了进步，我很高兴，望你还要加强练习写字。听说快要考试了，这是一个紧张的时刻，要充分准备，争取得到优良的成绩。

暑假我和姥爷还是希望你来北京，不过要取得你爸爸妈妈的同意，还有你和婧婧要搞好团结，闲时要帮助妈妈做些家务，卫生也要注意，姥姥说得对吧？

小婧婧的大字本买了，姥爷说让你们俩一块练习写，看谁写得好，比比。让你们留着，还给判分呢！”

太太是一个慈祥的母亲和长者，她从不过于顺从孩子幼时的心愿，让他们懂得克制自己的欲望，教导他们成为一个正直的人，而对于子孙们的志向，她又总是坚定地支持，做他们最坚强的后盾。

三、随着血液流传的无价品质

1966年，一个女青年高中毕业了，高考却因为“文革”而停止了。女青年不想留在北京当一个普通的工人，想去山区当一个新农民。青年第一次提出这个想法时，她的母亲没有同意。面对母亲的反对，这个青年用岳母刺字“精忠报国”的故事回应了母亲。母亲再三思虑，最终支持青年到山西的小山村，立志将那里建设成为一个新农村。青年得偿所愿，开始了

---

① 此信件为太太二十世纪六十年代写给姥姥的信。姥姥将二十世纪六十至八十年代太太写给她的信编成了《书信集》。后文关于信件的引用，若未标明，均来自于此《书信集》。

自己新的人生征途。1968年，全国上下掀起了知识青年上山下乡的热潮，青年的弟弟也向母亲告别，离家去了晋南垣曲建设祖国。几个月后，青年的妹妹也奔赴黑龙江生产建设兵团。

这个风风火火的女青年，便是我的姥姥。在高考梦破碎后，她选择奔向祖国的山区，用自己的双手劳动，闯出自己的新生活。也许是太太勤劳善良的品质传给了她的子女，姥姥在农村里不怕苦不怕累地劳作着。她和好几个从城市跑进农村的青年们在杜家山这个小小的山村过着农民的生活。年轻的姥姥和伙伴们在田野上种地，他们的身影在田间忙碌。姥姥渐渐习惯了吃粗糙的高粱糊糊，也渐渐听懂了老乡们亲切的山西方言。直到今天她仍喜欢在面食里加上很多陈醋，喜欢时不时“忆苦思甜”，吃一顿野菜或莜面。

在生活中，我的姥姥是个真诚而好学的人，她也总对世界报以最大的善意。别看如今我的姥姥已经七十多了，但她仍愿意找寻自己的兴趣，学习新的知识。近几年，姥姥迷上了植物学，她跑遍了北京各大公园，看遍了千百种树木花草，精心记录着这些植物的名字与特征。她还虚心求教，向路边的林业工人询问树的品种和样貌。这不禁让我想到同样好学的太太写下的那篇《我爱劳动，但我也爱学习》，她们都是那么的热爱学习！

在杜家山插队几年后，姥姥来到山西榆次，在学校教授经济学。姥姥是一个认真且极受学生喜爱的老师。她讲课时思路清晰，课下又愿意和学生们打成一片。在学生们写下的毕业纪念中，那些亲笔写下的字迹见证着师生间情谊的深重，而这些真情也深深打动了姥姥的女儿，也就是我的母亲。自看过那份纪念册后，做教师的种子便深深地埋进了她的心中。

高中毕业后，母亲坚定地选择了报考北京师范大学。如愿进入中文系就读后，母亲朝着自己的梦想继续努力。大学毕业后，母亲进入了一所高中工作。在她的学生中，有一批特殊的孩子，他们从偏远的边疆而来，来到国家承办的内地新疆高中班学习。

母亲曾有过一个印象深刻的学生，是一个内向的柯尔克孜族小姑娘。小姑娘刚来时不会讲汉语，母亲就从最简单的发音、读写教起，让这个小姑娘学习汉语。母亲把文言文解释成最通俗易懂的语言，一句一句解释给她听。渐渐地，女孩的汉语变好了，上课跟得上了，自信也找回来了。毕业那天，女孩找到了母亲，她说："王老师，没有你的话，我在北京待不下去，更不可能考上大学。"母亲还曾帮助过一个贫困的南疆女孩儿。她的鞋破了，却没有钱买新的，母亲就把自己的新鞋送给了这个孩子。

母亲这些善意又是从哪里继承来的呢？我想，这应该也是受了我太太那善良的心灵的熏陶吧。就像太太愿意将家里的饭菜送给困难的邻居一样，母亲也愿意将这种善良传递下去。

太太将她好学、善良、乐观的品质传递给了子孙后代，我想，这是比金钱更加宝贵的遗产，是真正应被子孙后世永远继承的财富。

后记

先辈们的无价品格值得我学习，家族的历史会在无形中影响这个家族的每个人。这就像姥姥在纪念太太的文章《思念》中写的那样："母亲是勤劳的，儿女没有一个是懒惰的；母亲是谦虚的，儿女也都是良善的；母亲是坚强的，儿女亦不是软弱的；母亲的信仰是坚定的，儿女的心亦不是摇摆的；母亲的心是火热的，儿女的心也不是冷淡的……"

我想，家族的精神应当已随着血液流进我的身体，并深深地烙印在了我的身上。不论时代怎样更替，祖辈身上闪耀的精神光芒永不会褪色。我愿意像我的祖辈那样，保持心灵中那纯粹的一份善意，用自己的双手去劳动、去创造，做一个家史的讲述者，一个家族精神的传承者。

（指导老师：孙玲玲）

一生军魂①

北京师范大学第二附属中学 · 孙澜溪

一、外敌入侵，少年孕育自强火种

抗战胜利前，北平（今北京）平谷张辛庄村整日被黑暗恐怖笼罩。“听说鬼子要来这儿抓地下党员！也不知咱这儿藏没藏，被发现可就惨了！”村民们窃窃私语着。身为村长的太姥爷早已满头是汗，前夜有几个地下党员来过，恳求暂躲一躲。彼时太姥姥刚生完小姥爷，还在坐月子，姥爷也才四五岁，要是被发现，全家的命可能都保不住了。“支持共产党抗战要紧！”太姥爷咬咬牙答应了下来。

第二天，日本鬼子来搜查，踢箱倒柜如同抄检，搞得村里鸡犬不宁。万幸的是，在太姥爷的掩护下，地下党员们未被发现，逃过一劫。

当天夜里，几个党员接到组织要求转移的命令，谢过太姥爷后离开了张辛庄村。

本以为事情结束，不料隔天鬼子直接封锁了太姥爷的家——有汉奸举报，地下党员就藏在太姥爷的住所。细细搜遍太姥爷家无果后，鬼子便审讯逼问太姥爷说出党员的去向，太姥爷无论如何也不肯说。鬼子便用了卑劣狠毒的手段，将身体还虚弱的太姥姥以及太姥爷抓去，吊在房梁上没日没夜地打，企图让太姥爷屈服。但太姥爷始终不屈。一个星期后鬼子将被打得半死不活的太姥姥和太姥爷放了出来。太姥姥和太姥爷的故事在姥爷

① 来自采访记录。采访时间：2022 年 8 月，受访者：王保信。下文所有关于过去回忆均来自此采访记录。

心底种下了从军报国的种子，自立自强的火焰在少年心中熊熊燃烧，他暗自发誓长大后要当兵，保卫家人和祖国。

当姥爷得知日本人不让学校教中文、只能教日语时，毅然放弃了受教育的机会。每日种地间隙自学知识、读书，为成为一名合格的军人做着准备。

二、军令如山，青年尽责报家国

姥爷的军装照

1959 年，20 岁的姥爷带着一腔热血志愿入伍，成为解放军空军的一员。他离开家乡平谷，常年奔波于河南郑州机场、确山机场之间，在军队学习军用飞机构造和维修技术。

1959 年 3 月 10 日，西藏反动集团受到外国敌对势力的支持和唆使，公然撕毁 1951 年 5 月中央人民政府与西藏地方政府签订的《中央人民政府和西藏地方政府关于和平解放西藏办法的协议》(通称《十七条协议》)，悍然发动了武装叛乱。在此严峻形势下，中共中央下达平叛命令。1961 年，姥爷所在的部队奉命到西藏支援，他随军队暂驻于青海玉树机场，负责飞机检修。他出色地完成了任务，维护和捍卫了国家、人民利益，回到部队所在地河南时才收到哥哥写的信，从信中得知了太姥爷病危的消息。他急忙向领导请假，赶回平谷，但没能见到父亲最后一面。

有人说他没有孝心，为了军人的功名利禄，连家人都不要了。他却从来不为自己解释。他知道自己为保家卫国、祖国统一做贡献也是父亲想看到的，父亲会理解他、原谅他的。

奔丧假未用完，他带着终身的遗憾又回到了部队继续工作。之后，姥爷还曾毅然决然地主动请缨去执行武汉人工降雨任务，缓解了当地的农田旱情，为武汉农业生产步入正轨贡献了自己的一份力量。

20 世纪 50—60 年代，两岸关系紧张，台湾当局空军凭借美国支援的先进电子侦察机不断地骚扰大陆沿海，甚至深入到大陆腹地。为了维护国家安全，人民解放军空军成立了一批新空军大队，姥爷应招成为其中一员。1961 年 11 月 6 日，台湾当局一架 P2V 侦察机从辽东半岛地区的碧流河口入窜，向城子疃（今大连市城子坦）地区窜扰。姥爷他们从探照目标到击落敌机仅用了 30 秒钟，成功完成了一次夜间灯炮密切配合的战斗。

“能在有生之年看到台湾回归祖国，两岸人民冰释前嫌，才是真好咧。”直至今日，姥爷仍常和我念叨。

姥爷的退伍军人证明书封面

1964 年 10 月，姥爷由于常年跟随部队转战各地，劳累过度得了肝炎，不再适合部队高强度的工作，就此光荣退役。后面的日子算是平淡，他回乡务农，当上了民兵连长、团支部书记。后来 1972 年发生大旱，农机局缺技术工人，姥爷便去就了职，在 1975 年转正。

1966 年“文化大革命”开始。姥爷为了不让邻居被扣上“走资派”的帽子，作担保为其写证明。他保护了邻居，自己却惹恼了红卫兵头子，受到了打击报复——红卫兵唆使单位停发了他的退役农村困难补助。但他始终没有后悔帮过别人。“当兵一场，退役后保持军人的风范，正直、善良是更为重要的。”他说。

后记

在那个发展与动乱并存的时代，少年以父亲为榜样怀揣守家报国之梦成长为真正的战士。纵一路有险阻坎坷、有离别伤痛，姥爷始终怀揣清澈的初心，一生做着应该做的事，保持着军人应该有的品格，实现着自己和万千人民的家国梦。

现在，他又将奉献的接力棒传到了我手中，那么以热血和青春滋养这片土地的理想后继有人……

（指导老师：周啸然）

不畏严寒唤春归

北京师范大学第二附属中学 · 崔奕蓓

一、写在前面

这次动笔书写家史的过程可谓一波三折。早在暑假时就已听说了家史征文活动，但当时我并未加以重视，甚至不是很想动笔去完成这个“作业”。这完全是因为自己之前对于家族的过往并不是很清楚，对于家里复杂的亲戚关系也不想一一询问与梳理。但不幸的是，还没等我开始整理家史，姥爷和爷爷就相继去世了，家里的很多记忆都会随着他们的离去而被遗忘在时间的长河中。并且由于疫情防控，我没来得及回去与他们道别，甚至对于他们样貌的记忆也仅仅停留在半年前甚或两年前，对此，我感到非常遗憾。从此，每提到家史我就有一种淡淡的惆怅，于是更不想面对这个“作业”。经过两个月的沉淀与思考，我忽然很想利用征文写作之机，尽量将家族的历史与他们的过往用文字记录下来，当作我与他们最后的道别。

鉴于家族比较庞大，亲戚关系盘根错节，加之自身能力有限，我目前只能完成爷爷那系即崔氏家族史的梳理。考虑到时空的局限性，行文重心也仅放在了近四代人身上，特此说明。

二、父系家史

（一）崔姓的起源与发展

1. 起源与发展[①]

据《崔氏家谱》载，崔姓源于姜姓，有将近三千年的历史。西周之际，姜太公之子丁公伋，其嫡子季子让国于庶兄叔乙，自采食于崔邑（今山东章丘西北），以邑封姓，其子孙遂为崔姓，而季子则被称为“崔姓始祖”。

崔氏自得姓到隋唐，渐成名门望族，尤以清河、博陵崔氏备受瞩目。崔氏家族历来人才济济，名人辈出，不绝于史。如春秋齐国大夫崔杼；西汉东莱侯崔业、侍御史崔朝、书法家崔瑗；南北朝史学家崔鸿、书法家崔悦、经学家崔灵恩；隋朝学者崔赜；唐代诗人崔护、崔颢，名臣崔义玄、崔胤；宋朝画家崔白、经学家崔子方，学者崔敦诗、崔敦礼、右丞相崔与之；元代书画家崔彦辉；明代画家崔子忠；清朝诗人崔华、经学家崔经、学者崔述、诗人崔如岳，等等，这些前人使崔氏名气大振。如今，崔氏位列百家姓第七十四位。

现在老家所在地山东省淄博市沂源县南麻镇北刘家庄村的崔姓家族的始祖讳汝正，先居于莱芜城北石马庄，后为避金兵之乱，迁往迤北大金山。及大元开国，始复旧居，曾生四子，后散处各地。二世祖讳聚，为始祖讳汝正的次子，后迁居山东省淄博市博山上庄，形成了崔氏的第二支。至五世祖讳魁，移居如今的村庄，世代繁衍，绵延至今。据村志记载，本村于明洪武年间建立。清乾隆年间沂河泛滥，此庄幸存，取名为留下庄，后几经沿革至现名北刘庄。

2. 行辈数字（1930 年）[②]

长支自十八世起

温恭勤慎，有爱可钦

① 参考《崔氏族谱》第 3 版，2022 年 8 月修订稿（未刊），后文统一简称为《崔氏族谱》。

② 摘自《崔氏族谱》第 3 版，2022 年 8 月修订稿（未刊）。

二支自十七世起

宝宪广恒，本仁祯祥，忠厚公平，家业昌盛

三支自十七世起

永言孝思，笃志遵先，庆繁昭穆，祖泽盛传。

四支自十八世起

同心相继，思传孔长

此处将崔氏四支的行辈数字都放在正文中，主要是因为行辈数字的拟定蕴含深意，对比不同的起法，可以看出不同祖先对于后辈的期冀与美好祝愿，算是一种文化的传承。

笔者是二支的第十九世，应为“广”字辈，但由于“广”字起名的困难性以及常住北京，在起名时并未采用行辈数。

（二）家谱简图

几点说明：

（1）下文图 1 是从十三世到十九世的族谱总图，是根据《崔氏族谱》和图 3 的家折子编写而成的，由于年代久远，二者在个别人名上有不统一的问题，最终在编写时以家折子为准。同时，在十七世之前的女性成员及非直系成员的后代在家折子中并未有确切记载，因此图 1 中并未包括以上这两部分的信息。

（2）由于空间有限，图 1 没有将排行一一标注，默认有相同血缘的成员的年龄从左到右依次递减。

（3）由于第十七世的的行辈数字“宝”较易重名，故本支在起名时统一改为“春”字。

（4）第十八世的行辈数字“宪”由于在登记身份证时被工作人员以同音字“现”登记，故大部分成员现今的名字中为“现”字。

（5）为了呈现笔者的直系血缘关系，故特绘图 2。

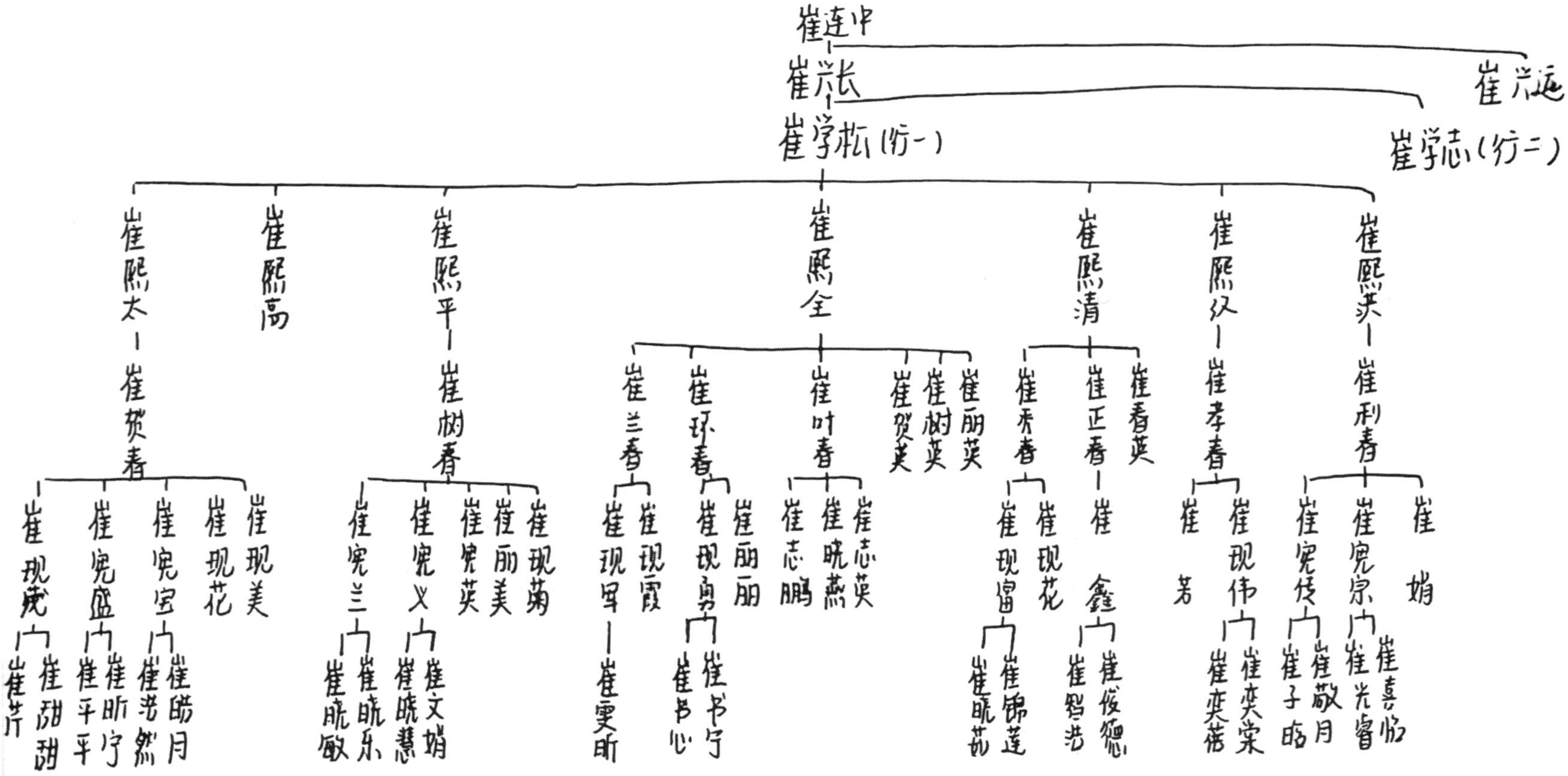
崔连中
崔兴长
崔兴运
崔学松（行一）
崔学志（行二）
崔熙太
崔熙高
崔熙平
崔熙全
崔熙清
崔熙义
崔熙英
崔贺春
崔树春
崔兰春
崔环春
崔叶春
崔贺英
崔树英
崔丽英
崔秀春
崔正春
崔香英
崔孝春
崔利春

图 1. 家谱简图

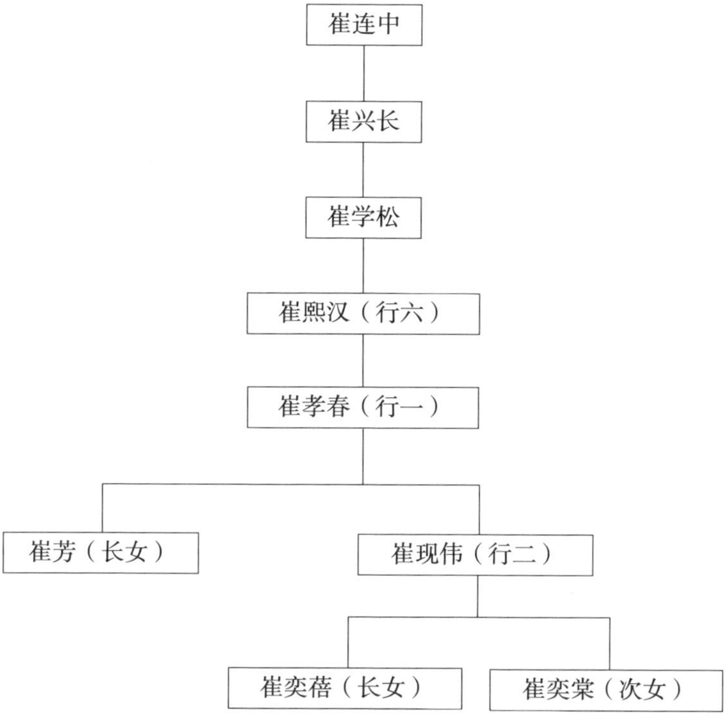

图 2. 直系族谱

图 3. 家折子[1]

① 家折子：是家堂轴的一部分，可以认为是祖先的牌位。折子是用纸折叠而成的册子，而家折子则在折子的基础上根据写家折子人的辈分，记录着列祖列宗名讳簿籍。家折子主要用于过年请家堂时（请家堂，指的是在大年三十，摆好家堂轴子，摆好各色酒菜，焚香烧纸，请列祖列宗回家过年）。图三最右侧为本脉可追溯到最早的祖先，即二支的十三世讳连中。

（三）太爷爷崔熙汉与爷爷崔孝春

太爷爷崔熙汉生于 1924 年，1943 年结婚并参军入伍，是山东省沂源县中队战士，先后经历过抗日战争和解放战争。自从他参军后，整整 6 年不曾回家。直至 1949 年 10 月中华人民共和国成立后，他被调入沂源县公安局工作。由于工作繁忙，他依旧与家人聚少离多。半年后，他不幸在革命工作中染上了重病，被战友们用担架抬回老家，于 1950 年离世，享年 26 岁，被光荣地评为烈士。他走后留下了年轻的妻子与正在腹中的胎儿，所以，爷爷崔孝春对他父亲的记忆可以说是一片空白。因为当时没留下什么照片影集，即使现在我们努力回忆，四处打听，也无法还原出太爷爷的音容笑貌，更无法知晓他的性格与喜好。

太爷爷崔熙汉的烈士证[1]

他就这样匆匆地走过了这人世间，只留下了他的姓名与他的骨肉。

由于太爷爷走得匆忙，没留下什么财产，迫于生计，爷爷的母亲（太

① 由于当时在登记时是以同音字录入的，所以与家折子上的姓名有出入；牺牲时间为 1950 年，证明书上的“19450 年”属于登记失误。

奶奶）鹿氏在他三岁时就改嫁别家，爷爷又失去了母爱。当时的村干部将烈士抚恤金侵吞，爷爷唯一的经济来源就这样断绝了，幸而有他的三大爷崔熙平收留了他，给他一口饭吃。但由于当时家境贫穷，爷爷作为他三大爷家里的“累赘”，不得不学艺干活以回报他三大爷的收养恩情，因此爷爷小学也只是上了半年便被迫辍学。

爷爷在我印象中非常坚强、有韧劲，也异常地心灵手巧，这可能与他的母亲有关。听长辈说那位太奶奶在剪窗花和绣花上造诣很深，做出来的东西精美无比。也许正是因为他这种源自母亲的非凡的动手能力，爷爷在十五六岁开始学建筑后就相对顺利地一路发展，凭借自己精湛的手艺，逐渐获得了邻里的认可。于是，在成年之前，他与村里人合力在他三大爷家里建了一间西屋。这为他 1970 年与奶奶结婚、成家立业准备了基本条件。而这个小屋，在 1972 年也迎接了姑姑崔芳的到来。到了 1976 年，考虑到家里人口增多，他开始筹划在三大爷家的不远处建造新房，与三大爷分家居住。为了盖这套房屋，爷爷在公社干活之余，自己从山上开凿石头并搬运回来。那时怀着爸爸的奶奶也经常帮着他从河里用小推车采挖沙子。虽然非常辛苦，但他们对于建新房这件事情干劲十足，在众人的帮助下，终于在几个月后建造好了第一套属于自己的房子。1976 年 11 月，我爸爸崔现伟在这套房子里出生。

随着爷爷建筑手艺日臻成熟，1974 年他成功加入了沂源县南麻镇公社的建筑队。当时只记录工分，没有工资，所以即便是爷爷付出了很多，生活依旧非常艰辛。1984 年，人民公社被撤消，公社建筑队也随之解散。在这场变革后，同年爷爷自己组建了一支隶属于村里的建筑队，并将其命名为“崔孝春建筑队”，爷爷就这样成为一名“包工头”。那时候队长与队员的工资都是三块四块的，没有太大差别，加之爷爷十分朴实能干，因此大伙也乐意跟着他一起在四周打拼，先后建成了村边和县城的很多建筑，包括村边的自来水厂、变电室以及县城的几座老楼房。不得不说，即便是现在看来，这些建筑也依旧算得上是工整漂亮，一眼望去，令人心旷神怡。所以它们现今仍矗立在沂河两畔，无声地见证着村里、县里的种种变迁。

老家概貌（摄于新家的房顶）

也许爷爷的命就是比常人要苦上几分。他的建筑队平平顺顺地度过几年后，建筑队中有些人就开始不满被爷爷这种“没文化”的人带领，纷纷带着队员到别处打工，试图让爷爷没能力再承接那些大工程。所以，渐渐地，这个名为“崔孝春建筑队”的团体从一支有着一百多人的繁荣大队一再缩小，衰败成一支人员稀少的单薄队伍。最终，1987 年，爷爷一怒之下离开了他亲手创办的建筑队，到村西边的大山上开石头去了。

但开石头并不是一件容易的事情。一位曾经跟着他干活的大爷说，开石头不仅要用各种工具把石头从山上切下来，而且切的时候还要尽量切得大小合适、工工整整的才能卖出好价钱。为了追求质量，每天甚至只能雕琢出两块大石。辛辛苦苦凿完石头，他们还需要把这些石头从山上用小推车一块一块运下来，这个过程依旧十分艰辛。由于沂蒙山区的地势起伏比较大，没几条平整的大道，所以光上坡下坡就极其费力，可谓吃尽了苦头。

在家庭联产承包责任制日益发展的背景下，到了 1989 年，为了谋求更好的生活，爷爷精心开垦用四口人从村里分得的大片土地所换得的村西的两亩良田，种上巨峰葡萄，打造了村里的第一个葡萄园。接着，他又承包了别人家的半亩地，架上大棚，种了青椒、黄瓜等蔬菜瓜果，以此来更好地供爸爸和姑姑上学。

就这样，爷爷奶奶连续种植了 12 年葡萄，家境终于有了较大的改善。

两岁的我与爷爷

同时，在农闲之余，他凭借着幼时与他三大爷一起扎纸马的经验，在 1990 年开始扎些纸马、纸牛、纸柜、摇钱树等纸制品来补贴家用。因为他的动手能力实在异于常人，扎出来的那些作品好看实惠，他为人也憨厚，渐渐地，大家办白事时都愿意从他这里买“扎材”，甚至有很多外村人都慕名前来，专门找他订购纸马。借着这项副业，家庭的收入得到进一步改善。

可惜在世俗眼光里，这份副业收入来得不吉利。最终，为了我们这些后辈的前途考虑，2005 年，爷爷在我出生之前就果断放弃了这份报酬极丰的副业，“金盆洗手”，没再扎过那些精妙绝伦的纸马。我对于他心灵手巧的记忆，也只是那年春节他为我扎的一只红白相间的小灯笼，当时只道是寻常。

2001 年，爷爷因为一些缘故，将他苦心经营的葡萄园卖了，又一次回到山里开石头。如此过了几年，由于收入实在不佳，他就开始到别人的建筑队里干活，挣一份微薄的工资维持生计。我对于他这段经历还是有印象的。小时候暑假回老家，见他经常在早上扒上几口饭，就带着他那个塑料水壶、骑上他那辆比德文电动车到工地里干活，下午常常六点才回来，当然，带着那股熟悉的尘土味。总体而言，爷爷这几年的生活还算清闲，所以我童年的回忆中总是带着老家那份傍晚里的蝉鸣声，还有他那爽朗的笑声，亲切又温馨。

以上美好的记忆基本都是在他第二处院落里留下的。这个在 1986 年完工的宅院，有宽敞的小院，铺满了清爽的地砖。小院中间还种了一棵葡萄树，每年夏天会结上几串葡萄，虽然有些酸涩，但完全可以让我们过足嘴瘾。2010 年，他在这个院子的隔壁完成了第三处也是他最后一处院落的建造。这套院落建造得比以前任何一套都要宽敞明亮，白瓷砖、红瓦片房子便成了我们每次回家时的最佳住处。那时候的他依旧干劲十足，满头黑发，只不过脸上多了几道岁月的痕迹。世事难料，没想到几年后，为了和我们挨得近一些，他到北京打了一两年工。由于饮食不规律，一向健康的他患上了心脑血管方面的疾病，不得已做了手术。此后，他身体每况愈下，渐渐走不了路。因为病魔缠身，他的脾性在几年内也发生了巨大的改变，我有时竟忘却了他从前的模样。

2022 年 8 月，爷爷奶奶从北京回老家，道别时没想到此去会是诀别。11 月 19 日下午，爷爷因为煤气中毒，在自己十年前建造的房子里永远地合上了眼睛。没有人送别，他静静地独自离开了这个磨砺他千百遍的人世间。而我则因为疫情防控，没能回去送他最后一程。

他孤苦地来到这世间，得了个“孝春”的名字，却无法尽孝于亲生父亲。于是，只能从幼时开始，懵懵懂懂地到父亲墓前磕头上贡，去拜一拜与他仅有血缘联系的爸爸。也正是因为这种无依无靠，使他一生回报太多施恩于他的长辈，他人一点帮助便能让他感激不尽。

他又是多么无助啊！即使因为才华横溢而遭人算计，也没有怨天尤人，而是继续向前，另谋出路。因为他是家里的顶梁柱，是家里的希望，多少人需要他的支持与帮助，他不能倒，他不能停下。但很多人忘记了，他的身后几乎是一无所依。

就这样，他走过了这坎坷的一生，养大了姑姑和爸爸，也给我们留下了那么多温暖如春的美好回忆。最终在去年的秋冬之际，他出乎所有人意料地结束了这一世的种种遭际。

（四）父亲崔现伟

父亲崔现伟出生于1976年12月，他给人的印象是一个不缺好奇心、爱玩且会玩的“大男孩”。小时候爷爷奶奶忙于生计，没时间照料他，他却能独自从小山村里找到乐趣：在沂河边游泳、抓鱼、翻螃蟹，跟别的孩子摔纸牌、捉知了等，他都乐此不疲，样样精通。此外，他还能用黄土捏出各式各样的玩具枪分给别的孩子玩耍。虽然他看起来有些顽皮，但他决不会以大欺小。父亲小时候做得最出格的事也不过是拿别人家自行车链子做火柴枪，时至今日提起此事他还十分内疚。他这种敦厚又会玩儿的特质，使他一度成了身边小孩眼中的“好哥哥”。所以，那时候他经常带着一群孩子在村里东跑西跑，好不热闹。

到了上学的年龄，爷爷心疼他年纪小，怕他受欺负，加之上学时需要独自穿过村里的那条大马路，担心不安全，所以就让他晚一年上学。就这样，父亲到了七岁半才去村里的小学读书。

今年我曾到那所小学的遗址一游，虽然没能进去，但从墙外望见了那三排小平房房顶的红瓦。学校看起来很小。听父亲回忆，当时一个年级也就二十多人，基本都是同村的。当时求学条件非常艰苦，每逢冬季，他们都需要自己去深山里砍柴，扛回来在教室里烧炉子取暖。即使在这样的条件下，当时的美术课、体育课还有音乐课却都是正常开设的。简陋的操场中央经常上演着一场场简单热烈的音乐会——伴着手风琴与树叶沙沙的声音，孩子们簇拥着、笑着坐在空地上唱响那些耳熟能详的军歌与童谣，你瞧着我，我瞧着你，谁也不笑话谁，争先恐后地放声歌唱。那嘹亮的歌声与自信的面庞，正如朝阳一般明媚灿烂。

由于父亲认真学习、苦心钻研，加上三年级时遇到的数学启蒙老师唐光英的教导，他的成绩上升得非常明显，到了小升初时，没多费劲就考入了沂源二中，成了班里鲜有的能上初中的人。在沂源二中，一开始他并不算优等生，好在父亲有一大特质就是非常专注，一旦有目标就会想尽办法去做到。所以，他在初中和高中基本都是"低开高走"，毕业时皆是第一名的好成绩，最终考上了位于省会的山东师范大学。

1995 年父亲（左）与王仕礼叔叔在高中校园

初高中六年，不善言辞的他整天沉迷学习，鲜有社交，这样的他却在高中遇到了他一生中最好的朋友——王仕礼叔叔。两个性格截然不同的高中生，在相识之后，几乎形影不离。每天凑钱买菜吃，一块煎饼、一点咸菜再来点炒白菜，构成了他们那时一天的饭菜。闲暇时光他俩会跑到山上背英语，一起琢磨难题。在假期里他们也常常约着一起玩耍。在相互陪伴、相互帮助下，即便条件艰苦，他们依旧拥有美好绚烂的青春时光。

时光在流逝，青春的活力在大学的校园里继续上演。

父亲的大学生活始于 1995 年。意气风发的他在课余时间与同学爬泰山、望黄河，到乡间参加社会实践，当实习老师。即便如此，父亲还是继续他省吃俭用的习惯，全身心投入学业中去。于是，他成功考上了北京大学数学科学学院的研究生，来到北京这片广阔天地继续奋斗。

在 2002 年硕士毕业之际，他曾立志考博，走学术之路，但因各种因素以及儿时的军营梦，他最终选择到部队工作。刚参加工作时，即使工资微薄，他依旧如求学时一样，心无旁骛地完成各项工作，一步步晋升至大校军衔。

就这样，他的专注造就了他前半生的事业。

（五）我与妹妹

我与妹妹出生在和平与发展的时期。中国的社会经济快速发展，中国特色社会主义建设也在有条不紊地进行着，人民的生活发生了巨大的改变。因为这样的时代背景以及父母的不懈努力，我们从小就可以享受到很好的教育资源与生活环境，没有遭受过战乱与饥饿，也没有因为经济条件而被迫辍学，一直顺利成长，做我们想做的事，在生活的空隙中畅想着未来的美好，可谓是幸福的一代人。

（六）结语

从太爷爷年少参军，为国捐躯，到爷爷在苦难中努力生存，谋求出路，再到父亲寒窗苦读，入伍报国，他们都如梅花一般不畏严寒，坚韧不拔，在建设祖国的过程中，贡献了自己的一份力量，也用行动逐步改善家庭条件，用他们或许平凡但绝不单薄的人生故事，带给了我们太多精神上的启迪。祖辈们奋斗的身影是时代缩影。在华夏大地上，他们或许默默无闻，或许名震四海，但无论如何，正是因为这些追光者与奋斗者的付出与努力，推动着国家、社会的发展，为在严寒中的祖国与每个“小家”唤回了春天，创造了“大家”“小家”的幸福与安好。

人民在奋斗，时代在发展。我们终将带着祖辈的记忆，踏着祖辈的足印，继续向前，探索属于我们的天地。

后记

这次家史写作前前后后用了大约两周的时间：在老家拜访了几位爷爷，从他们的口中了解了爷爷很多过去的事情；春节期间也亲身感受了老家的各种习俗，陪奶奶上贡、烧纸，请来又送走了崔家先祖们；跟着父亲顺着村里的小道到处走走，看了看老宅旧址，拜了拜村里的那棵古树。在此期间，父亲、母亲还有奶奶都给了我很多帮助，他们竭尽全力助力我体验与了解老家的风土人情，甚至还为我找到了崔税春爷爷等刚刚编纂的《崔氏族谱》的初稿。这些举动极大地帮助了我，让我对崔氏的起源与发展有了更为全面的认知，对于家史写作也有了新的想法。所以，在家史正文部分的开始，我加入了崔氏发展历程这一部分，希望用崔氏三千年以来的历史让这次的家史梳理变得更加完整，知根知源。因此该部分主要参考了《崔氏族谱》里的文字，本文对此仅稍作调整。在此感谢编纂《崔氏家谱》的一众前辈，让我这次的家史梳理，变得比想象中容易得太多。

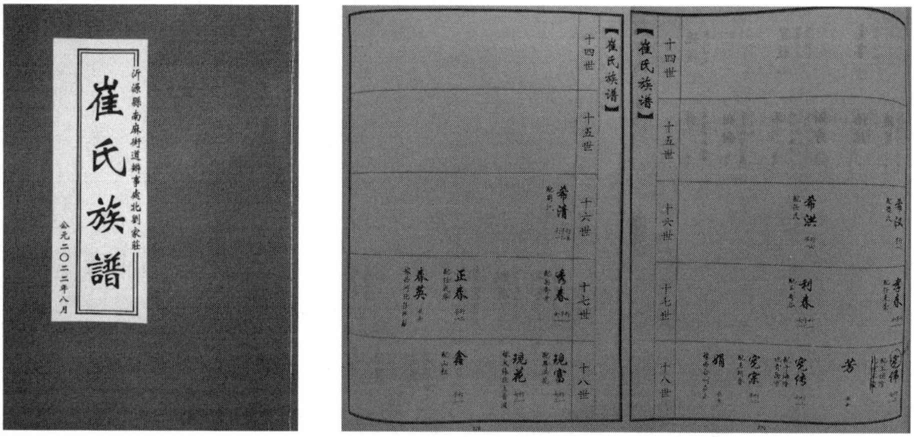

《崔氏族谱》封面及部分内页

作为一名刚起步的文科生，我带着写作家史的任务回到没有爷爷的老家走亲访友，收集记忆碎片，从探寻者的角度切入，全身心地体验老家生活，的确是感到新奇。生离死别是人生必须翻过的大山，即使之前读过再多的文学作品，也只有在亲历失去的过程中才能领悟到人生本该有的样子。过去无法改变，思念难以冲淡，悲伤无处躲闪，而成长则是一种选择。因此，我很感谢这次的家史征文活动给予我这次成长机会，让我能够化悲伤为力量，完整地追忆过去，弥补一下心中的遗憾。

（指导老师：周云）

土木间的火种

北京师范大学附属实验中学 · 柴蕊

我的爷爷和爸爸是我国建筑事业之中两颗普通的螺丝钉。从 20 世纪 30 年代至今，两代人薪火相传，用砖瓦架构起祖国的脊骨，用土木描画出工程挺立的姿态。这份滚烫的情怀代代绵延，此刻从父辈的记忆里苏醒，也使我身体里涓涓流淌的血液沸腾。它像一团火种，把双眸点亮，映出祖国建筑事业的明天。

一、连天烽火

1930 年，吉林省长春市扶余县（今扶余市）的一个富农家庭，迎来了一个新生的男婴。同年，这家所雇的一个长工，很快也迎来了自己的第一个女儿。这两个尚且年幼的生命，在七十余年后，成为我的爷爷奶奶。

像是地震来临前的摇摆，平静的生活开始动荡。1931 年 9 月 18 日，日军炸毁沈阳柳条湖的南满铁轨并嫁祸于中国，制造了“九一八事变”。战火逐渐逼近，学校被强占封停，教材也都以“排日”为由查禁销毁。1931 年 10 月 11 日，日军长春宪兵队由坂野少佐率兵，“遮断交通，在市内 5 个中等学校搜出排日教材共 50 数种，400 余件。”[①] 很快，1932 年 3 月 1 日，日军扶植建立伪满洲国，东北儿童就这样陷入了日本帝国主义奴化教育的漩涡。日伪强迫适龄儿童接受初等教育，逼迫其认同“满洲国”“皇道主义”“尽忠报国”及“民族协和”等日伪观念，妄图将东北儿童污染成为日伪的下

① 见日本人所办《长春实业新闻》，1931 年 10 月 13 日号。

一代奴仆。然而，幸运的是，或许是因为扶余县较为偏僻，地处几市交界，又有松花江做天堑，日军的看守并非如其他地区一样严格。爷爷并没有被卷入日军的奴化教育之中，而是进入了一所隐秘的私塾，得以保持纯洁的思想，摆脱日伪的精神荼毒。同时，他目睹了自己的同龄人被规训、奴化，这段经历无疑是对他熊熊燃烧的爱国情绪添上了一把新柴。

1945 年 9 月 2 日，日本签署投降书，十四年艰苦卓绝的抗日战争终于取得伟大胜利。生活即将重回正轨，中国共产党即将带领中华民族踏上崭新的征程。怀抱着心中那团从未熄灭的火，爷爷从吉林来到北京。我们家的故事，和中国的历史一起，迈入了新篇章。

二、星星之火

20 世纪 50 年代，爷爷进入中国建筑第一分局，并与奶奶结婚，生下两个儿子和一个女儿，小儿子就是我的父亲。新中国建立之初，百废待兴，但中国人民从苦难中走来，面对劫后余生的新中国，惺惺相惜，且爱得深沉。所有对国家深沉的爱意，都化成美好的畅想和高涨的干劲。爷爷也不例外，他毅然响应国家“支援三线建设”的号召，参加了中建一局三公司的第一个项目，只身从北京奔赴四川攀枝花进行建设。那时的攀枝花，生态环境恶化严重，是一片“七户人家一棵树”的大荒坡，一刮风就卷起大片沙尘。下工后，人们匆匆回到为了省时间扎起的简易窝棚里，一张张面孔被风沙涂抹，分不清谁是谁。住处临近金沙江，常年被黄沙淘洗，金沙江水也已失去了本来的清澈。纯净的水源离工地太远，一来一回要半个小时，时间显得过于奢侈。抢工还是喝净水？平日里，这样毋庸置疑的选择题，在此时却被爷爷填下了不同的答案。很快，在大家的团结奋斗下，他们圆满地交付了项目。此时，离预计竣工时间，还有整整四个月。

从松花江到金沙江，从躲在大人背后眼看国人受尽凌辱，到用青春的双手扶持祖国建设事业蹒跚起步，他为祖国的每一步建设都欣慰与感动，也早已把自己的命运和祖国的建筑事业紧紧系在一起。

在爷爷到四川支援三线建设的时间里，只有奶奶拉扯三个孩子。四川援建之初，奶奶带着孩子们搬迁到河北石家庄，只因为听说南下的路途里，爷爷和同事们会在石家庄停留歇脚。果然，当他们在人群中目光相遇时，惊讶、惊喜从眼中闪过，但没有人落泪。成长于一个贫农家庭，又历经抗战 14 年的血雨腥风，奶奶过早地养成了坚毅的性格。她膝头绕着两个孩子，怀里抱着小儿子，肘弯挎着给爷爷打点的行装，只是很平静地说："建设祖国是你的荣幸，我不怪你。"从此在单位的妇女留守处，她一待就将近十年。

1960 年省建三处托幼工作人员全体合影，一排左四为我的奶奶。

十年里，奶奶在单位子弟托儿所做保育员，看着一拨一拨的孩子如春草般长起来，其中也有她的孩子们。早上，爸爸去上学，放学回来，第一件事是甩下书包，抄起铁锹挖防空洞。1972 年，面对复杂的国际形势，毛主席发出了"深挖洞，广积粮，不称霸"的指示。尚且年少的爸爸深刻感受到历史是如何由人民之手创造、国家是如何由人民之手建设的。这场轰轰烈烈的"深挖洞"运动，在他幼小的心灵里，播种下建设祖国的雄心。

支援三线建设是用时间抢成就。1968 年，四川援建结束，爷爷职务升至党委书记。还没来得及回石家庄和家人会合，他被单位点名领导贵州遵义的项目，即刻启程。成长岁月中的动荡，以及十年苦守，都化为奶奶坚毅的决断力。奶奶牵着未满十岁的姑姑和爸爸，指挥十六出头的大大，一同奔赴贵州遵义。至此，十年来，一家五口第一次会合。1971 年，全家辗转湖南邵阳市继续支援建设。直到 1972 年，任务完成，听到广播里“大后方战略建设取得圆满成功”，爷爷奶奶对视一眼，竟然从彼此眼里看到闪烁的泪花。

1965 年华北三公司托儿所全体合影，三排右一为我的奶奶。

这段离散聚合的故事虽然颠沛，但并不悲情，反而十分坚毅。爷爷是祖国建设中的一块砖，用自己的身躯为祖国后方挺起新的城墙。这样的品格，是那个时代如火如荼建设中的一层微薄切片。

三、赴汤蹈火

1963 年 12 月 3 日，周恩来总理在第二届全国人民代表大会第四次会议上庄严宣布：“中国人民使用‘洋油’的时代即将一去不复返了！”我国原油产量大增，而炼油产业的发展也随之被提上日程。

1972年，结束了支援三线建设的任务，亟待发展的新建设任务在北京发出召集令。于是，绿皮火车载着几个睡熟的孩子，于轰鸣中回到他们阔别已久的诞生之地。出了北京站，坐长途车到门头沟，眼前荒芜的一片土地上，后来长起来一片宏大的建筑：燕山石化总厂炼油厂。此时，我的大大已经参加工作，以学员身份与爷爷一同参与建设。奶奶也尽全力发挥光和热，被分配在燕山石化厂机械运输处做一名油漆工。燕山石化厂深居山中，与世隔绝也与世无争。山窝里的这群人，一头扑在炼油厂建设上，对国内的政治局势浑然不觉。

奶奶和爸爸在遵义

1976年的一个下午，爸爸放学回家，见家里没有人。便跑到爷爷的办公室，途中听到阵阵低语。顺着声音的方向走去，一片不大的土地上满是身着黑衣的人们，其中也有爷爷奶奶。周总理逝世的消息终于在三个月后传进这片深山。人们用诚挚的泪水，送上这份迟到的哀悼。第二天，爸爸从门头沟坐长途车进市区，又骑自行车一路到天安门。天安门广场东，铁链、松树上，挂满人们悼念周总理的白花，像一片纯洁的雪飘进了心里。也许是天冷的缘故，爸爸静静看了一会儿，鼻子和眼眶一起红了。他也从胸口摘下纸花，将最贴近心房的思念留在了天安门的一角。那是1976年4月4日。

第二天早上起来，爷爷不在家，也不在工地。奶奶问遍同事，得知他一大早就离开了燕山。她疑心不对，但没有表露。挨到下班已是黑夜，奶奶回到家，几个孩子都已睡下，阳台上爷爷一个人站着思考。她没问，他也不说。日子看似平静，其实早有危机潜伏。

同年的另一个下午，爸爸从学校回来，看到家门口停着一辆汽车。随后，一副担架被抬进了汽车后座。看着汽车远去带起的尘烟，他忙冲上去，向四周的人打听出了什么事。原来担架上的人是爷爷。燕山石化厂本身空气质量差，再加上这些直接暴露于恶劣环境的工作，爷爷很快患上了哮喘。那天下午，工作到一半的爷爷忽然呼吸困难，栽倒在地，被送到总厂医院进行治疗。所幸，性命没有危险，但身体却不可逆转地越来越弱。之前因误解，组织上对他调查，但每一份资料都揭示着爷爷大半生的正直清廉，甚至使调查组的很多成员惊讶、愧疚、感动。至此，爷爷终于换得一份清白。

1978 年，燕山石化厂的项目告一段落，爷爷全家搬到宣武区继续社会主义建设。姑姑被分配到房山区石楼下乡。奶奶提前退休，爸爸也进入中国建筑部门工作，以研修生的身份前往日本大阪开展学习。从 20 世纪 90 年代中期开始，冷战结束后国际形势发生了根本性的变化，中日关系也深受这一变化的影响。[①] 爸爸从日本回国，直到 2005 年 7 月，中哈建立战略伙伴关系，爸爸又前往哈萨克斯坦阿斯塔纳，用建筑的语言释放友好信号。2007 年，爷爷去世，爸爸回国，承继爷爷的遗志，将青春献给祖国的建筑事业。

建筑事业永远站在祖国发展的前沿，建工人员永远是散落在祖国各地的精锐之师，指哪儿打哪儿、化荒芜为奇迹。从爷爷到爸爸，传承下来的那团生生不息的火种，名为：跟党走。

尾声

两代建筑人，从上一辈打好地基、铺平大道，到下一辈平地起楼、走向世界。而这团不灭的火种，从 1930 年起，口口相传，用心体悟，此刻也

① 梁云祥《改革开放四十年中日关系回顾与思考》，2019。

我的爷爷奶奶

正在血脉里点燃着我。心房中震荡着，我接续炽烈的温度；火光中跃动着，我预见祖国的未来。从后方到中央，从国内到世界，先辈们用一砖一瓦搭建起中国建筑的将来。我定当不负前人，不负国家，初心不变，赓续火种，点亮祖国更美的明天。

（指导教师：孙玲玲）

版筑捧土

北京师范大学第二附属中学 · 伏启钖

前言

布满灰尘的阁楼在黄昏中静默着，夕阳透过轩窗，在木地板上洒下一地斑驳。倏地，一位老人推开门，仰着头，踮起脚尖，从书架上小心翼翼地拿下一卷卷厚厚的册子，近乎虔诚地拂去上面的灰尘，像看着自己的孩子一样，脉脉含情注视良久。深吸一口气，他轻轻合上门，把书捧了出来。

“族谱要放在家里最高的地方，这里的每一页，都流淌着咱们傅（伏）家的血脉！”爷爷庄重地把书递给我，手微微颤抖，眼中饱含希冀与期盼，还有对往日深深的留恋。

我连忙双手接过族谱，第一次触摸它，便感受到它的厚重与深沉。红色的书皮，烫金的字，不同的分支，不同的名字，汇聚在同一个姓氏下，就像一棵参天大树，每一片枝叶都源自同一根脉，似乎瞬间有了魔力。这一卷卷家谱，无不蕴藏着家族的基因与力量。

翻开第一页，便是傅家始祖说（音“悦”）公的画像，下注约公元前1335年—公元前1246年。“傅说，傅说”，我口中喃喃，暗暗思忖：三千多年前的这个名字，竟是如此熟悉。“傅说举于版筑之间”，这不是《孟子》“生于忧患，死于安乐”里的句子吗？我恍然，有些惊喜，有些自豪，还有对先前不知道家族始祖的些许羞愧。

傅说，殷商时期卓越的政治家、军事家，从傅岩筑墙之奴隶，到辅佐殷商高宗武丁安邦治国，形成历史上有名的“武丁中兴”盛世，被尊为

"圣人"。其主要作品《说命》三篇，对后世影响深远。

傅氏族谱[①]

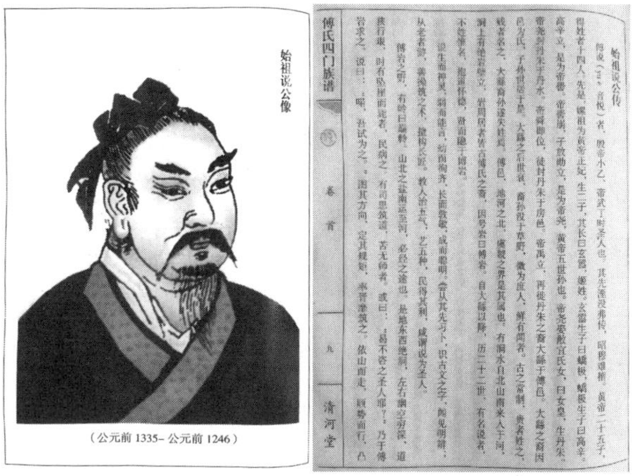

傅家始祖说公的画像及传记[②]

非知之艰，行之惟艰

——《说命》中篇

祖辈的苦是我们这一代人难以想象的，即使知道他们曾受过的苦，也永远无法懂得其中滋味，而他们在困境荆棘中仍能保持生命的韧性，尤显坚强与伟大。

太爷爷出生于 1903 年，他一家原本住在湖南省湘阴县伏家山。这块土地居湘资两水尾闾、南洞庭湖滨，湘江自南向北贯穿全境，是适合百姓居住的鱼米之乡。太爷爷一家日出而作，日落而息，凿井而饮，耕田而食。然而，日寇飞机的轰鸣，打破了恬静的田园生活，无情的战火毁灭了和平与安宁。1939 年 9 月，湘阴县遭受日军轰炸，全县被炸毁的房屋不计其数，太爷爷家也未能幸免。曾经的家园化为满目疮痍的废墟，稻田的金黄变为死亡的灰黑色。失去家园的太爷爷全家只能住在祠堂，在地主家做长工，辛劳无依。

① 澄潞二公世系傅氏族谱第七次编修委员会《傅氏族谱》，2015 年版。

② 同①，第 2 页和第 3 页。

抗战胜利后，太爷爷一家渴望安居乐业，辗转来到民风淳朴的湘阴县油铺坪。刚指望过上安定的生活，谁料国民党统治之下，南方各省物价飞涨，再加上当时湘阴县自然灾害频发，十年九涝，饿殍满地。太爷爷禁受不住现实的重重重压，逐渐精神失常。太奶奶久经奔波之苦，瘫痪在床。那时的爷爷才 9 岁，便成了家里的主要劳动力，靠卖苦力维持全家生计。不久，太爷爷去世，年仅 12 岁的爷爷和他的兄弟买不起棺材，只能用竹席裹着太爷爷草草下葬。当时的痛，胜过之前经历的任何苦。

中华人民共和国成立后，生活的曙光出现，一切有了转机。1950 年开始的土地改革，让爷爷一家分到了属于自己的农田。虽然仍为生活奔波劳累，但爷爷内心无比幸福。

二十世纪五六十年代的中国，百废待兴，社会主义建设热火朝天，人们的脸上洋溢着时代特有的笑容，大家都为国家建设无私奉献着。1958 年 9 月，爷爷响应公社号召，参与了围垦汨罗江尾间工程。这是利国利民的水利工程，能起到极大的防洪、排涝和灌溉作用。几十年变迁，现工程所在地对外名为屈原农场。围垦汨罗江这项工程由湖南省水利电力局设计，工程分为修堤坝、开河、撇洪、建闸四大项，国家投资 1190 多万。湘阴、汨罗两县人民对整个工程的奉献无私而巨大，累计投入民工 1250 万人。爷爷是这千万人中的一个，或许平凡，但必不可少。因为工程必须抢在 1959 年四五月份汛期之前完成，建设者们顶着冬天凛冽的寒风，光着脚在河底淘沙，疏通泥污，红肿的脚浸在冰冷的河水中，上半身却因为发热而衣着单薄。冬至前后湿冷的寒霜和头顶蒸腾的热气交织，虽艰难困苦、劳乏其身，但他们斗志昂扬、干劲十足。这些建设者，有解放军，有干部，更多的是普通老百姓。他们众志成城，坚定地向汨罗江发起冲锋，用行动践行誓言，用实干体现担当。

完成汨罗江尾间工程后，1961 年，爷爷又和乡亲们一道，挑土堆垒，修建赛美水库（赛美，取“赶英超美，赛过美国”之意）。湘阴地处洞庭湖畔，地势低洼，二十世纪五六十年代，每逢雨季，内涝严重，排涝效率低下。公社号召修建赛美水库，希望改变庄稼屡遭水患的局面。烈日当头，爷爷和他的同伴们全身上下每一寸肌肤都被炙烤。他们用坚实的臂膀扛起土筐，用坚定的步伐丈量脚下这片土地。爷爷的肩磨破了皮，手打起了泡，渐渐变成厚厚的茧，脚划出一道道口子，泥土和凝结的深红色血块混杂。我曾问爷爷，累吗？爷爷的脸上只有自豪，他说，毛主席号召大干社会主义，谁都想积极参与家园的建设，能成为民工是他这一辈子的荣幸。现在，湘阴县油铺坪的庄稼完全依靠赛美水库的灌溉，水稻尖上的露水想是当年民工们额上的汗水化成的。

此后，爷爷还响应政府号召，到新成立的岳阳城陵矶纸厂当工人。1967年纸厂研发出的第一张凸版纸成为《毛泽东选集》首选用纸。

1968年湘阴特大洪水，当乡亲们大都外出逃荒，爷爷和十几个劳力到洞庭湖砍芦柴①，风餐露宿，勉强维系生活。这一砍就是八年，爷爷也落下了严重的风湿病……

每每听到爷爷讲述这些历史，我就仿佛看到两千年多前的汨罗江畔，爱国诗人屈原一边感叹“长太息以掩涕兮，哀民生之多艰”，一边挥动如椽大笔，写就“路漫漫其修远兮，吾将上下而求索”的诗篇……

虑善以动，动惟厥时

——《说命》中篇

我的祖辈并非只知苦耕，他们亦能紧跟时代的步伐，虑善以动，动惟厥时，积极探索发家致富的道路。

1978年12月，中国共产党召开十一届三中全会，作出了把党和国家工作中心转移到社会主义现代化建设上来和实行改革开放的伟大决策，农村开始实施家庭联产承包责任制。改革春风吹遍中华大地，也吹入爷爷家的土房。农闲时，爷爷从小本生意做起，挑起扁担，走街串巷卖棉花、棉布。奶奶则在家养猪喂鸡，补贴家用。乘着时代的东风，靠着精打细算过日子，时至1984年，爷爷家不但能够填饱肚子，还成了当地少有的万元户。过去

① 芦柴，学名芦苇，建房和造纸用的原材料。

的土房摇身一变，变成了五间红砖房，这在当地首屈一指。

爷爷从未停止奋斗和求索的步伐。50 岁那年，他开始做鞭炮生意，初做便闻名乡里，远销外省。这其中不乏许多感人故事。有一次爷爷将鞭炮卖到江西万载，买家突然遭遇变故无力付款。几千元的血汗钱打水漂，这对于爷爷无疑是晴天霹雳。但爷爷恪守“品敦金玉”“乐善好施”的家风，不仅没有埋怨责怪，反而尽力帮助这位初次谋面的客户，赢得了良好的口碑。最可贵的是，爷爷和客户彼此结成了好友，几十年来，每逢春节，都能在电话里听到他们相互的问候。

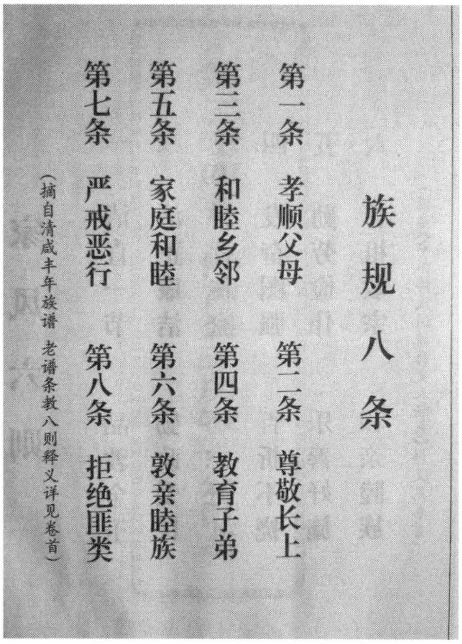

族规八条

第一条 孝顺父母 第二条 尊敬长上

第三条 和睦乡邻 第四条 教育子弟

第五条 家庭和睦 第六条 敦亲睦族

第七条 严戒恶行 第八条 拒绝匪类

（摘自清咸丰年族谱 老谱条教八则释义详见卷首）

傅氏族规八条[①]

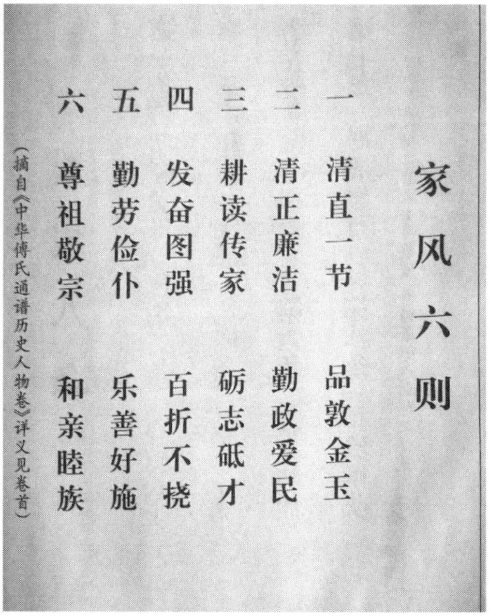

家风六则

一 清直一节 品敦金玉

二 清正廉洁 勤政爱民

三 耕读传家 砺志砥才

四 发奋图强 百折不挠

五 勤劳俭仆 乐善好施

六 尊祖敬宗 和亲睦族

（摘自《中华傅氏通谱历史人物卷》详义见卷首）

傅氏家风六则[②]

1992 年岁首，邓小平南方谈话极大地推动了我国改革开放的进程。建立社会主义市场经济体制的提出，进一步解放和发展了社会生产力，湖南

① 澄潞二公世系傅氏族谱第七次编修委员会《傅氏族谱》，2015 年版，第 4 页。

② 同①，第 5 页。

湘阴也进行了国有企业改革。洞庭湖区盛产苎麻，通过当苎麻信息中间人，爷爷发现了苎麻中的商机。2000 年，年近 60 的他果断转行，毅然创办苎麻加工厂。添置设备、雇请工人、联系渠道、打开销路等都由爷爷亲自策划实施。奶奶常说，那时每个夜晚都能看到爷爷穿着背心蹲在机器面前观察研究，或是在月光下泥路上来回奔波、寻找潜在客户，抑或是为销量不多而在灯下蹙眉琢磨。功夫不负有心人，到我出生的 2006 年，爷爷的生意风生水起，6 年功夫，工厂已经请了近 20 个工人，年获利近 50 万。

然而，这一切并非一帆风顺。2005 年的夏天，装满苎麻的卡车在湘阴县人字口过渡口时，货车顶上的苎麻与半空中脱落的电线刮擦起火，一瞬间火光冲天，整车的苎麻化为灰烬。爷爷得到消息后，第一时间询问的是有没有人受伤。他没有追究司机的责任，反倒是自己四处奔走，积极与相关部门沟通，拿到了属于司机的保险赔偿，而他自己却默默承担了大部分的损失。爷爷常说，上半夜想自己，下半夜想别人。如此质朴而简短的语言，却能从中窥见爷爷发自内心的善良和体恤他人的包容。

惟教学半，念终始典于学，厥德修罔觉

——《说命》下篇

始祖傅说十分强调学习的重要性，《说命》记载其关于学习的言论："惟教学半，念终始典于学，厥德修罔觉。"傅氏家族世代重视教育，耕读传家，绵延至今。东汉辞赋家傅毅、南宋学者"杏溪先生"傅寅、宋代翰林学士傅霖都是家族笃学笃行、学识渊博的典范。

尽管太爷爷那一辈生长于积贫积弱的中国，使爷爷在战火中失去了读书机会，但爷爷重视教育的初心始终不曾改变。到了父亲这一代，为了让他接受更好的教育，爷爷送他到邻县读高中。父亲每天得骑单车走十几里路，天没亮就得从家里出发，一条小河是必经之路，河上只有一座窄窄的桥，两人并排过都觉得吃力。奶奶担心父亲，便让爷爷早早躲在附近，既不让父亲发觉，又可守护父亲的安全。一晃三年，乡间小路压过多少车轮

印，就留下多少排脚印，每一次桥上自行车把手的颤颤巍巍，都是暗地里爷爷一次次的心惊肉跳。爷爷奶奶尽管读书不多，但他们用这种最朴实的

爷爷的田地

爷爷的菜园

一言一行，践行着“耕读传家，砺志砥才”的家风。十年寒窗，父亲也没有辜负爷爷的期望，考上大学，走出农村，发奋图强，从一个农家子弟成长为“产业报国”的上市公司高管，足迹遍布世界各地，所管理的公司2022年营业收入达50个亿，为国家上缴巨额税收。

2021年，我从湖南来到北京就读。年过八十的爷爷早些年已经从苎麻厂“转战”到家里的菜地，我也一直吃着爷爷奶奶养的鸡、喂的鸭、种的菜长大。到了北京，每隔一个月，我便能收到爷爷奶奶千里之外邮寄的冷链包裹，那是他们亲手喂养的鸡鸭、收集的土鸡蛋。每次，爷爷奶奶都在电话那头殷殷嘱托：学习辛苦，一定要注意身体，爷爷奶奶帮不上什么忙，鸡肉趁新鲜吃，家里还有。每每都是同样的话语，却总让人热泪盈眶。这春风化雨的嘱咐，并不石破天惊，却润物无声地影响着我生命中的点点滴滴，让我丝毫不敢懈怠。

后记

我常想，祖辈从来不是什么惊天动地的英雄人物，却如同“傅说（悦）举于版筑之间”那版筑间的一捧土，支撑在木板之后，看似微小，实则坚韧，凝聚如磐，不惧任何滔天巨浪。

“家之有谱，犹国之有史。有谱则昭穆可辨，有史则兴亡可考，故史不可缺而谱尤不可无也。”百年沧桑，百年巨变。透过傅氏族谱，聆听祖辈故事，我深切感受到：家如最小国，国是千万家，在历史的大潮中，每一个微小的人物都是历史的创造者和见证者，每一个家族的发展，都与时代息息相关。

正所谓“天下之本在国，国之本在家，家之本在身”，如果“国”是广袤的土地，那“家”就是参天古树，茂盛长青，家史则是贯通上下的经脉。而作为新生嫩叶的我，感受到的是根系的博大与深厚，源源不断吸收的是

“国”与“家”的强大养分。

“天下兴亡，匹夫有责”，我愿如版筑捧土，秉承一颗赤子之心，成为“国”与“家”必不可少的一分子，恰如我历经苦难却永不退缩的祖祖辈辈。

（指导老师：周云）

此世光阴

——记河沿老杜家

北京师范大学附属实验中学・葛秋实

一、坎坷

在中国东北的辽宁省，有一座“八山一水一分田”的小城镇——本溪满族自治县。那里有一座小山村——上堡村。太子河流经附近，用河产蝲蛄（据说现在已绝迹）做的蝲蛄汤（又称“蝲蛄豆腐”）曾经远近闻名。风吹炊烟，十里袅袅，一阵婴儿的啼哭声划破沉寂。原来是村子里的老杜家新生了一个女孩，排行第八。这一年是 1941 年，抗日战争还未结束。女孩的母亲李兴堂和父亲杜万义都是土生土长的本溪人。“在清末民初，主要来自山海关以南的直隶（河北）和山东地区的人群，包括了各个阶层的人们，形成了中国历史上又一波移民潮。此前，清朝入关后也曾经有过关内移民‘闯关东’谋生的现象，但是由于清政府的禁令导致规模不大。洋务运动开始后，清廷的东北‘封禁’解除，包括今日黑吉辽三省的东北地区开始了有清以来的大规模移民潮。”[①] 据说杜万义的父亲祖上哥五个是从山东登州府移民到这里，路上还走丢了一个，剩下哥四个落在了上堡。

那个刚刚出生的女孩便是我的姥姥。随着长大，她逐渐知道了家里发生的许多变故。[②] 太姥姥（即姥姥的母亲李兴堂）一共生了十个孩子，可最

① 李朋、魏影、尹铁超等《清末民初黑龙江移民史研究》，黑龙江人民出版社，2019 年。

② 来自采访记录。采访时间：2023 年 2 月 1 日。受访者：姥姥。下文关于过去记忆的描述，如未做标记，均来自于此采访记录。

后只剩了两个活下来：老大和老八（即姥姥）。张作霖控制东北时期还有胡子（土匪）盘踞在山里。家里的老大被胡子逮到，太姥姥走了来回八十里路带着赎金去救他。当时家里还有不到一岁的老二嗷嗷待哺，可是这么远的路根本无法带着老二一块儿去。只能把老二放在家中。可怜老二尚幼，离了太姥姥谁都不认，一直哭闹折腾。好不容易救回了老大，老二没两天却早夭了。老九长到五岁，生了两天病，也死了。另外几个也都在战乱、贫穷与饥饿中早早夭亡了，可见当年能活下来实在是不容易。20 世纪初期的中国一如这个支离破碎的家庭，腹背受敌，侵略者肆虐在中华大地上。“东边道是清末时起，在东北边境地带设置的地方行政建制……其辖区主要是今天……辽宁省的本溪市、丹东市……近代以来，东边道地区命运多舛，经历了诸多重大历史事件的洗礼，见证了近代东北民众的苦难。……成为日本经济掠夺的重要目标。自甲午战争开始，到第二次世界大战结束，这里经历了日本长达半个世纪之久的军事侵害和经济掠夺，是日本维系对外战争的重要经济资源来源地。”① 这就是我家乡的遭遇。

二、发展

太姥姥 1905 年生，大脚，大字不识，会用杆秤。年轻时倒腾布匹、棉花，年纪大了以后，卖自己产的杏、菜，贴补家用。太姥爷杜万义 1900 年生，是个农民，农闲时去打筏子（用于在水上运木头，以及吃的喝的等很多东西），或者去给贸易行当厨师。想当初家里也是有地的，因为姥姥的爷爷老实厚道，地被别人找理由给霸占了。太姥爷苦干很多年后，1945 年才把地赎回来。1950 年太姥爷病逝。1951 年，太姥姥在亲朋好友的帮助下，冲着村里一条小溪的河沿盖新房，自此村里人称这个老杜家为“河沿老杜家”。

亲戚杜万全他们家太爷在的时候蛮富有的，家里曾经有炮楼。姥姥家这支不行，她的太爷爷不知所踪，太姥爷早逝后，家里更穷了。她小学毕

---

① 杨帆《日本对东边道地区经济资源掠夺研究（1905—1945）》，2018 年 10 月 16 日，cdmd.cnki.com.cn。

业后，虽然考上了县初中，但家里没钱上。无奈之下，小小年纪的她只能去社会上找工作了。经人介绍，女孩在沈阳找到了一份工作。少年时的姥姥抬头望向天空，轰隆隆，轰隆隆——一驾战机翱翔在广袤无垠的天空。《朝鲜停战协定》签订不久，抗美援朝战争使国家领导人开始将眼光齐齐望向天空，决定加快发展航空业，增强国防力量，建设工厂、造飞机、组建试飞队……

因缘际会，她踏进了一座位于沈阳的千人飞机制造厂。她的工作任务便是通过看图纸上面画的符号，用零件组装出歼击机。每一架飞机上的标志都散发出金色的光芒，五角星熠熠生辉。东北的重工业作为中流砥柱，让雄鸡的鸡头昂扬向上。

三、追忆

20 世纪 60 年代末，国家决定布点天津，在天津新建飞机制造厂。姥姥从沈阳调动到天津，调动的是地域，不变的是对家乡的一种情思，一种对归宿的眷恋。她在沈阳成家立业，结婚生子。1988 年，姥姥的儿子如愿以偿地考上了军校。转年春节，48 岁的姥姥带着儿女回娘家看望亲朋好友。一个大家庭热热闹闹地围坐一团，吃着丰盛的年夜饭，其乐融融。不幸的是，就在姥姥告别家乡后一个月零九天，太姥姥竟然与世长辞。家里人一开始没告诉姥姥，以为很快就可以治好病，因为太姥姥病得突然。家里有人为了看她是否糊涂了，就问“五十四张牌去掉大王和小王，还有几张？”她倒也能答上来。可谁知道，她早已病得不行，撑了七天就走了。等知道母亲去世的消息，姥姥赶回娘家，84 岁的老母都入土三天了。那个生活艰辛的太姥姥，从此活在了众人的记忆里，音容长存。

中国人似乎有个传统：一旦功成名就了，颇喜欢寻根问祖。上堡村里有个杜家坟坨，立着祖碑，记载着杜家人从哪里来，上下 20 代每一代人取名的中间字。近几辈儿名字中取字是春、万、玉（姥姥）、克、俊、德，之后还有四辈，等这 20 辈字都用完了，就从头再来一遍。河沿老杜家老大的三子一女，早已开枝散叶。如今德字辈的小伙子长大成人，恰是风华正茂时。

秋天到了，树上的叶子都枯萎了，那几十年来树根紧紧扎在地下的老树却空心似的。一岁的时候，姥姥带我坐火车睡了一个晚上卧铺回到了她的家乡本溪。火车轰隆隆地行驶在一望无际的原野上，车速并不快，窗外的景致成一幅幅画面从眼前闪过，透过笼罩在窗户上的一层薄薄雾气，依稀能看到广袤大地上的树木、青山，绿水、村舍、炊烟、牛羊……“青山依旧在，几度夕阳红。”姥姥年幼时司空见惯的风景，今日却变得久违。少年时人们大多踌躇满志地背井离乡，到老时无论衣锦还乡还是落叶归根，总想回到家乡，回忆一些尘封的往事，见到一些熟悉的人，回到那个最有归属感的家。记着当时每顿饭我都能吃到一个鹅蛋，我小手里的鹅蛋似乎比西瓜还大。最有趣的是我的辈分很高，有比我大许多岁的大孩子还得叫我姑姑。姥姥再一次回乡便是 2011 年了，70 岁的她回那里住了几个月，一解乡愁。后来随着姥姥年岁渐长，数过不知多少个春秋，却因腿脚不便，一直没再回去。家乡的景色还有村子里的那些人许久不见，她甚是想念。先前姥姥说，想回老家，去河沿边的小村落看看。

后记

我想，如果不是这份家史，我是没有机会了解老一辈的故事与思念的。很多有意义的东西，不在书里，不在画上，仅存于口口相传这一个渠道。经过岁月洗刷下来的记忆也格外珍贵，需要被珍藏，被知晓，被传承。曾经听说，人真正的死亡或消失是当世上已没有人记得他时。家史能让我们记下祖先，记下流着相同血脉的那些人，更是记下他们所代表的一段历史。通过了解过去，感受就在身边的更新换代；通过知晓家史，品味触手可及的新旧更迭；通过以史为鉴，感悟波澜壮阔的时代变迁，这，就是书写家史的意义。

（指导老师：孙玲玲）

家里话家事

北京师范大学第二附属中学 · 郭宇恒

几张旧照，几间破屋，就试图话一话家事，谈一谈家史。这对于收集资料之前的我而言，是不可能的事。但要问哪个人连家事都说不清道不明，我的的确确是不信的。

之前就总听家里人讲一些旧事，便料想着一切都会很顺利，也不会犯愁该写什么。可是随着时间不断地推移，我越发犯难，甚至绝望，最后竟落得只寻到几张照片。

写这篇文章最难的是如何找证据，只听老人们的话，不仅旁人不信，就连我也不信。但是据家人们所知的证据，大多都是模棱两可的。原因无非是世道不太平，该保留的也同不该保留的一起消失在历史长河中了。想来，不光我们一家如此，很多家庭也是如此。我这样想着，越发觉得凭几张照片谈一谈家事很寻常，但又很有价值。尽管资料少了些，但无论如何，我都要写下来……

一、谈老宅

我是一个没住过大院的北京人，但我父母之前是在大院中长大的。我曾去过我母亲住过的老宅，就在禄米仓胡同，房子狭小。现在这栋老宅还留着，出于一些原因，过户给亲戚了，这间房也就和我们无关了。

说到老宅，母亲便和我谈及我老祖的房子。据母亲说，我父亲祖上是开药铺的，家里有几间房。这便勾起了我的好奇心，但是细问下去母亲却什么也不知道了。于是我询问了我的父亲房子现如今在哪儿，谁住着。父亲说："20 年前，房子拆迁，我也都不记得了。"顿时，我心感无奈，思索着如何取证上述所说。

经过多番寻找，我找来了相关材料，在众多文字中找到了熟悉的字眼——“黑龙江省友谊农场工人郭福生”。郭福生，正是我的爷爷。根据这份材料，我找到了老宅的地址——北京市西城区大玉胡同 9 号。

熟悉的名字指引着我找到了祖宅，尽管我还没有踏进过老宅的大门，但是感到无比亲切。我想寻根之旅就是这样吧，在蛛丝马迹中找到存在的证据，为自己祖先的源头仍存而感到一丝慰藉。

二、困难

本想继续追问下去，可是世事难料，在 2021 年，我的爷爷去世了。探求祖上二十间房的信息是不太可能了。但是仅存的几张照片尚能证明，这个院子曾经还算宽敞。

于是，我的目的变成了尽可能寻找并还原我们家祖宅的模样。

当我搜索该地址的时候，互联网上已经完全没有了祖宅的痕迹。现如今，根本没有大玉胡同 9 号。我突然想起，这栋房子已是拆迁之前的，自然没有信息，线索又一次断了，于是我又回到曾经的审判文书上去找线索。

重读文件，我发现了拆迁裁判书，也许我可以从拆迁公司入手。这公司叫作“北京市西城区城市建设开发公司”，位置在西城区阜外大街 257 号。搜索过后，却发现该公司已经不复存在。据网站上的文章所言，该公司简称“西开”，于 2002 年被西城区国资委下属北京天恒置业集团合并，因此，原址附近才有天恒置业大厦。通过搜索天恒集团官网发现，“西开”为 1981 年建立，2001 年改组。然而上网搜索“官园拆迁”时，却没有相关信息。据官网发展历程所提供的信息，我推测此次合并与国企改革有关。

寻找老宅的线索再一次中断。我希望通过重读文件，细细查找，可以获取更多的信息，为还原历史提供帮助。虽屡屡碰壁，但我仍苦苦寻找突破口。

三、地图分析

在另一张手写的文书中，我发现此地还有一个名字“下坡”。由这张手写的申请书可知，房间实际数目是 21 间半，位置是西四区下坡。然而何为下坡，现在何地，这是需要解决的问题。

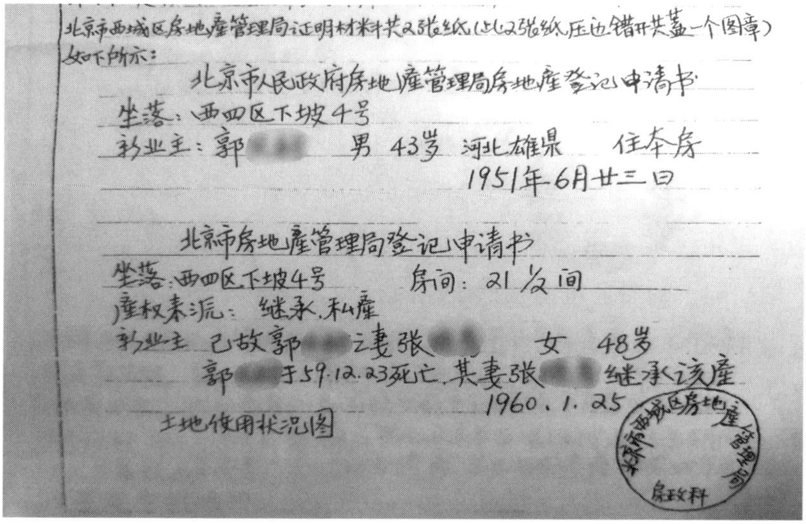
北京市西城区房地産管理局证明材料共2张纸（此2张纸压边错开共盖一个图章）
如下所示：
北京市人民政府房地産管理局房地産登记申请书
坐落：西四区下坡4号
新业主：郭[redacted] 男 43岁 河北雄县 住本房
1951年6月廿三日
北京市房地産管理局登记申请书
坐落：西四区下坡4号 房间：21½间
産权来源：继承、私産
新业主 已故郭[redacted]之妻张[redacted] 女 48岁
郭[redacted]于59.12.23死亡，其妻张[redacted]继承该産
1960.1.25
土地使用状况图
北京市西城区房地産管理局 房政科

北京市房地产管理局登记申请书誊抄稿

上图是我的长辈誊抄的当时的房地产登记申请书。据上图得知，申请时间为 1960 年 1 月 25 日。通过查阅 1950 年的北京市地图，我发现了上图所说的西四区下坡地区。但查阅 1965 年的北京市西城区街巷名录，却未发现有关于“下坡胡同”的记录。

我继续查阅相关资料，发现《北京西城胡同》中记载：“大玉胡同，位于新街口地区西南部。东西走向，东起翠华街，西至西廊下胡同。全长 289 米，均宽 4 米。明代为朝天宫地界，天启年间（1621—1627，笔者注）朝天宫毁于火后形成街巷。因此段为玉皇阁旧址，故清代称玉皇阁。后逐渐形成两条胡同，1911 年后，东西走向的主干道称大玉皇阁。1965 年，将东端的下坡胡同并入，定名大玉胡同。1990 年至 2003 年，东段北侧建官园公寓”。[1] 大玉皇阁现位于大玉胡同北部，附近应有小玉胡同，二者皆为东西走向。

正是因为 1965 年将下坡胡同并入，所以 1965 年后的地图上缺失了下坡胡同的具体位置，而以大玉胡同相称。结合官园公寓二期开盘时间 1998 年，合理估计改造时间，正与父亲所言“20 多年前”相差不大。

《北京街巷胡同分类图志》说，建城之初，随着地面的隆起和凹下，出现了许多岗、洼、沟、水、坑等。人们就用地形的特征，作为胡同名。同时这种岗、洼等地形，又给街巷的安排，造成障碍。因为有的方向不正，有的横竖不直，还有的弯，有的斜等等，于是出现了带有湾、斜街、半截、拐棒等形状字眼的胡同，遂以各自胡同的形状为胡同的命名。[2] 书中列举了石板坡、土帝（地）庙下坡、苏州胡同下坡、大市北下坡等胡同名。我猜测“下坡胡同”的命名可能和这个原因有关。

通过 1950 年北京市地图（北京市街道详图），我得知“下坡胡同”大致位于大玉胡同的东口，北侧连接后纱络胡同，且距离东廊下胡同的东北角大约 100 米。地图中均有后纱络胡同和东廊下胡同，与大玉胡同相交处应为下坡所在地。虽然大玉胡同东口所汇之路在 1950 年、1965 年以及现在的地图中名称不同，但“下坡胡同”相对位置已经基本确定。

四、实地考证

为了验证实际地址与根据材料分析的结果是否符合，我进行了实地考察。

我由赵登禹路进入富国街，沿着翠花街来到大玉胡同东口。据 1965 年地图所示，大玉胡同与富国街相夹的南北走向街道西侧即为下坡所在地，现为官园公寓 2、6、8 号楼。

---

① 西城区地方志办公室《北京西城胡同》，方志出版社，2006 年，第 124 页。

② 白宝泉，白鹤群《北京街巷胡同分类图志》，金城出版社，2005 年，第 79 页。

官园公寓 6 号楼

大玉胡同东口，建筑为官园公寓 8 号楼。

向东走 110 米左右，即东廊下胡同北口；继续走 100 米左右，即西廊下胡同。中间玉廊东园与东侧居民区分界的道路，我猜测为小玉胡同，现南部东西走向修筑施工的中廊下胡同应为原中廊下胡同东段。据 1965 年地图与 1950 年地图可知，东西廊下胡同位置暂时没有改变，中廊下胡同为东西廊下胡同的东西沟通胡同，北边道路在 1965 年道路图上可见为小玉胡同，但 1950 年地图中并未显示。综上分析，可以确定此地即为“下坡”的大致位置。

由于拆迁改造，标志性位置后纱络胡同并未通及翠花街，但是据东廊下胡同距下坡 100 米左右的信息，可以基本确定下坡胡同所在地。

附近的玉皇阁现位于交警大队后面，大门紧闭。

现如今，基本可以确定官园公寓 2、6、8 号楼为我家祖宅的大致范围。然而，由于拆迁原因，下坡 4 号的确切地址已不得而知。我深感遗憾未能完全还原真相。

五、结语

通过搜集家族材料，广泛分析信息，我才发现如今对于家庭历史的重视程度远远不够，尤其是在城市之中。受历史原因影响，无数宝贵的家族财富都在历史的岁月中损毁了。仅凭人的记忆着实是不太牢靠的，家谱的重要性也就体现了出来。

我以自己的小家为题书写家族故事，然而往事没有提及，尽是寻觅旧址，这却是家族历史衰败的体现之一。现如今大部分人对于自己祖上姓名、籍贯尚且不知，这岂非家族文化的悲哀?

至今，我不得不反思，一个小家族对于社会的意义。虽然一个个普通的家庭并不都有感人肺腑的故事，也没有令人刮目相看的辉煌历史，但是寻常人家渐渐飘起的炊烟也都应该值得铭记。家族史的编写十分重要，众多人物经历被记录下来，就会知道整个社会的面貌，也就能更全面地了解一个时代各个阶层人物的生活。

家族史尤其在于传承，由《曾国藩家书》《傅雷家书》《郑氏规范》都可以得见一个家族对于后代的教育。《乔氏家训》曾为乔氏商业帝国的传承起到了不可磨灭的思想助力，仅仅是对于家族内部成员的道德约束，我们从中就可以看到家族对于个人的良好影响。此外，家族历史有利于社会和谐稳定，是促进国家发展的优秀教育资料，因此家族史的传承十分重要。

通过以上的探索，我逐渐了解历史研究者工作的艰苦，认识到家族历史编写的重要性。我们不应淡忘家族史，哪怕留下一张照片也是可贵的。

（指导老师：王颖怡、张彤）

时代洪流中的抗争与坚守

——记我的太姥爷向哲浚

北京师范大学附属实验中学 · 吴睿然

湖南省宁乡市有个小镇，名叫双江口，这里有一条通往长沙和邻县的小河。这条小河看似不起眼，却便利了往来经商，无形中带进了不少新鲜信息和风气，使双江口不像山区农村那般闭塞。太姥爷向哲浚便出生于此。

一、时局动荡，青年人追求进步

太姥爷的家庭虽不是地主、富农，但因他家租佃的良田较多，加以他的父亲善于经营，带领全家男女老少勤勤恳恳劳动，一家温饱是有余的。在父母的影响下，太姥爷自幼培养了待人忠诚、吃苦耐劳的性格，传承了家族的优良传统。湖南民风素以耕读为本，即便农民家庭，只要不是赤贫，若有机会也愿意送一个儿子读书。向氏家族中有好几位思想先进的人物，他们把向家祠堂改造成了六年制小学。太姥爷在向家祠堂改办的小学读书时，因为勤奋刻苦，被家中长辈带到长沙读书。中学时期，在徐特立等教师的感染下，爱国思想根植在太姥爷的心中。1911 年，成绩优异的太姥爷被清华学堂（现清华大学）录取，6 年后被选送赴美留学。在美留学期间，国内爆发了举世震惊的五四运动，太姥爷虽身在国外，却响应着五四的号召。他与查良钊被选为留学生代表，和在美国的爱国人士一起举行大会，为反对日本帝国主义的无理要求做出了应有的贡献。在求学生涯中，家族中肯干事、肯吃苦、肯钻研的家风影响着太姥爷，让他在动荡的年代坚持完成学业并在法学领域取得了一定的成绩。

太姥爷的母亲[①]

太姥爷与夫人周芳[②]

二、坚定从容，勇担历史重任

1945 年，抗日战争终于宣告胜利。此时的中华大地却是满目疮痍，有太多问题等待着处理，对日本侵华甲级战犯的处置便是其中很棘手的一项。我的太姥爷在接受检察官这一任命后，顾不上在元旦佳节与家人团聚便立即飞往了日本。由于战争期间中方没有注意搜集和保留证据，日方借口严守军事秘密，投降后销毁了大量罪证，为此太姥爷排除万难，频繁带领工作人员前往中国过去的敌占区寻找人证和物证，还前往查阅被查封的日本陆军省档案库存，从字里行间发掘日本侵华罪行的证据。

在审判中，每个日本战犯都有好几个律师，他们胡言乱语，百般狡辩。

①② 向隆万《东京审判：中国检察官向哲浚》，上海交通大学出版社，2010 年。

太姥爷在审判过程中驳斥乔治-山冈。①

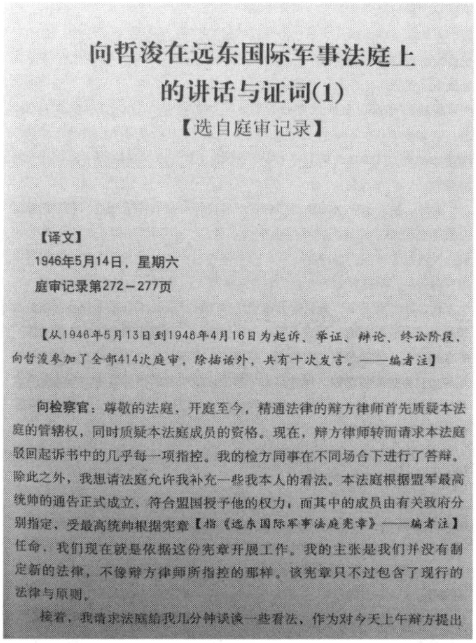

向哲浚在远东国际军事法庭上
的讲话与证词(1)

【选自庭审记录】

【译文】

1946年5月14日，星期六

庭审记录第272－277页

【从1946年5月13日到1948年4月16日为起诉、举证、辩论、终讼阶段，向哲浚参加了全部414次庭审，除插话外，共有十次发言。——编者注】

向检察官：尊敬的法庭，开庭至今，精通法律的辩方律师首先质疑本法庭的管辖权，同时质疑本法庭成员的资格。现在，辩方律师转而请求本法庭驳回起诉书中的几乎每一项指控。我的检方同事在不同场合下进行了答辩。除此之外，我想请法庭允许我补充一些我本人的看法。本法庭根据盟军最高统帅的通告正式成立，符合盟国授予他的权力，而其中的成员由有关政府分别指定，受最高统帅根据宪章【指《远东国际军事法庭宪章》——编者注】任命，我们现在就是依据这份宪章开展工作。我的主张是我们并没有制定新的法律，不像辩方律师所指控的那样。该宪章只不过包含了现行的法律与原则。

接着，我请求法庭给我几分钟谈谈一些看法，作为对今天上午辩方提出

太姥爷在远东国际军事法庭上的讲话与证词②

①② 向隆万《东京审判征战记：中国检察官向哲浚团队》，上海交通大学出版社，2019年。

若不是太姥爷准备充分，怕是很难驳倒这些无理取闹的诡辩。太姥爷在法庭上做出最重要的贡献之一，便是要求在审理侵华问题时不仅把“杀人”作为诉因，而且把“残虐行为”也作为诉因。这就使得南京大屠杀中的罪犯不仅可以作为违反战争法的乙级战犯来问责，而且还可以对悖逆人道的丙级战犯加以制裁，因而日军在广东、汉口等六个地区的残虐行为也都被纳入了起诉的范围之内。

太姥爷参加了全部 414 次庭审，除插话外，做了 20 次发言，这些言论都记载在《远东国际军事法庭庭审记录》中。太姥爷面对日本战犯的百般抵赖，用事实驳斥得对方哑口无言，最终使得远东国际军事法庭对日本主要战犯做出了合乎正义的公正判决。总而言之，太姥爷以一个在战争中牺牲最大的战胜国检察官身份，义正辞严地坚持严惩战犯和制止侵略战争再度发生的原则立场，为中国人民讨还血债，并为从国际法上制止侵略战争做出了贡献。

由于太姥爷工作的原因，一家人几经周折，暂居在上海。审理结束后，国民政府任命他为最高法院检察署检察长、司法院大法官等要职，但太姥爷看清了国民政府的腐败，决定不当国民党的官。于是他不为高官厚禄所动，毅然辞去大法官一职。在那动乱不堪的岁月里，许多上海的官员和富商巨贾选择逃亡到我国香港、台湾等地。太姥爷却反其道而行之，决心留在上海，坚守在教育岗位上，担任华东师范大学法学教授。家人虽有不解，但仍然选择支持，一家人就这样定居在了上海。

三、坚守信念，用余生诠释信仰

太姥爷担任大学教授期间，一家度过了一段平静的时光。之后，“文化大革命”爆发，在此期间，太姥爷为家中无法上学的孩子补习功课，鼓励他们阅读课外书籍，培养他们的自学能力。在恢复高考后，家中的孩子都顺利地考入了大学。

我在采访舅姥爷的过程中还得知了很多有关太姥爷的生活细节。20世纪50年代初期，日本任命岸信介为首相。报纸送来时，舅姥爷恰好在太姥爷身边，只听太姥爷忽然大声地呵斥："岂有此理，战犯被任命为首相！还有法纪，还有正义吗！"

舅姥爷还说，太姥爷多次谈到南京大屠杀，他说南京大屠杀铁证如山，骇人听闻，简直灭绝人性。审判期间，太姥爷为调查取证，两次由东京乘专机直飞南京。但当年的各种报道中都未谈及中国检察官亲自参与和领导部署，这也从侧面反映出太姥爷坚决捍卫祖国尊严，个人名利心却十分淡泊，可谓丰碑无语，行胜于言。暮年的太姥爷还在不同场合多次发表谈话，斥责日本右翼复活军国主义的企图，并配合南京大屠杀遇难同胞纪念馆的筹建工作，为侵华日军南京大屠杀遇难同胞纪念馆发表讲话，其影像资料后来成为该纪念馆向观众放映的纪录片的一部分。

四、在传承中延续

太姥爷及太姥姥与子女的合照[①]

太姥爷这一生，无论于国于家都意义非凡。于国，他在东京审判中那强有力的证词让历史的滚滚车轮驶向了正义的一边；于家，许多子孙也受到了他的影响，成为一个个顶天立地的"人"——我奶奶在清华大学毕业后来到北京师范大学任教，两个舅姥爷分别就读于复旦大学和哈尔滨工业大学……为了记录下太姥爷这波澜壮阔的一生，舅姥爷还编写了两部有关太姥爷的书，并将其赠送给我的父母，这也成了我了

① 向隆万《东京审判：中国检察官向哲濬》，上海交通大学出版社，2010年。

太姥爷与外孙的合照[1]

解那段家族史、民族史的重要途径。怀着敬畏之心翻开书的扉页，我所看到的，是一个人、一个家族，在时代的洪流中坚守自我的初心和努力改造社会的热忱；我所感受到的，是先辈与今人、过去与现在一种具体的连接。就如同海浪是朵朵浪花汇聚的结果，时代也是无数人、无数家族有机结合的产物；浪花无法决定其奔涌的方向，就好似个体无法与整个时代背道而驰。当我们感叹时代如浪潮般不可抵挡地席卷而来时，要明了坚守本心，有所持守、有所担当，是一个家族屹立于时代洪流中的关键。

（指导教师：孙玲玲）

① 向隆万《东京审判：中国检察官向哲浚》，上海交通大学出版社，2010 年。

苦难记忆与顽强谋生

北京师范大学附属中学・史济萌

负笈三载，家乡一直令人魂牵梦萦。作为祖上数代在此生活的涿州（按：涿州在近百年间多次更名，时称“涿州”，时称“涿县”，后文提到的“涿县”均指涿州）人，我的家与涿州是无法割裂的。民国二十五年（1936）《涿县志》卷 1《古迹》“永济桥”一条记载，永济桥南的九间厅楹联上写着“十八省通衢，冠盖如云，斗大一州供亿苦”[①]。稊米小州，

九间厅牌楼复原貌，摄于涿州市博物馆。

① 民国二十五年《涿县志》，第 1 编《地志・古迹》，第 13 页。

却养育着无数百姓，历史上他们的苦难、他们与苦难的斗争都凝聚在这里。但我的家族已经失去了这些记载。“涿地迭经兵燹，图籍散亡，掌故旧闻，端资故老传述，私人纪载。”[①] 涿州的地方文献散佚很严重，很多事只凭借老人们的口述和私家记载传世。然而今逾百年，熟知掌故的故老早已离世，我的祖辈也没有识文断字者来记载旧事，族谱与碑铭在“文革”时已全部损毁不存。古人辑佚多称“钩沉”，如今我却无佚可辑。我能确信的只有历代先祖一定是随着这片土地的时代浪潮而动，可以说我的家史就是涿州人民的历史。我能做的只有连缀残存的涿州旧史，用祖父母零星的回忆与我的些许见闻，书写这片土地上的苦难旧事与百姓的顽强谋生。

一、家族源流考——平凡微末的支派

谱牒已佚，今考旧籍，略论我的家族姓氏渊源。

《续文献通考·氏族考》记载：“史氏有二：周大夫史佚后以官氏，又阿史那氏改史氏。”[②] 三十一曰代北三字姓，其中有“阿史那”姓。《古今姓氏书辩证》言：“河南史氏，本代北阿史那氏改焉。”[③]

据此二书相印证，史氏大致分为两支，一为西周大夫史佚之后；一为代北地区改为史氏的阿史那氏的后裔。考《元和姓纂》，史佚一支分布在高密、陈留、建康、宣城等地，均远离涿州。据《中国历史地图集》，历代代州或代郡辖地有细微变化，但涿州始终位于它的东部或北部，属于代北地区或毗邻代北地区，因此涿州史氏应为阿史那氏的后裔。更有可证者，陈寅恪考证史思明姓氏渊源说：“至其以史为姓者，盖从父系突厥姓阿史德或

① 民国二十五年《涿县志》，第 1 编《地志·古迹》，序 1，第 1 页。

② 王圻《续文献通考》，明万历三十一年（1603）本卷 208，第 48 页。

③ 邓名世《古今姓氏书辩证》，钦定四库全书本，卷 21，第 15 页。

阿史那之省称，不必为母系昭武九姓之史也。”[1] 史思明与安禄山发动叛乱时起兵于范阳，即今之涿州，对此地影响深远。“彼幽州（按：下辖今涿州）者……近则染禄山、思明之风，二百余年，自相崇树，虽朝廷有时命帅，而土人多务逐君。”[2] 史思明在涿地威望甚高，安史之乱过后的很多年他都被人们当作皇帝甚至神明祭拜。隋唐时期突厥东迁，河朔（按：包含今涿州）胡化一事，陈寅恪于《唐代政治史述论稿》有详细的论述，此次迁徙带来大量阿史那氏的突厥人，再加上史思明对涿地的重大影响，他的同姓、宗族，甚至是为了附会亲缘改姓者，也在这里扎根繁衍。然而《古今姓氏书辩证》于阿史那氏仅载河南史氏一支，这大概也说明涿州史氏是旁落的一支，且胡化程度较深，不为中原人所接受认可。

历览民国《涿县志》第 5 编《选举、职官》、第 6 编《人物》，涿州史姓名人极少，只有寥寥十几名科举上榜者，况且不一定是我的祖上。自今上溯，我所能了解到的祖辈都是普通农民。

这样一个平凡的家族，从改氏扎根到如今一直寂寂无闻，在一代代的遗忘中佚失了它独有的历史，无片言只字留存。

二、自然灾害略记——频发不止的天灾

祖辈与天灾的抗争史我已无从得知，但由历史上涿州自然灾害之肆虐依然能映射出前人的苦难与斗争之艰辛。1997 年《涿州志》记载，中华人民共和国建立后涿州发生一种及以上自然灾害并得到救济的年份占总年份的四分之三，其中最长的一次持续了 13 年，涉及 4 种自然灾害。以今揆古，救济制度尚不完善时，先祖的生活必然更加艰苦。

① 陈寅恪《陈寅恪集》第 5 册《唐代政治史述论稿》，生活·读书·新知三联书店，2001 年，第 216 页。

② 刘昫等《旧唐书》，中华书局，1975 年，卷 180，第 4683 页。

（一）洪灾

洪灾可以称作是涿州最严重的天灾。“北拒马河右支（南支）西横岐段，大溜冲刷左岸农田，农民叫苦。”[①]“（琉璃河）河水泛滥，沿岸村庄农田尽受其害。”[②] 北拒马河南北两支汇合后东行，与琉璃河、小清河汇流后称白沟河，流经我的家乡——豆庄镇。“建国前，未见有疏浚（白沟河）河道等工程记载，年久日深，河床逐渐抬高并淤出滩地。”[③] 这几条易泛滥的河流汇入白沟河，1949 年前的河道也没有整治，洪水更加猛烈。“由民国六年至二十八年（即 1917 年至 1939 年）的 22 年中，仅大的漫溢就发生过 3 次，给沿河群众生产生活造成困难”，[④] 小型漫溢更是不可胜数。

记录明清水患的浮雕与铭文，摄于拒马河畔。

河流改道更加重了水患、交通等问题。“北胡良、拒马二河汇焉，明时各就其上建桥。顾北方之水流无定，桥建而河徙，桥乃跨陆，河则仍资舟楫，与无桥同。”[⑤]

民国涿州文人周存培作《水灾行》，描摹涿州大水滔天，极为惨怖。兹录数句：“天惨惨，风凄凄。田庐漂没游鲸鲵。死者随波生者哭，洪涛十丈高山

① 涿州市地方志编纂委员会《涿州志》，方志出版社，1997 年，第 163 页。

② 同上书，第 164 页。

③ 同上书，第 163 页。

④ 同上书，第 166 页。

⑤ 乾隆《钦定日下旧闻考》，钦定四库全书本，卷 128，第 16 页。

齐。”[1]我曾听祖母讲述过老一辈人遭遇水灾的情景：河水决堤后冲毁了房屋和田里的作物，人们只得坐在门板上顺水漂流，等到洪水退去后再返回。即使是防洪工程和河流治理较好的今天，涿州也仍然受到洪涝影响。我亲历了2012年与2021年的洪水，河畔的街道和低矮建筑都曾被河水漫过。

为了应对洪灾，涿州先人们修建了许多沟洫河堤。民国《涿县志》记载，截至1936年，涿州共有17条较独立的沟洫和2个较综合的沟洫系统，还有3条总长约10千米的堤坝。在机械尚不普及的时期，在落后的农村，我的先祖与乡人们手挖铲刨修建了这些农田水利设施，建成便被洪水冲毁，冲毁后再次重建，就这样反复与自然斗争了数代。十余年前我见证了豆庄镇某水利工程的建设：巨大的深壑仿佛窅冥深渊，底部的挖掘机渺小如蚁，曾在这条河道上抗洪的或许就是我的祖辈。

2023年7月末8月初，涿州暴发了近几十年间的最大洪水，水情与1963年的特大洪灾相当。因一场偶然的行程，我幸运地于洪水暴发数小时前离开涿州，又在洪水渐退的尾声中返乡。在亲朋与同学铺天盖地的讯息里，我能想象出洪灾中的家乡。城西的受灾程度是严重的。

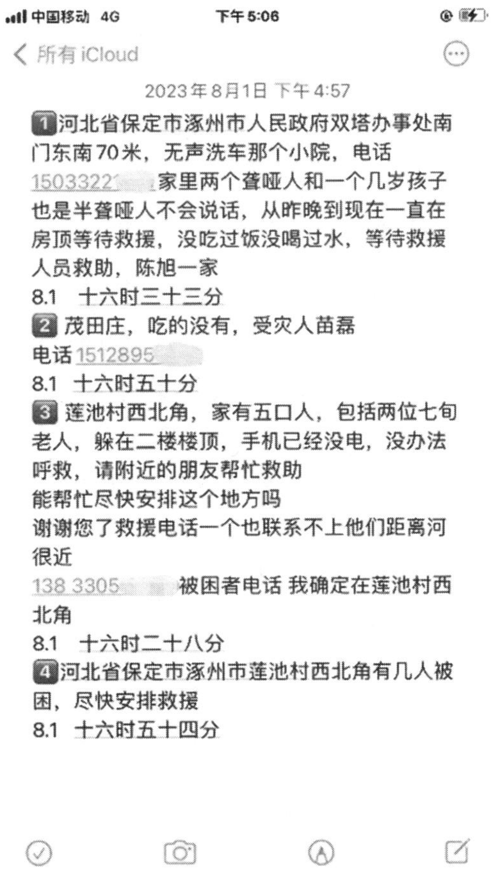

求援信息，转自涿州救灾群。

① 民国二十五年《涿县志》，第7编《艺文》，卷1《词赋》，第14页。

据住在那里的表姐回忆，她从即将被淹没的楼房中逃出时，触目皆是浑黄的污水与腐臭的牲畜遗骸。在城西与城东的分界线上，洪水已经涨到华阳桥的底部，而我家距此不足 200 米，一家人就这样在停水、停电中战战兢兢、有惊无险地待到洪水退去。但更多人远没有如此幸运，尽管有全国各地赴涿支援的救援队和涿州人自发组织起来的救援组织，数目庞大的受灾人群中还是有许多人无法及时得到救援。将那几天的记忆填满的是令人心烦的雨声。洪灾过后的 10 月，我在返乡的长途汽车上偶遇几名同乡工人，他们是清凉寺镇莲池村的村民。闲谈中提起 8 月的洪水——顷刻间房屋倒塌、一夜里倾家荡产，几人的面色一时都凝重了。我蓦然想起身边亲友们写的灾后回忆录，他们的心路历程有出奇的相似之处：洪水初临时的不真实感、被救援时望着满城浊水的震惊，以及过后长久难以平复的伤感。想到这里，汽车恰驶过灾后重建中的华阳公园，我看到了明清古城墙的黄土混杂着淤泥。从工地的劳动号子声里，我想到人们会在满目疮痍的家园里再度启程，重建家园。我知道，党和政府先后给了灾民大力关怀和大量补贴，努力抚平自然灾害留下的创伤。苦难的痕迹却已铭刻进每个人、每个家的生命里。

（二）其他灾害

较严重的天灾还有旱灾。“在民国时期的 38 年中，大旱 3 年，偏旱共 15 年。1949 年 10 月至 1992 年，大旱 4 年，偏旱 11 年。”① 相对较少发生的还有风、雹、虫等灾害，因此它们给人留下的印象也更深刻。据祖父母回忆，他们年轻时经历过雹灾与蝗灾：冰雹降下时很快砸折了田里的庄稼，行人把竹筐顶在头上遮护，到家只剩下破烂的竹条和满头红肿。雹灾过后尚能疏水扶秧略作补救，蝗虫过境却是毁灭性的灾难。蝗群遮天蔽日袭来，天空顿时变得黯淡，一大片茂密的玉米顷刻间就成了光秃秃的杆。至今祖母提起这一场景仍然后怕不已。

---

① 涿州市地方志编纂委员会《涿州志》，方志出版社，1997 年，第 176 页。

三、兵事略录——荼毒生灵的战火

涿州的地理位置决定了它必定战火频发，古有“八荒辐辏，万国喉咽”[①]“日边冲要无双地，天下繁难第一州”[②]之称。几千年间或为冲突不断的胡汉边境，或为拱卫京师的军事要镇。“自古以来，直至解放，涿州战事连绵，人民惨遭涂炭”[③]诚为确论。据1997年《涿州志》第24篇《军事》记载，封建社会仅史书记载的涿州大型战役就有29场，小型军事冲突和起义以及民国时期的战争就更加频繁了。

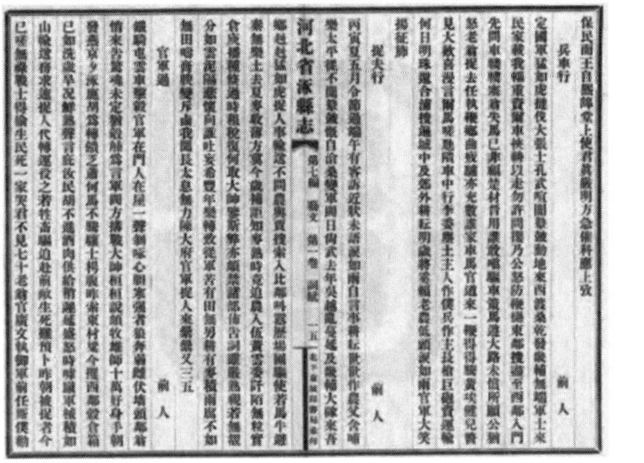
兵車行　前人
捉夫行　前人
河北省涿縣志
官軍過　前人

民国二十五年《涿县志》相关诗作书影，
图片来自中华古籍资源库。

民国二十五年《涿县志·艺文·词赋》收录了许多反映涿州饱受战乱之苦的诗作，如《兵车行》《捉夫行》《官军过》《乌夜啼》等，抨击军队强征民丁和强占民居的压迫行径。“捉人代转运，役之若牲畜。驱迫赴前敌，生死难预卜”[④]数语辛辣悲切。参诗作字句应为民国作品，讽刺北洋军阀连年混战，欺压涿州百姓。署名“前人”大概是为了规避政治风险。祖父至我三代人对刀兵之祸已经没有什么感触，但我的先祖却深受战争之苦。

抗日战争期间，涿州被日军占领，仅记录于1997年《涿州志》的大型惨案就有8起，其中练庄惨案发生在我的外祖父母所在的村庄。练庄因有水兵

① 光绪元年《涿州志》，卷1，第10页。

② 沈德符《万历野获编》，中华书局，1959年，第675页。

③ 涿州市地方志编纂委员会《涿州志》，方志出版社，1997年，第2页。

④ 民国二十五年《涿县志》，第7编《艺文》，卷1《词赋》，第15页。

在附近的胡良河练兵而得名。"1937 年农历八月十三凌晨，日本侵略军 100 余人从琉璃河出发，向练庄村袭来。村民们在老贫农张桂才、刘福等人带动下，手持锨、镐、木棒奋起反抗，日本小队长当场被打死。侵略军用机枪、火炮猛烈轰击。张桂才、刘福等人壮烈牺牲。日本侵略军兽性大发，将未跑的老弱妇孺集中到村东老槐树下，用刺刀全部杀死，扔入水塘内。"[1]这段历史令人义愤填膺。

练庄惨案遗址，摄于老槐树旁。

之前去探望外祖父母时，我特意看过村东的老槐树。整棵树粗壮槎枒，枝干盘曲，仿佛殷着血色。曾经的水塘早已填平，下面埋葬的就是我的前辈亲属。

四、1949 年后的零散记忆

这部分内容基本来自于我十多年来听闻祖父母讲述的往事。两位老人一辈子忙于生计，对生活中的事本就不太留意，再者年齿渐增，时间流逝，很多旧事已经忘却，仍植根在他们记忆中的大多是铭心的苦难。

（一）三年困难时期

这三年是饥饿的三年。据祖父母回忆，那时一切能吃的庄稼和活物都被吃得一点不剩，食物吃光了就吃草根树皮。邻居家有一对姓王（按：亦或姓黄，口述时只听到一个相近的音）的父子，父亲饿死后，儿子想要下

① 涿州市地方志编纂委员会《涿州志》，方志出版社，1997 年，第 532 页。

葬父亲，但因太过饥饿没有力气，抬着尸体走到半路就累瘫在地，只好放下尸体自己回家。他父亲的尸体就这样在大道上放了整整六天，儿子才将尸体抬走草草掩埋。至今豆庄镇还有很多无碑无名的凌乱野坟，或许有些就是当时遗留下来的。

祖父和乡人得以挺过灾荒，多亏了一个偶然的发现。当时河塘里的鱼都被捞干了，水位也由于旱灾大幅下降，水底的蚌类渐渐露出。过去除了少数渔民，没有人见过河蚌，更没有人想过这些硬得像石头的东西能吃。但饥不择食时，就有人到处碰运气，意外发现了河蚌里的蚌肉，于是人们争抢着去河塘里捞蚌，家家户户门口的空蚌壳都堆得像山，这才撑过了饥荒。而一些没那么幸运的村庄多有饿死人的情况。

（二）改革开放后

20 世纪 80 年代，农村逐步允许农产品自由买卖，但这在我家只是额外的家庭副业，祖父母一直以种地为主。起先他们在宅子临街处搭了个土棚，售卖一些简单的日用品，然而田间劳动繁重，导致在家看店的时间很少，商品经常丢失，赔了不少钱，最后不得不关店。之后他们又靠卖豆腐丝补贴家用。祖母凌晨起床做百余斤豆腐丝，祖父用自行车载着去房山大南山卖，单程六七十里路，只为了多卖些钱。当时道路没有硬化，一路上都是坑坑洼洼的土路和崎岖的山路，清晨出发往往深夜才能回来。如果遇上雨雪天气，道路泥泞不堪、寸步难行，祖父还因此迷路过。连年的劳累使他们一身伤病，年纪稍大后，直到 2010 年前后土地征收，他们再也没从事过种田以外的劳动。

（三）平凡的苦难

在他们的叙述中，只留下了一些特殊的回忆，田间重复性的劳动就像无关琐事一样被略过，但这些才是农民最大的艰辛。祖父母从十四五岁开始干农活，一干就是五十多年。我家唯一能称得上农业机械的只有一台带车斗的拖拉机，其他的工具技术并不比古代先进多少。十几年前过麦秋时，我和祖父母去收麦子，被田亩的广袤深深震撼，太阳仿佛从田地这边的垄头升起，又没入那边的垄头，他们却仅凭双手和简陋的工具年复一年地在这里劳作。如今他们手上的皲裂与厚茧就是沧桑苦难的见证。而那些已经湮没在历史中的，我的先祖的苦难，又当是怎样的呢？

翻修后废置的土棚

后记

严格来说，这称不上一篇家史，不过是一点对家乡的考证、一点涿州旧史和老一辈粗略的回忆。然而这正是我的家史的真实状况，真正意义上的家史已经永远佚失，无处钩沉了。我已经失去，却不该遗忘。沈曾植的自寿诗我一直用以自警："蓦地黑风吹海去，世间原未有斯人。"[①] 黑风吹海，

① 沈曾植著、钱仲联校注《沈曾植集校注》，中华书局，2001 年，第 1140 页。

世事无常，斯人已逝，然而遗忘比失去更可怕。倘若不加留意，我哪能得知自己的家乡是这样多灾多难，自己的家族有多少九死一生，家族的传承是充满艰辛的征途？我不知道祖辈们如何遭遇、如何抗争那些苦难，但我牢记着他们经历过，他们使这个平凡的家族一次次劫后余生。

往者不可谏，来者犹可追。父亲曾对我提过，他想记录一些自己过去的经历。先祖的历史已然不再，我们只能铭记他们在这片土地上的苦难，不忘他们顽强的谋生；而未来的家史，犹待我们书写。

（指导老师：李凤先、李莉、庞也）

她 们

北京师范大学附属中学 · 卢美淇

1917 年，我的太姥姥出生在山西省文水县城北街女子小学对面的一个老宅子里。从出生到 96 岁寿终正寝，她平凡的一生似乎并未在峥嵘的历史岁月中留下太多痕迹，我对她的印象也不过是一个白发苍苍的模糊身影，在尘封的记忆中渐渐远去。可以说，她的一生是那个时代大部分女性的人生写照。

在太姥姥生活的那个翻天覆地的年代，即便是革命与战争造成的动荡和新思想的潮流想要击溃封建礼教束缚女性的枷锁也不那么容易。受到教育并投身革命的是少数，在旧中国广袤的大地上，仍有无数女性被压抑在黑暗之中，与家庭捆绑在一起，失去了追寻自己理想的机会，而我的太姥姥就是其中一个。值得一提的是，她虽从未投入革命之中，但她的一生却与革命交织，并贡献着她自己的力量。

这也恰是无数沉默中的她们的力量，我们不应当忽视。

一 革命的启示

（一）帮助妹妹挣脱命运桎梏

1934 年，太姥姥的堂妹刚满 12 岁，就被重男轻女思想严重的父母卖到一家做童养媳。临行前那个漆黑的夜晚，太姥姥紧紧握住妹妹的双手，劝她想办法逃出来，并目送着她远去。那一刻，她对女性命运的悲惨又有了更加深刻的理解。

几年后，妹妹居然真的逃了出来，借住在一户亲戚家里，随后认识了一位化名“张侯”的游击队员，并跟随他到山西交城参加了游击队。从此，这名英姿飒爽的女子背上枪杆子，从封建的泥潭中挣扎着走出，迈入了战火纷飞的历史洪流中。而她的堂姐，依然被捆绑在旧时的大地上，压制着心中小小的火苗。①

（二）新思想启蒙

太姥姥对封建礼教的不满与她的舅舅李生华密切相关。1928 年，太姥姥不过 11 岁，国民党已经在形式上统一全国，对共产党进行抓捕，而山西正处于阎锡山的控制之下。6 月，利用国民党要员白崇禧赴太原视察工作之机，中共太原临时市委组织党员散发标语传单，对国民党进行政治反击，引起了敌人疯狂反扑，许多党员被捕入狱。文水县秘密党组织为反抗国民党暴行，组织党员继续散发传单，而李生华就是其中的一位。他后来被捕入狱，所幸逃出，并继续当小学教师，暗中作为一位有威望的秘密党员而工作着。②

七七事变之后，抗日战争全面爆发。1937 年 9 月，太原会战拉开序幕。李生华成为文水牺盟会抗日游击队的一员，并升任中队长，带领一批批学生参加训练和游击战争，其中有不少队员来自女子高小。③

李生华有着崇高的革命理想和坚定的革命意志，我的太姥姥就在他的影响下有了初步的新思想启蒙，开始向往外面更广阔的世界，想像女兵一样受教育并参加革命。她对革命或许并没有多么崇高的理解，但可以肯定的是，她被封闭的思想闸门正被悄然打开。李生华十分希望外甥女能受教

① 来自采访记录。采访时间：2023 年 1 月 30 日。受访者：姥姥渠梅（化名）。下文中关于过去记忆的描述，如未做标记，均来自于此采访记录。

② 中共吕梁地委党史研究室《中共吕梁地区历史纪事》，中共党史出版社，1998 年。

③ 张小虎《文水第一支抗日游击队》2023 年 1 月 10 日，https://m.krzzjn.com/show-1172-127508.html.

育，并为她亲手缝制了书包送去，然而新兴的火苗仍被封建糟粕的冷水所扑灭。太姥姥的妈妈思想保守，坚决拒绝了弟弟的建议，亲手断送了太姥姥受教育的机会。

于是，太姥姥与崭新的人生擦肩而过，回到了腐朽社会的旧轨道上去。

（三）为革命尽一份力

太姥姥第一次直面革命所带来的危险是在第二次国共合作之前几年，国民党还在疯狂反共，实行“攘外必先安内”的政策。阎锡山的“勾子军”在山西四处搜捕共产党员，李生华不幸暴露，连夜躲入深山避难。“勾子军”是山西土话，即阎锡山的第十九军。一日，他们突然闯入太姥姥家，逼问李生华的去向。太姥姥那时不过是个梳着两个大辫子的年轻姑娘，和她妈妈住在一起。正是她们帮助李生华躲入深山。

太姥姥的妈妈摇了摇头——不知道，太姥姥也坚决闭口不提。

最终，勾子军逼问无果，只得返回。母女俩悬着的心才稍稍放下。那一刻，她们都领会到了革命的分量，李生华也躲过一劫。1948 年，李生华作为党员高级干部南下到了四川，做了粮食厅厅长，此是后话了。

（四）为革命牺牲家庭

在太姥姥生活的那个时代，还有一些妇女直接走上了革命的道路，她们的事迹也成为那个时代光辉的一页。李生华的妻子也是一名光荣的游击队员，同时也是一名教师。她与丈夫一道在抗日的敌后战场上东奔西走，落下一身疾病，最为严重的是疹子因没有及时医治而长了满脸，几近毁容。但这并不能掩盖她辛勤而伟大的一生散发出的光辉。

李生华和妻子有一个孩子，因父母投身革命和抗战，年幼的孩子被送到村里的老乡家中抚养。新中国成立后，李生华和妻子定居成都。他们回到老乡家里想接回已满 18 岁的孩子，却遭到了孩子的拒绝。那孩子提着竹篓仍去地里挖野菜，只留给亲生父母一个无情的背影。为了革命而牺牲家庭，这恐怕是千千万万革命者的选择。

二 女性的觉醒

（一）革命者的坚强后盾

太姥姥虽然失去了受教育的机会，但她对这个世界抱有的只有善意，没有怨恨。她是个极为善良的老太太，妈妈回忆她时总说她的神态安定祥和，面带微笑，这或许与她的善行有关。

太姥姥 20 岁时刚结婚不久，有一次爬上屋顶修房子时，恰巧透过邻居家屋顶上的破洞看见一个小婴儿头部被被子蒙住了，就快要窒息身亡。虽然邻居与自己家相处得不好，但太姥姥当即找到一根竹竿，再次爬上屋顶将竹竿从破洞伸入，轻轻挑开了蒙住婴儿的被子，挽救了一条生命。

1949 年，太姥姥的堂妹与“张侯”要追随领导从交城南下湖南，堂妹留下眼盲的老妈妈而不能带去，太姥姥主动将这位婶婶接到家中奉养，一直到婶婶去世为止。

那时的中国，又有多少“她们”为革命者解决了后顾之忧？

（二）薪火相传

太姥姥的遗憾并没有传给她的后代，这或许是她自己那未尽的求学热情所留下的余热。我的姥姥从小就接受教育。在“妇女能顶半边天”的新中国，姥姥很快就由人民教师转而当上了村里的妇女主任，又成为村里学校的校长，我隐约看到太姥姥的火苗在姥姥身上闪烁。

姥姥有三个孩子，都当过教师。其中两个是女孩，一个是我的大姨，一个是我妈妈，她们分别当过中学语文老师和生物老师。后来，妈妈通过自己的努力考到了北京。先辈女性受教育的梦想终于得以实现，并持续发扬光大，而这恰是女性觉醒的过程。

后记

太姥姥那个风雨飘摇的年代终究是过去了，封建枷锁一一被打碎。冰冷残酷的现实剥夺了许许多多女性受教育的权利，她们却以自己的方式为时代做出了力所能及的贡献；历史也曾经赋予一些女性挣脱束缚走向光明的机会，在战场上，她们实现了自己的价值。是的，她们或许并不引人注意，但我们不应忽视她们的贡献、她们的力量。这份力量也将在新时代被新女性赋予新内涵，持续发扬光大。

于是太姥姥的形象在我脑中渐渐清晰起来。

（指导老师：李凤先）

警察世家的铁骨柔情

北京师范大学附属实验中学 · 李绍宁

八十年前，平谷县（今北京平谷区）王各庄村，有一片低矮的平房，密密麻麻的；一条潺潺的小河，哗啦啦地从村中流过。河畔有一片片的芦苇荡，夕阳的光洒下来，照得芦苇荡格外清丽，格外质朴；清澈的河水中，鱼儿仿佛在空中游动。正是这河水滋养了农田，为这里的农民留下了生活的希望。

李德奎就是这些农民中的一员，他继承了祖上传下来的两亩薄田，兼着佃户的活，日出而作日落而息地生活着。闲暇时，自学了摇煤球的手艺。于是在寒冷的农闲时期，他穿着破布鞋，顶着大风，在深夜三四点钟的月光下一步一步地走到城里，挨家挨户地给人摇煤球，讨些生活费。这便是我太爷爷的生活。[①] 太爷爷每天都这么走着，走过了黑夜，迎来了北京解放。他与太奶奶生了五个孩子，可惜老大早夭。他们省吃俭用地终于把四个孩子拉扯大，他们分别是我的大爷爷李鼎芝、二爷爷李鼎鑫、老姑奶奶李芝青、爷爷李鼎善，他们中有两位成为中华人民共和国成立后第一批在社会上招收的人民警察。

一、第一批警察

（一）记我的大爷爷李鼎芝

中华人民共和国成立之初，公安系统进行了社会面招聘，在王各庄村口贴上了招收警察的告示。当时大爷爷刚刚 20 出头，接受过教育，彼时正

① 来自采访记录。采访时间：2023 年 1 月 22 日。受访者：李鼎善（爷爷）。下文中对过去记忆的描述，如未做标记，均出自此采访记录。

为如何为家人扩大收入而犯愁，招警无疑对他来说是重要的机会。他当机立断，找到了招收办公室去报名。他怀着忐忑的心情回到家，继续每天到农田耕作。

两三个月过去，一位邮递员捎来一封信。大爷爷刚拿到时还有些疑惑，拆开后发现竟是去公安局报到的通知书！原来在这几个月中，他已经通过了政治审核，成功被公安机关录取。

等他前往报到的那天，村里张灯结彩，锣鼓喧天，村口两侧挤满了人，热烈地为这位人民警察送行。大爷爷在人群中缓缓走出，他背着铺盖卷，挺着腰板，双手抱拳向邻里道谢。人群中，太爷爷带着妻子和大爷爷的弟弟妹妹们紧紧跟在后面。太爷爷略弯着背，眼里噙着泪，走路好像也没之前灵活，仅仅是一声不吭地跟在后面。路终归是有尽头的，在离村口几里远的地方，他才露出微笑，对大儿子说："好好干！你是咱们村的榜样！"大爷爷坚定地向家人们敬了个礼，洋溢着阳光般的笑容，大声道："我会的！"转身踏上了新生活的道路。

他的背影，告诉了父亲自己已经能为家里挑大梁，也开启了另一个男孩内心的追求。

（二）记我的二爷爷李鼎鑫

1953 年 2 月，交通保卫局成立，也开始通过社会层面招收交警。二爷爷李鼎鑫此时已经到了合适年龄。当年哥哥的背影在他的心中挥之不去，从此他埋下了警察梦。在交通保卫局成立之时，他就到处打听，终于报上了名。不出所料，政审依旧顺利，一封信的到来标志着他梦想的实现。他喊来全家，在家人的注视下小心翼翼拆开信封，取出里面的信——《报到通知》。全家人都欣喜不已，他甚至高兴地跳了起来。在大爷爷当警察的这段期间，家里条件已然改善不少，又出一位警察，大大增加了家里的收入。

熟悉的送行之后，二爷爷踏上了自己的交警之路。他怀着年少的激情，踏实工作。在早期交警人才缺乏的背景下，他凭借自己的辛劳付出，他成功从西城交通队队长晋升为北京市交通管理局处长。

二、患难见真情

“文革”对公检法的冲击波及到我的二爷爷，他蒙冤进了牛棚。1970年，爷爷刚从海军服完三年兵役归乡，本怀着满心期待准备与家人团聚，却不料得此坏消息。返乡当天，爷爷就骑着家里的自行车，偷偷去寻找哥哥。

他凭着记忆摸索到牛棚附近，便闻到了一股恶臭味，这既是牛粪的臭味又是汗臭味，令人闻之作呕。周围高而乱的杂草挡住了爷爷的视线与去路，他把车停下，寻着臭味终于找到了牛棚。眼前的景象令他大为震撼：本就狭小的牛棚充满了岁月侵蚀的痕迹，棚顶薄薄的一层稻草，还有几处大洞；支撑着棚顶的木柱干裂得不成样子，显得棚顶摇摇欲坠。在这里竟住着十多个人，二爷爷便在其中。二爷爷仿佛变了个人，没有了之前的光彩，如今深陷阴沟，满面黑灰色的尘土，两颊瘦得凹了进去，脸上也长出了这个年纪不该有的皱纹。

那时没有人看守，爷爷便悄悄挪到墙角，扒着木柱子向里面小声唤道：“李鼎鑫！李鼎鑫！”二爷爷闻声望去，激动不已，挤过人群去找爷爷。他两眼含着泪，缓缓问道：“回来了？”“回来了，回来了。”爷爷连忙回答。二爷爷迟钝地点点头，道：“好，好……照顾好爸妈啊，以后少来这儿，你赶紧走吧。”爷爷怔怔地听着二爷爷的话，答应之后闷闷地走了。

他骑上车，神思恍惚许久，等回过神来时已经骑回了县城里。静悄悄的大街上，好像只有他一个人。他终于忍不住，哭了起来，哭声在街上回荡。他摸了摸自己的口袋，找出几张粮票，于是下决心骑到老馒头铺里，买了一大包白面馒头，个个洁白软和，这是他和家人许久没吃到过的美食。

他背着这一大包馒头，又骑回了牛棚。他停下车，小步跑过去，走近牛棚边叫二爷爷。二爷爷十分惊讶，两只眼睛从未瞪得那么大。一牛棚人看见吃的，都乌泱泱去抢。爷爷抱着袋子轻声说：“不要着急，都有份儿啊。”不一会儿，馒头都快被抢完了，趁所有人在狼吞虎咽地吃馒头，爷爷又偷偷塞给二爷爷几个，急忙转身离开了。

1976年粉碎“四人帮”，1977年，二爷爷被平反释放，恢复工作。1978年，党的十一届三中全会召开，开始进行拨乱反正，他的生活重新走上了正轨。

随着时间的推移，他们的下一代也逐渐长大，李鼎善之子李喆，即我的父亲，1995 年于北京人民警察学院毕业，进入公安机关，成为一名刑警。

三、第二代警察

我的父亲李喆曾参与侦破 1996 年持枪抢劫运钞车案、悍匪白宝山案、昌平持枪杀人案等一系列社会反响极大的恶性案件。[①]

2001 年，父亲与同事在房山的一处住宅对黑社会团伙进行抓捕。收网时间定于夜里，蝉的鸣叫给这黑夜增加了几分行动前的紧迫感。警察在静夜中根据摸排结果进行了破门的部署，每个人都屏息敛声，等待上级号令。一声抓捕令下，警察们迅速破门而入。虽然警察们攻其不备，但一楼的主犯所在位置离墙很近，见警察冲来，他无法拿刀或武器，便立刻翻墙逃走。

父亲获得的各种荣誉

① 来自采访记录。采访时间：2023 年 1 月 25 日，受访者：李喆（父亲）。

父亲没有片刻犹豫，直接翻越墙，对嫌犯穷追不舍。宁静的月夜下，上演的是一出艰险的追捕大戏。在抓捕点几百米外，父亲带领同事追上了嫌犯，将其按在地上并拷住。此次抓捕任务圆满完成，父亲也因此荣获三等功。

2000 年，父亲与同为警察的我的母亲结婚，2006 年生下了我。我时常为自己是双警家庭出身而骄傲，但在上学的时候，同学们见到我的父亲，总会被他的气势吓到："你的爸爸怎么这么凶啊？"这时我会笑着摇摇头说："他其实一点也不凶！"在我成长的过程中，父亲从未缺席，在我小学的时候，是他每天骑电动车送我上下学，是他在我伤心时用布玩偶逗我开心；上初中之后，我与他的交流渐渐少了，但他知道给我私人的空间；中考那几天，他起早为我做好最合适的早餐，目送我的背影走入考场……在家里，他永远不会是那个面对坏人时的"凶狠"警察。

后记

近几年，社会上流传着一句话：哪有什么岁月静好，只是有人替你负重前行。长辈作为警察，他们是家族的荣耀，是人民的卫士。在采访爷爷的时候，我在这古稀老人的眼中竟看到了闪闪的泪光。正是长辈的相互扶持、相互关照，我们家族终于走到了今天。

在外人来看，警察是英勇无畏的；在家人看来，他们是最温暖柔和的亲人。

（指导教师：孙玲玲、杨宇辰）

时代 · 荣光

北京师范大学第二附属中学 · 张雅文

家史对于从前的我来说，似乎一直是遥不可及的。在家史征文活动前，我未想过，家族有这么多我并不了解的过往。我以为过去的经历属于老一辈的人，因此从未深究过家族的历史。但当我翻开尘封的纸张，认真探究家史的细节，却有了意想不到的收获。采访完的晚上，我抬头望向星空，若有所思……

很久之前，老家村后有一条小河，当地人都管它叫“小黄河”，因为它是黄河冲刷出的一条支流。河水清澈，百虫争鸣。放眼望去，周围田野广阔，炊烟袅袅。幼时的记忆已淡去，只记得是再平凡不过的农村景象。我的家族世代务农，单纯朴实，以至于我一直认为应该没有特别的历史值得挖掘，然而我错了。

一、经历战火，一位新中国女性的成长

1948 年 12 月，正值淮海战役时期，隔壁村就是前线，与孟淑兰的家只隔了五六十里路。炮火声时常能听到，村民的生活也被战争打乱。年末的一天清早，天寒地冻，14 岁的孟淑兰听到村口的大喇叭正动员村民参与淮海战役救治伤员的行动，于是暗下决心，一定要参加。她回家把自己的决定告诉了家人，父亲起初不同意，认为太危险。但女孩坚持己见，在母亲和奶奶的支持下，父亲最终妥协了。就这样，年仅 14 岁的女孩自己报了名，经过培训正式开启了医护员的工作。这个女孩，就是我的姥姥。问及姥姥当时如此坚定的原因，答案是：“敌人都要打到家门口了，出一份力是应该

的。”伴随着飞机的轰鸣，一个个伤员被抬上担架，姥姥和同伴开启了忙碌的工作：清洗、消毒、包扎，每个步骤都十分迅速。在救治伤员的过程中，姥姥心中埋下了一颗做医生的种子。

战争让本就贫寒的姥姥家雪上加霜。然而不幸中的万幸，在姥姥十七岁那年，她一边劳作一边上共产党组织的夜校，几年后，终于入了正规的学校。从李庄小学，到黄埔中学再到蚌埠医校，经过十一年的学习，姥姥通过自己的努力和家人的支持，终于如愿成为一名医生。她被分配到亳州的五马医院担任妇产科医生，一干就是四十年。1967 年，姥姥入了党。入党后五十余年里，姥姥获得了三八红旗手、当选人大代表等荣誉，这是她

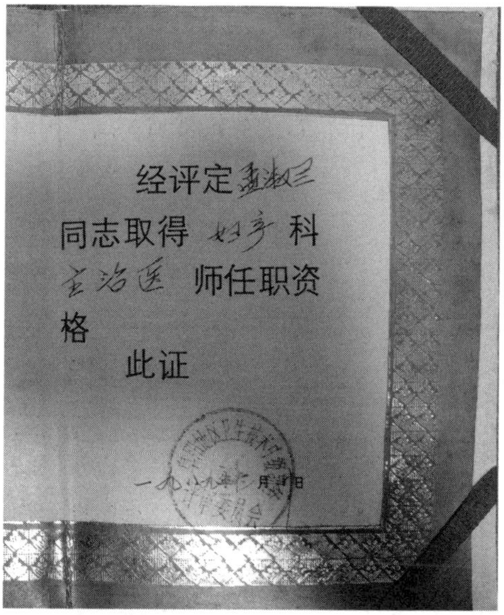

姥姥的医师资格证图

姥姥的“妇幼保健工作三十年”奖章

为人民服务的写照。她为妇幼保健事业付出了无数汗水，积极改进设备和工具，不断提高自己的技术，把毕生所学毫无保留地传给徒弟们。2019 年，姥姥回到亳州，走在镇上，还引起了小轰动，前来打招呼的人络绎不绝，人们都认出是孟医生回来了。大姨说，姥姥神采奕奕，仿佛又回到了青葱年代。看到五马医院如今越来越好，自己的学生也能独当一面，姥姥十分

欣慰。那是她全年无休、日夜奋斗过的地方，饱含着青春和一代人的热血。姥姥说自己生在了一个好时代，能通过努力改变命运。

一个人的一生，有时足以改变后代的生存轨迹。我们现在的生活，就是在前人的基础上得到的，他们不应被忽视，也不该被湮没在历史长河中。

二、对党忠诚，传奇的三太姥爷

三太姥爷参军的经历，是十分富于传奇性的。姥姥的三叔在前坝子村经营一个粮仓。1947 年秋天，有一天三太姥爷赶着驴，准备把粮食从前坝子运到黄口，途中国民党军突然出现，要求三太姥爷上交粮食。三太姥爷临危不惧，甚至破口大骂，惹恼了国民党军，被抓住当即要送到军队。幸运的是，三太姥爷在半路上趁国民党军休息时自己逃走，找到了解放军，加入了部队。彼时，三太姥爷刚娶妻不久，年仅十八岁。从此，三太姥爷参与了解放战争，一直打过了长江，到了海南。在海南安定下来后，三太姥爷才重新与家人联络上。家人十分惊讶，没有人料到三太姥爷还活着。三太姥爷在海南，作为团长留了下来，一待就是十二年。在三年困难时期，三太姥爷回了一次家。三太姥爷的妻子告诉他现状有多么惨烈，村里饿死了多少人。于是，三太姥爷便把此事在部队的集体会议上直接向同志们做了汇报，希望有所改变。当时正值大鸣大放，在大辩论中三太姥爷因耿直的发言被打成了右派，回到了老家萧县劳改。后来，三太姥爷又到了吉林。部队在八十年代初找到他，想让他恢复原职，还要把几十年来的工资全部给他，当时三太姥爷只同意了恢复原职，没有接受一分钱。三太姥爷在吉林一直待到了退休，直至去世。由于当时条件艰苦，留下的资料很少，唯一一张照片也丢失了。三太姥爷传奇的经历真实又震撼，姥姥的眼睛在讲述时闪动着回忆的光芒。姥姥十分熟悉这位我从未谋面的亲人，他在一个个历史的瞬间里立体起来，在属于他的光辉岁月里屹立不倒，又源源不断地为后辈们提供精神动力。在聆听的过程中，我强烈地感受到这些经历的影响，也极大地激励了我去了解和记录。采访结束后，我不禁感叹，一个人的一生竟能如此精彩。

了解家史，不仅仅是为了记住过去，也是为了珍惜当下。观察那个时代人们的人生，他们有着各自的精彩。家族一脉相承又翻天覆地的变化，也令我深刻地体会到了作为家族中一分子的渺小。但这种渺小并不令人悲伤，反而会产生一种油然而生的归属感，宛若浩瀚星河中的一颗小行星，在庞大的集合体中闪耀自己的光芒。虽然终有一天将散成宇宙尘埃，但无怨无悔，灿烂永存。我欣赏星河的璀璨持久，正如同我敬畏家族的生生不息。通过了解家史，我不再孤单，深知自己属于这个家族，属于这个时代。从今往后，我愿挖掘、铭记和传承家史，让家史为更多人所知，展现历史的光辉。

历史的浪潮，裹挟着一代代人向前走，也造就了一个个时代。这些我们记忆中的人，他们不仅属于那个时代，更属于千秋万代。

（指导老师：王颖怡）

长河中的一滴水

北京师范大学第二附属中学 · 冯源

“人情似纸张张薄，世事如棋局局新。”

——题记

几年前，老家还没有拆迁，每到放假，我们一家都会驾车去那间极大的平房中。那里有一棵很大的枣树，一条由南向北流淌的小河和一个在小河边上的大水缸。小河里的每一滴水都是那么温柔，仿佛永远能随遇而安，改朝换代、世事变迁也激不起一丝波澜。小时候我就经常坐在枣树的树枝上，望着这条小河静静地流淌。妈妈说：“你小时候特别爱在这条河边玩，你看这河边的草都比其他地方稀疏了。”

但是这条小河中的水从哪儿来，到哪儿去，已经流了多久，我从未想过。去年春节将至时，我独自一人顺着河流上游而去。无论我走到哪里，河流都是那么安静地独自流淌。走到山顶，我举目向山下眺望，河流的路径清晰可辨。但在我的目光随着水流缓缓游走时，略一分神，便再难找到河流的踪影了。

一、古钱几枚承思忆，家史渊源自何许

“咱家历史那可是太悠久了，我妈妈、我奶奶那可都是北京人。”说完，姥姥便去柜子里给我翻出许多钱币，“大定、永乐、顺治……”我忽然想到金朝猛安谋克制度下的大定之治，以及为清朝康乾盛世奠基的顺治。

“这些可都能关联古代的盛世啊，为什么咱们留下的都是这些盛世的钱

币呢？”我好奇地问姥姥。

姥姥说：“那当然了，盛世的时候咱们这种老百姓才能有钱啊，天下大乱的时候哪还有钱买东西，即使有钱也留不下来。”我听后不禁陷入沉思，今昔对比，我开始理解“节物风光不相待，桑田碧海须臾改”。是呀，封建社会下人民的生活状态几乎完全取决于政治清明与否，地方官吏一旦开始贪污腐化，百姓的生活便会苦不堪言。听了姥姥讲的其他故事之后，我逐渐意识到，我们家族就像小河里的一滴水被层层浪花裹挟着前进一般，面对社会变迁及时适应、不断奋斗，才有了家族的早期起源与后继延续。

二、旧时世乱狼烟遍，几度波澜相背起

1912 年 3 月 10 日，袁世凯在北京宣誓就任中华民国第二任临时大总统，随后一步步展开了独揽大权的活动。清朝灭亡后的几年，袁世凯复辟，张勋复辟……封建制度仍有残余。当我翻出一枚刻着袁世凯头像的铜币时，不理解地问姥姥：“袁世凯窃取辛亥革命的果实，走上复辟帝制之路，激起全国人民的强烈反对，为什么咱们家要留着刻有这种人像的铜钱呢？”她说：“咱家当时就在北京城里，普通老百姓有什么选择呢？在那种社会，能活下去就行。当时咱家还存着一堆假辫子呢，有人复辟就戴上，恢复共和制了就给它藏箱子底下。”我不禁开始思考：河流中一滴小小的水，又怎能改变整条河流的流向呢？既然改变不了，那就只好顺应它了。可见北洋军阀统治时期百姓的无奈与凄惨。

1925 年，国民政府在广州成立，控制了我姥爷家所在的湖南南部地区。“我爸跟我说，当时他才 10 岁，爷爷他们家所有男丁都自愿加入了北伐军。”姥爷在我长大后还一直念叨：“我爸在他们走的时候一路追到了大门口，一边蹦跶一边挥手跟他们大喊：‘加油加油！’”我听着感触万千。1926 年，国共两党合作，开始北伐，以“打倒列强，除军阀”为目标。革命席卷了全国，基本推翻了北洋军阀的统治。姥爷回忆起这一时期发生的事情，动

情地说道："当年我还有一个大爷北伐得胜归来，我爸爸他们一家人都欢呼着出门迎接呢。他当时随北伐军攻打孙传芳军阀占据的重要城市上海，战士们冒着两岸疯狂的射击渡河，到达对岸时活下来的就没几个人了，真可谓死里逃生。要不是他年事已高，被北伐军送了回来，恐怕我们就不会知道这么详细的北伐故事了。"

我突然理解：在共产党的英明领导下，每一滴水在中国革命的河流里都能发挥自己的作用，每一滴水也愿意为这条河流贡献自己的力量。正因如此，共产党才能开辟革命新道路，打开中国革命的新局面，取得新民主主义革命的胜利。

三、甘霖敷泽能润物，今朝稼穑胜往昔

"当时是一个下雨天的傍晚，几个解放军戴着斗笠就来到我们村子里了，把海报贴在了村口的土墙上，然后跟我们说土地改革相关事宜。第二天早上，他们就给我们发农具，发农肥。很快就把我们集中到一起，然后我们列队向解放军报告家庭户口、年龄、经济状况等信息。不一会儿，他们就带着木杖开始丈量土地，每人都分到了基本一致的土地。在解放军离开的时候，我们每个人都追到村头挥手和他们告别，我们家的生活也从此好过了许多，再也不至于因为灾年而去卖房卖地。"听姥爷讲起那时发生的故事，我越听越入迷，感觉如此生动的故事正好印证了书中学到的语句："平分土地利益极多，办法简单，群众拥护，外界亦很难找出理由反对此种公平办法。中农大多数获得利益，少数分出部分土地，但同时得到了其他利益（政治及一般经济利益）可以补偿。因此，土地会议应该采取彻底平分土地的方针。"[①] 我也更好地理解了正是中国共产党代表的是最广大人民的根本利益，才能得到广大民众的支持，故能领导人民取得新民主主义革命的胜利。我感悟到：真正的大河，如长江、黄河的壮观局面，不是一蹴而

①《中央关于彻底平分土地问题给中央工委的复示》，1947 年 9 月 6 日。

就的，而是由亿万水滴的凝聚付出而成就的；真正优秀的政党，就应该是以人民为中心，以实现共同富裕为目标的政党。中国共产党便是这样一个值得我们去追随的政党。

四、踏浪前行风正劲，不负韶华争朝夕

我的姥爷在抗日战争时期于湖南出生，刻苦学习考入北京农业大学（现中国农业大学前身之一），在北京成家落户。当时他是北京为数不多的居民之一。“你姥爷一个月挣的钱比别人一家一年挣的钱都多”，我的妈妈不止一次跟我说。后来他在中国科学院工作，我在老家收集到了许多我姥爷工作的相关照片，这么多的粮票和纸币也让我更加确信新中国社会主义建设取得了巨大的成就。1968 年，我的姥爷加入了中国共产党，并在中科院里与他的团队一起研究出了优质抗寒、抗病酿造葡萄新品种“北红”。直到现在，我只能勉强看懂有关“北红”中的相应科技与先进技术。我的姥爷还坚持将每日的研究成果与最新进展记录下来，字里行间甚至能看到姥爷在研究有突破时激动与欢欣的神情。

如今，中国科学院仍然不断地创新农作物品种，研究高产、抗病、优质的农作物新品种。虽然，我的姥爷早已退休，但是他仍然坚持每天写心得的习惯，纵使早已告别忙碌充实的研究生涯，他仍能从生活小事中找到乐趣，甚至分析出高深的道理。他说：“不记录下来怎么活的，等于白活。”这真是“写日记，要有恒，几十年如一日，记下个人的成绩，也记下个人的得失”。

姥爷不管是在中科院中畅游科技的海洋，还是写日记以增加科研之情趣、记录自己的经历，都能体现中国共产党领导下人民真正当家作主的状况。姥爷曾经跟我说过：“这要是放到以前啊，日记根本不敢明目张胆地写，抄家的时候被发现了就是死罪，那研究也不是随便就能做的。”这也证明了人民当家作主制度的成功，更说明了，在实现中华民族伟大复兴的河流中，每一滴水都是这条河流的主人。

后记

随着历史长河的流动，我们家，以及全国各家各户，都从这条河流的被迫跟随者，变成了这条河流的主人，实现了真正当家作主。正是因为一个家族经历了各式各样的事件，跨越了各个不同的时代，见识了多样的政治、经济、文化制度，才能更好地在历史长河中传承下去，并在历史长河中闪耀家族之光，为历史发展做出自身的贡献。

再回到拆迁后的老家，再看到那条小河，我感觉自己成长了不少。

（指导老师：申雪、武虹）

时代日月里的萤烛末光

北京师范大学附属实验中学 · 周子尧

逆着岁月的长河回溯，沿着家族的历史流淌，顺着时代的脉络追寻，于洪流中见小人物浮沉，于变迁中同时代脉搏共振。

——题记

“家史”这一字眼映入我眼帘时，瞬觉灵感干涸，平凡至极的家庭实在谈不上什么历史，“见证历史变换”也无从说起。但当我真正走近姥爷的人生轨迹，向家族内部探寻之际，我瞥见国家的波澜于个人身上的波纹，我听见兴衰和更替平稳有力的呼吸，我照见历史的光线于家史间破碎，化作彩色的星辰。方知家史从未离我远去，它依靠着永不褪色的生命力，在一代一代人中流淌。

一、先辈，战火中的坚守

姥爷记事的时候听父辈讲述，他的太爷爷李芳做买卖起家，家道殷实，在河北张家口、山西大同、内蒙古呼和浩特、北京都有大生意，甚至将生意发展到大库伦（现蒙古国首都乌兰巴托），富裕的家庭却逐渐被两个儿子抽大烟、赌博败光。到了我的太姥爷这一辈，基本上就成了普通的老百姓。

抗日战争胜利前夕，太姥爷在张家口栈房（旅馆）当经理，这个栈房同时是八路军的一个秘密联络点。有一天，突然来了一群日本兵要搜查栈房，寻找八路军的联络员，太姥爷立即派下人通知并将联络员从后门转移。

太姥爷因为上过私塾，有文化且会算账，联络员同志曾多次劝太姥爷加入八路军。太姥爷考虑到家中妻儿无人照料，并未参军。多年后的 1975 年，联络员已升任河北省副省长，带队到张家口地区检查工作，专程寻找太姥爷。因太姥爷到东阳口修水库，未曾见面，后留一地址返回省会。太姥爷的性格直爽，骨子里的倔强和固执使他并不愿意求人，虽然留有地址，后续再困难也没有联系过。

二、同频，融织于兴衰更替中的追求

1949 年，姥爷出生于河北省怀安县柴沟堡镇，与共和国同龄。中华人民共和国的成立标志着新纪元的开始，人民把命运牢牢把握在自己手中。之后，全国人民对建设国家的热情高涨、人民的不懈奋斗与助推国家发展的景象都给姥爷留下了深刻的印象。

1963 年，“人人为我，我为人人”的良好社会风气荡起层层涟漪，吹遍社会的每个角落，迎来了“向雷锋同志学习”的热潮。在雷锋精神的发扬光大与薪火相传中，姥爷的内心迸出一簇火花——无私奉献、忠于理想并始终如一。火花逐渐聚成一束火光，成为他一生的指引，恒久发亮发热，也在岁月的淘洗中历久弥新。

1964 年，国家进行国民经济调整，让学生放假期间参加农村生产队劳动，姥爷也参与其中。姥爷一方面认识农村并结识农民，另一方面也体会到“与天斗其乐无穷，与地斗其乐无穷”。姥爷回忆道：“农村山清水秀，人心朴实纯真。受全国学雷锋活动的影响，农民的生产积极性十分高。”

同年，姥爷就读于张家口重点高中——张家口一中。本应 1967 年高中毕业的他，却因为“文化大革命”延至 1968 年毕业，高考的取消也成为那一代人的遗憾。1973 年姥爷曾参加高考，成绩很好，但张铁生“白卷英雄”事件让全国高考学生成绩作废。面对生命中的惊涛骇浪，姥爷并没有被风浪吞没，而是将奋进与对理想的忠诚坚定地化作诗行，于心中低低吟唱。

1976年粉碎“四人帮”，及时结束了时代悲歌，个人命运和国家命运紧紧融织在一起，这是姥爷并不平凡人生中的里程碑，亦是时代风浪里的扬帆。

三、变迁，构筑于时代波澜中的信念

1969年，全国数以万计的知识青年响应毛主席的号召，奔赴农村。姥爷到内蒙古呼伦贝尔盟新巴尔虎左旗阿木古郎镇，下乡接受贫下中农再教育。新巴尔虎左旗地处呼伦贝尔大草原的西南腹地，位于大兴安岭北麓，是一个多民族杂居的地方。

当时的交通极为不便，寒冬腊月的时候，姥爷从海拉尔乘坐客车前往阿木古郎镇，180余公里的路程汽车开9个多小时，走的都是草原上多年行车轧出的土路，崎岖颠簸。抬眼望去，白雪皑皑连接天际。遇到刮大风的时候，二十多天无法通车是常事。自然环境的恶劣并没有阻挡姥爷对学习的渴望，执着于理想的火光驱散了隆冬的寒意，更使姥爷心怀光明。太姥爷骨子里的倔强在血脉传承中默默接续，姥爷怀着坚定的“我命由我不由天”的信念，在求学路上一往无前。

在这个小镇里，化工厂拥有400余名工人，可以解决工作并转为正式工，有收入，因此成为当时年轻人心仪的单位。1972年，姥爷通过招工进入化工厂，通过高中所学的电学及后来刻苦自学的知识，成为当年化工厂唯一一名电工。知识改变了他的命运，也铸就了他“终身学习”的理念。据母亲回忆，虽然未能参加高考是姥爷的遗憾，但学习一直伴随着他。从初始成为电工应用的电学、电机知识，到委任乳品厂副厂长时的乳品知识，再到经委时的经济学，闲暇时的姥爷手不释卷，孜孜以求[①]。

① 来自采访记录。采访时间：2023年2月2日。受访者：李妍（即母亲）。以下家族历史内容亦来源于此。

姥爷在化工厂与同事的合影

1975年后，由邓小平同志主持推进的全面整顿，不仅使大部分地区社会秩序趋于稳定，还有力地促进国民经济迅速转向回升。[①]1976年，姥爷调入电厂，白天收电费（登记造册），晚上配电。姥爷曾给妈妈讲述过一件事情：大概在1982年，有一户人家夫妻离异，两个孩子跟着父亲生活，好几个月也没有交过电费。姥爷路过这家时，看到门帘缝里漏出微弱的灯光，准备进去收电费，看到两个男孩在昏暗的灯光下围坐在一张小桌子旁学习。两个孩子含泪讲述家庭的困苦，姥爷动了恻隐之心，给他们免了电费，叮嘱他们保守秘密，点一些瓦数大的灯泡。临走时两个孩子给姥爷深深鞠了一躬。后来两个孩子通过考学离开了这个边陲小镇。困苦环境中依然奋进学习的孩子触动了姥爷，母亲也深深相信寒夜中的这次善举也会是两个孩子心中温暖的回忆。光束在陌生人之间照亮，我们在温暖与被温暖的过程

① 吕立勤，梁剑箫．历史性伟大转折 [N].《经济日报》，2022-1-16。

中同国家的发展一同向前。

1977 年恢复高考，但当地单位领导因姥爷已婚未给予报名资格。1978 年，党的十一届三中全会作出实行改革开放的历史性决策，拉开了伟大历史转折的大幕。会议指出，实现四个现代化，要大幅度地提高生产力……采取一系列新的重大的经济措施。[1] 1984 年，姥爷被派往齐齐哈尔轻工学院学习企业管理，1986 年毕业后调入新巴尔虎左旗经委。当地政府为了发展畜牧业、增加牧民收入，开办乳品厂，由姥爷负责电力与机械管理。

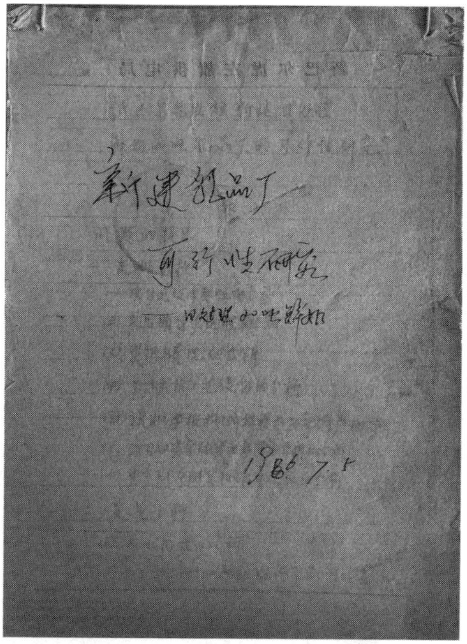

姥爷撰写的新建乳品厂可行性研究报告

新巴尔虎左旗阿木古郎乳品厂基建开始时的合影（左 2 为姥爷）

① 张甲哲．为什么说党的十一届三中全会是一次伟大历史性转折？[N].《新清华》，2021-10-8。

1986 年，姥爷参与筹建海拉尔到新巴尔虎左旗的 35 千伏线路扩建。1987 年负责该旗所属新宝力格东苏木的扶贫电力项目。当电力接通的那一刻，多年未曾通电的苏木居民欢呼雀跃，通电不仅成为居民生活里的光明，更带来了科技的进步。姥爷是时代发展的见证者，更是亲历者，他用自己的力量默默奉献，造福更多的人。

姥爷近照

我曾不止一次对姥爷所谓“知识改变命运”、好好学习的劝诫厌烦，新时代的无限机遇和可能也时常使我对老一辈人的滞后观念不屑，但真正在和姥爷对话、走进他的人生经历之后，我不禁想：一次次和高考的擦肩而过会让他在午夜梦回时惘然若失吗？深深融织进时代发展的人生轨迹不仅为姥爷带来了机遇，也布满许多荆棘。正是因为自主的勤奋学习使他拥有了工作、进修并得到更好的发展。通过个人的不懈奋斗，姥爷为自身的命运划出一线生机，披荆斩棘，在时代经久不息的洪流里勇立潮头，而葆有始终如一的坚定信念。时代的不可抗力增加了我们面对未知的恐惧，而只有凭一以贯之的努力和但行好事莫问前程的执着，方可赋予我们前行的勇气。

四、后辈，砥砺中的传承

在时代的流动万变中，姥爷以潜心笃行烧灯续昼，这也进一步影响了母亲的人生轨迹。中考后母亲收到了两份录取通知书，一份是重点高中的，一份是姥姥所在的邮电系统招生全盟第一的成绩。家族其他长辈觉得读技校更好，学习不累，还能解决工作——有铁饭碗，包分配至邮电系统。姥爷没有直接替她做决定，而是将母亲带到邮政营业厅，语重心长地分析两种选择的未来。他希望母亲能够走出去，领略外面广阔的天地。母亲最后选择了读高中。

高考后，妈妈迎来了第二次命运的转折。身居国家的边陲小城，交通通达度差、医疗水平低等现状成为姥爷心中一层积灰。于是，在母亲填报志愿时，姥爷将目光投到了经济发达的沿海城市，并希望母亲学习医学，不仅缓解家庭看病难的问题，更期盼通过治病救人造福更多的家庭。

黄浦江畔的海风终是吹到了姥爷的心头，吹散了遮蔽其上的积灰与浮尘。在上海学习五年制临床医学专业后，母亲来到北京一家医院工作，做了妇产科医生。工作第一年，母亲选择住在单位的宿舍。她与每天值班的二线医生提前沟通好，如果有急诊手术可以随叫随到，哪怕并不是自己的夜班。她希望由此积累手术经验，逐渐弥补与上级医师的技术差距。在姥爷潜移默化的感染下，母亲在工作岗位上恪尽职守，认真负责，将父辈的全力以赴一以贯之地传承。直到我出生的前一天，她仍坚守在岗位上。

或许选择成为医生并非是母亲自己的决定，但在父辈铺设好的路口上，她用自己的执着、上进与勤勉走出一片广袤天空。母亲正是怀着前行的勇气与日渐深切的热爱，在行医路上不断历练、成长，用温暖的双手迎接一次又一次生命的诞生。在生命的接力中，敬畏生命、救死扶伤的医者信念早已积蕴在母亲的心间。姥爷的长远目光引导母亲驶向第一缕熹微的晨光，母亲的仁心仁术则使她于瑰丽的霞光中熠熠闪亮。

祖辈、父辈在时代的山河间找寻路途，以生命的接续沿袭家风，传承其内核，铸就人生大爱。任由岁月往复，家族中每个跃动的生命都将以各自的原色绘就从一而终的家风，使其恒久散发光华。

后记

访谈结束后，家族的羊皮卷在我眼前徐徐展开，再收起。姥爷见证了我的成长，我却第一次聆听他的人生经历。性格中的倔强也许让他认为自己的经历不足一提，但也正是通过他的讲述，让我对一个普通的县城和整个家族，产生了乡土与故人的羁绊和归属。在家史中，我望见历史的天光时而明亮，时而阴翳，明暗交替影响着个人平凡的世界。可每一个个体，正是在平凡的世界里，走过并不平凡的一生。胸怀千秋伟业，恰值百年风华。祖国和党在开拓进取和艰苦奋斗中进入了新时代，生逢盛世的我们更应该不忘过去的足迹，共同感受家族历史与时代的心跳，以微小诠释盛大，携着上代人的记忆和时代的缩影，写就羊皮卷上新的篇章，奏响时代强音。那么，当家与国紧紧相依的一刻，我们方能与时代同频，以萤烛末光增辉日月。

（指导老师：孙玲玲、杨宇辰）

时代的浪花翻涌，家族的波澜壮阔

北京师范大学第二附属中学·张玮

那些看似遥远的过往光阴，需要我们缓缓地追溯。在时代更迭、岁月变迁之中，擦去尘封历史的黄沙，走进几十年前的变幻和缄默不语的温情。

——题记

一、踏过时光，走入真实的过往

我不免在很多个夜晚想象老一辈人口中那一排排破败不堪的窑洞和黄沙席卷的山丘，那里是我的长辈们生长的故园。黄土坡中挖就的窑洞四壁能抵御风沙，窑洞内除了勉强维持生计所需的日用品外，别无他物。尽管日子艰苦，乐观积极的人却总能从中汲取幸福。妈妈常和我念起那质朴纯真的日子，那段精神富足的时光。在长辈们的娓娓道来之中，我跟随着他们走入那段过往，走在真实的黄土高原上，聆听历史的呢喃，时代的倾诉，家庭的故事。

1952 年，我的姥爷出生。他自小与家人生活在山西省朔州市北部的一个乡村里。那时的社会环境和自然条件都很艰苦，处于中国西北部的黄土高原情况更是糟糕。人们过着穷困潦倒、食不果腹、衣不蔽体的日子。在村子里，村民们按照劳动记工分，劳动成果好的村民一天可以记 12 分，不好的只能记 7 至 8 分。到年底结算时，一个工分可以抵得上几分钱，在当时也不算少了。也许只有在那里亲身经历过、生活过的人们才能切身体悟什么是“面朝黄土背朝天”。

二、流于漂泊，成于坚毅

1966 年，姥爷考上了我们那里唯一的一所初中学校。但他的初中一年级学习生活还未完全开始，“文化大革命”的风暴便已席卷每一处角落。学生们开始书写并到处张贴大字报，各类传单也铺天盖地。中学生和大学生进行“大串联”，组织成一支“先头部队”来冲击“走资派”，姥爷也在这行列里。学生运动兴起，他们到处进行游行，“斗干部，斗地富反坏右，斗老师”。姥爷仰起头，眼中流转着复杂的情绪。他说，当时大多数人都参加了揪斗游行活动，不参加的人会被冠以不积极的标签。

朝来暮往，姥爷出落成一名青年。为响应国家“将医疗工作重点放到农村去”的号召，他前往赤脚医生卫校学习并成为一名乡村赤脚医生，之后到公社卫生院从司药学徒做起，先后到当地县医院、大同市进修，正式成为一名县医院的医生。在姥爷行走在这繁复的执医之路期间，姥姥和姥爷的孩子们，也就是大姨和我的妈妈，出生了。二十世纪七十年代，全国开始实行计划生育政策，提倡每家每户只生一个孩子。后来，姥爷参加考试，考取了专管计划生育的计划生育助理员岗位，转正为国家工作人员，正式从农村户口转为城市户口，获得了行医执照，这也为姥爷提供了调动至县医院工作的条件。自此，姥爷的薪资待遇慢慢变好，一家人的生活水平才开始有些许改善。

三、时代的契机，平凡而伟大的追逐

1978 年，我国实行改革开放，邓小平同志提出要把工作重心转移到经济建设上来，家庭联产承包责任制也随之实行。1980 年底，姥爷一家人分到田地，粮食增多，大家可以解决温饱问题了。后来，农村有了电力供应，照明问题也随之解决。

1981 年，美国企业家哈默第三次访问中国，商谈开发平朔安太堡露天煤矿的具体合作条件。[①] 经过三年艰难筹备和两年艰苦建设，露天矿建成投产。这使得我国原煤产量快速增长，大量煤炭出口，为国家创造外汇。姥姥也前往矿场工作，家庭的收入又多了一份。当我以一位后辈的视角去了解，身处这段过往时，我脑海中涌现出无数画面：为了给家人创造更好的生活条件，姥爷认真钻研医术，四处奔波；姥姥在矿场工作，忙里忙外，与姥爷共同撑起了整个家庭。姥爷和姥姥流了太多汗水，品尝了太多苦涩。在清贫的日子里，他们自强自立，与艰苦的条件抗争。这种坚毅的品质也许就是我们家源远流长的最宝贵的精神财富，对妈妈这一辈人、对我这一辈人都影响深远。

1984 年，妈妈在农村完成了小学学业，后来到了县城上中学。当时，人们对教育的重视程度稍有提升，县里的高中是当时最好的学校了。姥姥、姥爷一直有着大格局，也许是吃遍生活的苦，不愿他们的后代子孙再囿于这区区一隅黄沙漫天之地，他们的视野远比时代所给予他们的更长远。为保证大姨和妈妈的学习条件，他们付出了所有的辛劳。大姨和妈妈也很争气，成绩一直名列前茅。那时，姥爷已经是当地一位颇负盛名的医生了。随着时代发展，医疗技术有了进步，物资也变得丰富，生活在向更美好的方向发展着。

四、惊叹，兴叹，赞叹

后来的日子里，我也会偶尔听到姥爷谈起过往的种种，我惊叹于他对当时那些事情的深刻记忆和精确描述。光阴似箭，岁月流逝，那些画面依旧一幅幅卷轴般在他面前铺展开来。是啊，这些可都是他亲身经历的鲜活的风云变幻啊，他怎能忘却？这些时代的烙印和回忆是老一辈人们比我们

① 山西党史网：《平朔安太堡露天煤矿：首开全国中外合资先河》，2018-12-07，http://www.shanxidsfz.gov.cn/Browse/ArticleView/ArticleInfo.aspx?ID=100029000000005746, 2018-12-07。

多出的智慧。因为，这一切，于我们而言是历史，于他们而言是人生。他们所历经的时代更迭赋予他们人生画布以浓墨重彩和更复杂的底色，我们有幸站在第一视角掀开巨幕，窥探过往，已经是一种恩赐。

我望着姥爷沟壑纵横的面庞上留下的时光印记，望着他眼中呼啸而过的往昔，聆听着他心底流淌的人生回忆。当记忆的暗盒被再次冲刷，我真挚地希望这段家史被保留下来，真挚地希望这翻涌的浪涛掀起的涟漪被记录下来，也希望我的后辈能将这份家史延续和传承下去。多年后我们再回望，似乎看到历史仍旧在我们眼前跃动，生生不息。我们将生动鲜活地活在子子孙孙的笔下，也活在他们心中。

后记

感谢家史征文这个契机，让我真正地坐下来倾听姥爷讲述家族变迁的故事。时代的大河翻涌，也推动了每一个家庭的变迁。我一直认为，人在了解了自己家族、民族后会对家族和民族更加热爱。因为，当你知道了先辈的经历，你会从中汲取到前行的动力，汲取到难能可贵的精神力量，而这种力量的影响，不可估量。你会以新的视角去审视前路，以新的姿态去面对时代接踵而来的考验和未来的无限可能。

（指导老师：申雪）

烟囱边的家史

北京师范大学第二附属中学·崔嘉言

山东省淄博市临淄区名不见经传的虎山，是我从小成长的地方，也是我们家扎根的地方。我对这座山和山边的炼油厂的感情是时时在血脉里奔腾的，但是，我也不免好奇，我们对这座山、这个厂的感情始于何时？我们动容时，是在为谁而感怀？我们劳动时，又是为什么而拼搏呢？于是，我拜托奶奶，向我口述家史。

当奶奶把记忆的过往生动地讲出来时，历史的厚重无需修饰，就能让人的内心忽而怅然若失，忽而热情澎湃。陪奶奶重赏她的旧时光，我也深刻地从中体会到了家史的魅力。仿若站在时间之外，把荒漠中流散已久的光芒重新聚拢。闪耀的光汇聚在一起，便诉说了一个时代写下的故事。

一、向着太阳奔跑

我的爷爷来自济南，奶奶来自青岛。当年响应“上山下乡”的号召，在山东两个大城市长大的他们，来到了山东一个普通的小城——临淄，我们一家的历史，就从这里开始。

二十世纪六十年代，正值美苏冷战，中国面临着愈发严峻的外交环境，需要保护自身工业。在之后兴起的“三线建设”中，为提高国防能力和改善我国国民经济布局，一些重要的工业部门，转移到山沟沟里兴办。于是，1966 年，胜利炼油厂落址淄博，随后，各化肥厂、橡胶厂相继建成，最终，集石油化工、盐化工、煤化工、天然气化工为一体的特大型炼油、化工、化纤联合企业——齐鲁石化在临淄正式建立。1970 年，我们的家也安在了齐鲁石化边的虎山下。花十分钟，穿过那些纵横的小坡与层层迭迭的单元楼，便是齐鲁石化的炼油厂。

奶奶和爷爷二十多岁开始在这里上班，当时昼夜两班倒的日子实在不轻松。交替值班后，工人几乎没有时间的概念。

“上一晚上的夜班回来，大家都在白天睡觉，”奶奶笑着说，“像不像朽木不可雕？”[①]

但其实，嘴上说着朽木不可雕的奶奶靠着自己，一年一年地在齐鲁石化的炼油厂里努力奋进。六年的时间里，不断学习磨砺，到了 1976 年，她从一个打杂的青年，变成了掌握许多本领的一线车间技术工人兼车间小组长。劳动人民最光荣，成为一名出色的劳动者，听来简单，可或许只有奶奶自己明白，学习那些繁复的化学知识，连续几小时吊足了精神操作仪器的时光是多么艰难。“别人都不喊苦不喊累，我也铆足了劲，一声不吭地去工作。你不努力，脸上都没有光的。但我们也不是一脸严肃、死气沉沉地每天只知道工作的人。”奶奶补充。

那时的人，总是生性向春阳。山顶的太阳特别好，山上野花碎石、交枝错柯，阳光铺在山上，石头泛起金波。所以奶奶在夜班结束后，即使困倦难当，也要迎着那令人目不转睛的朝阳，带着不爱走动的爷爷往山顶上爬。

“平时看那几根大烟囱嗡嗡地冒黑烟，把人吓得一哆嗦，等你真在山顶上看，那几根烟囱就变了，里面的烟气，都是向着太阳走的。”奶奶想了想，告诉我。

向着太阳走啊，其实，七八十年代，何尝不像高耸的烟囱？齐鲁石化人年复一年的建设，大概就是烟囱追逐太阳的方式。

建设，为美好的新家工作、奋斗。爷爷和奶奶用双手，打下了一个家庭的基石。七八十年代，我的家庭，千千万万的家庭，辛苦却顽强。

建设，向着太阳建设这里的一切。一切刚刚起步，但有着无限的力量。

① 来自采访记录。采访对象：我的奶奶。采访时间：2022 年 11 月 29 日。

二、沉浮，与黎明前的曙光

1985年，我们家买了四五百块钱的九寸小电视，专门配了一个一两百块钱的放大镜，用来看清楚小小的电视屏幕。每到晚上，小半个齐鲁石化社区的人都要来我家看电视。这是爷爷、奶奶、爸爸、姑姑在当时记忆最深的事情。

“生活条件比十几年前好了太多，”奶奶说，“齐鲁石化福利也好，待遇也好，什么都好。”

二十世纪八十年代末，齐鲁石化炼油厂的福利愈发好了，分配住房，分配家具，逢年过节水果一箱箱往家里送。青岛来的三舅，看到奶奶的生活都十分羡慕。

“谁不羡慕齐鲁石化？”即使是现在，奶奶提起来时，语气中还是充满了对那个时代的骄傲。

然而，发展中出现的矛盾和问题也日益凸显，需要改革来解决。很快，九十年代初，下岗潮席卷而来，奶奶也随着这场大潮，被迫提前退了休。齐鲁石化作为国企，一改革，更是大刀阔斧。且不说混在其中磨洋工、吃闲饭的人等，哪怕技能不够熟练，或所在岗位人数太多的，也将被裁掉。自然，原先人人羡慕的齐鲁石化福利，也无法再奢求了。“颇有点人人自危的意思，但我后来一想，改革，还是对的。”奶奶说。

这次改革中，我们家也无法置身事外。奶奶深刻地体味到了“肚子里没有墨水”的危机，对于爸爸和姑姑的学习抓得更紧了。当然，除了每天看着爸爸和姑姑学习之外，奶奶还是喜欢爬上虎山，看风景。

“烟囱还是冒着黑烟，但是我也不知道要飘到哪里了。”迷惘，巨变，齐鲁石化的九十年代充满了不确定性，好像每个人都失去了原本的目标。但革新、向前，也使九十年代的齐鲁石化卸掉了一些累赘，每个人，又有了新的前进方向。“后来我就明白了，这次改革，不是要害了大家。钱都用到实处，能干的人才也能得到更多的回报，这是好事啊。”奶奶感叹。

我们家在那之后，一改先前依靠齐鲁石化，靠它吃它的思想，爸爸和姑姑学习更刻苦了，奶奶和爷爷也更加努力，回到了工作岗位上。只有学习本领，才能过上好生活，这是二十世纪九十年代我们一家的信念。不知不觉间，时代大河滚滚向前，我们家这艘小船，也随着时代的发展，驶向了努力拼搏的前方。

三、告别深夜，拥抱新生朝阳

谁也没有想到，二十一世纪的起始，是一次令人无措的告别。2012 年，奶奶拿起行李，搬离了虎山脚下。原先热闹非凡的社区，只剩下了破了线的铁纱窗，昏沉的摇曳灯光，几只乌鸦的嘶叫。

"炼油厂搬了。"一句短短的话，结束了我们家在二十世纪的旧生活，开启了二十一世纪的新生活。从一条山间的小路出去，齐鲁石化和齐鲁石化人一同来到了城市。工作不用再翻山绕坡，齐鲁石化敞敞亮亮地在临淄新生了。一百二十多种石油产品在全国畅销，在持续深化的对外开放中，还出口到了日本、美国以及东南亚地区。除此之外，齐鲁石化也努力创建资源节约型和环境友好型企业，在生产总量稳定增长的情况下，节能减排取得了明显成效。这个国有企业将经济效益和社会责任融于一体，在新时代努力践行企业使命。

再看我们的家，在新时代的发展中也越来越美好。爸爸得以从北京理工大学研究生毕业，这也多亏了奶奶在二十世纪九十年代初企业改革时期的监督。知识与才干就是最大的力量，这个我们家秉持的信念，在二十一世纪体现得更加淋漓尽致。

我的姑姑也进入了齐鲁石化的水厂工作。白班、夜班两班倒的生活的确辛苦，但几十年里，生活从未像现在这样活力满满。工人们不再如几十年前一样，事事都要从头学起。姑姑这样的新时代建设工人是有知识、有能力的劳动者。

用告别与新生来形容二十一世纪的我们家再贴切不过。在虎山脚下的旧时光再也不会回来，但新生的、在城市中的家，充满了生命力与新力量。

二十一世纪，一个充满了希望的新的时代，我们家一步一步走到了这里，还将继续向前。千帆竞发东风劲，六七十年代的建设，九十年代的改革，先前的积累在二十一世纪终汇成了耀眼的火炬，在齐鲁石化，更是在华夏大地上熊熊燃烧。

若要总结一下家族的历史，或许“发展”二字很恰当。前文说梳理家史，是回首旧时光，但现在我却觉得，这是一次仿佛身临其境地回溯。我无法亲身在过去的时间里留驻，却仿若身临其境——身临其境地体会着当时人们对祖国和家庭的深沉情感，身临其境地看到了一个大国企的建立、变革与发展，身临其境地感受着个人在时代潮流中的奋斗，以及时代在无数人的努力下奔涌向前的蓬勃生机。

我的家史，并没有许多令人感怀敬佩的大事变，而是细水长流的平凡岁月，是在时代潮流下普通人的苦乐、奋斗、生活。同时，身处新时代，我们也是时代的建设者，我们家的家史，也是一部建设史，和许多同我们家一样的人们聚在一起，为这个时代做出了不容忽视的贡献。我的家史，和齐鲁石化历史紧密地捆绑在了一起，而齐鲁石化史，又和国家的发展紧密相连。那家史，何尝不是大时代的缩影？

所以，我为我们家平凡却光荣的历史而骄傲，为我们家所处的不平凡的时代无比自豪！

（指导老师：申雪）

时代洪流中的平凡人

北京师范大学附属实验中学 · 张禅

世界上的每一个时代都为人类增添过，而且仍在不断增添着真正的财富、幸福、知识，也许还有美德。

——吉本

这些年北京变化了许多，我还记得原来家旁边的街市中老式电线杆静默在路旁，灰黑色的高压线将苍白的天空分割成细长的条带。街上奔跑了几十年的旧式三轮在光滑的鹅卵石路上泠泠地响着，一路奔向远方。鸽子、麻雀成群散落在不再光滑的塑料长椅边，祈求食物。那些抛撒掺上碎鸡蛋壳的大米的时光俶尔远逝，只有几块从路旁淘出的鹅卵石在窗台上积灰，与我一同凝望蓝色的天空。

我自小与我的家族一同生长在北京，虽然我也并非土生土长的北京人（我的家族是从曾祖一辈起迁居到北京的）[①]，但确乎算得上是在北京留的很久的家庭了。如前所述的生活大约一直持续到我上学前，这样的平淡在北京似乎已经持续了很久。其实不然，从我家族的经历来看，生活经历过众多变迁。

一、平凡的奋斗，两个家族的搬迁

在二十世纪五十年代，我太姥爷和太姥姥来到北京。这就是我的家族

① 来自采访记录。采访时间：2023 年 1 月 22 日。受访者：姥姥、姥爷，二舅姥爷，父母。以下有关家史内容同出采访记录。

与北京的初见。此时北京正投入“一化三改”的浪潮之中，太姥爷带领家族，跟随工作离开家乡江都（今江苏扬州江都区），来到北京投身于社会主义建设。当时，一个女孩刚刚出生，因为种种原因暂时留在江都，被爷爷家抚养，后来才被父母接到北京生活，成为同辈中的大姐。这个小女孩是我的姥姥，她如今还对这些旧事如数家珍。她又说，这一辈中她有三个妹妹和两个弟弟，作为大姐她承担起了协助母亲抚养弟弟妹妹的责任。当时家中收入靠太姥爷一人支撑，长辈曾说，他平时在建筑公司工作，要天黑之后才回来，回到家中，拿上渔具就马不停蹄地赶往运河边上捞鱼虫补贴家用，一直到凌晨才回家，每天只睡四五个小时。姥姥曾经说过：“我父亲靠着捞鱼虫的手艺，在物质缺乏的年代让我们一大家子能常吃上肉，自己的饮食却总是草草了事。”更加难忘的是太姥爷做木工的手艺。他自学成才，每个孩子结婚时的家具由他一手包办，如今我用的书桌就是太姥爷做的。太姥爷在我出生前几年就去世了，我只从照片中见过他。

我祖父的家族也是在二十世纪五十年代搬迁到北京的，只不过是从山东（今山东烟台）。如同姥爷说：“和你姥姥同样的父母先行，同样的随工作搬迁。”由此不难看出两个家族的相似性。一化三改时，向北京的搬迁发生在千门万户，我的两个家族不过是其中之一罢了。

时代的洪流一刻不停歇地奔涌向前，无论是沙粒还是碎石都被裹挟着向远处的未来逝去，没有人能从这浪潮中脱身，有的只不过是有限的行动空间罢了。

二、中道风雨，无言的离别和重逢

如果不是太姥爷等人的坚持，我的两个家族可能还留在江都和烟台的田中务农。但事实是，两个家族在北京，父辈在工厂中几年如一日地工作，时代平稳地向前推进，似乎与之前并没有什么不同。工作中人们努力奋斗着，我的家族中曾祖辈在工作上尤为努力，其中我的曾二爷在二十世纪六十年代的时候获得了北京市劳动模范称号。姥爷说曾二爷是张秉贵那样服务他人、热情肯干的人。

平淡而美好的时光并没持续下去，1966 年，“文化大革命”开始了。我的姥姥当时刚从中学毕业，正值年少的她就这样跟随同龄的同学们组成建设兵团，前往东北进行上山下乡运动。在姥姥的回忆中，一群刚毕业的中学生跟随比他们略大的学长就这样被迫结束校园生活，在知名的“北大荒”中日夜劳作，好几年没能回北京家里。我能从这些话语中隐约瞥见当时建设东北的苦。据家中人说，当时在寒冬的火车站接到回北京的姥姥时，家里几乎所有男丁都在场。看到她穿着旧棉衣，瘦骨伶仃，双手拖着从东北带来的上百斤大米、黄豆等沉重行李时，没有一个人不泪眼汪汪。但姥姥却满脸笑容地跟我说：“上山下乡是不能后悔的，我也并不后悔，我在兵团中与同学和战友们的情谊因此超乎想象地深厚。”每到逢年过节，

兵团纪念物

姥姥的手机总是响个不停，姥姥就那样笑着和旧时同伴互道吉利话，彼此问候。

姥姥在北京第二印刷机械厂工作，如今这里已经变成了三里屯的高级公寓。而姥爷所在的北京轴承厂原址已经不再作为生产所用，只有白墙红砖房在荒草丛生中还能隐约瞥见曾经的热烈生产。

北京轴承厂

三、琐碎中，见家族真情

改革，是对旧有经济基础和上层建筑的调整，也是社会发展的强大动力。1978 年 12 月十一届三中全会后，中国开始实行对内改革、对外开放的政策。在城市中，从宏观上看，国营企业的自主经营权逐步得到了明显提高，而落到每个平凡的家庭，会在平凡的生活中掀起浪潮，随着 20 世纪 90 年代国企改革的不断推进，我的家族成员也有许多人下了岗，从国企离开，从事各种职业，如今都发展得不错，例如，我姥姥就是在 1998 年下岗，但是她在工厂工作时就自主学习了财务知识，后来考取了会计证，直到退休之后还担任几家公司的会计。而二舅姥爷成功规避了这些变动，一开始是在东北参军，回到北京后加入城建集团。他在 1989 年至 1990 年领导了颐和园昆明湖部分清淤工程，他说："颐和园清淤是北京环境保护和文化保护的双重重点。"昆明湖清淤在当时乃至现在的工程界算得上是一个大事件。这是一次北京历史上传统文化与现代化建设的重要交融，为如今昆明湖的清澈明媚创造了充足条件。

如今时代变迁，家族只在逢年过节聚一聚，并在难得的家族团聚时刻，体会人间真情。旧事逐渐尘封在老人的记忆中，不再总是提起，更多的家族历史变迁已经随着人物的逝去无迹可寻，只剩下了琐碎的小事和大致的历史框架。

全家福

后记

我的家族，有着非常平凡的历史，早早地从故乡搬迁，让更多的历史埋葬在岁月的土壤之中；我的家族，并非名门望族，在北京也只是平常人家，没有详尽的家谱年表供参考。我的家族历史也是口耳相传的，并不确切的答案让一切蒙上一层朦胧的面纱，我只能尽力在阴翳中瞥得一线天光，书写这份家族历史。

（指导教师：孙玲玲、杨宇辰）

七十共和献石油　双百征程新时代

北京师范大学附属中学 · 曹越迪

从中华人民共和国成立以来 70 年间，我们家族同伟大祖国同呼吸、共命运、心连心，家族风貌深深融于祖国的发展，两代长辈一同见证着共和国从社会主义革命与社会主义建设时期一步步走向改革开放和中国特色社会主义新时代。当我们再次开启尘封的记忆、回首峥嵘岁月，看到的是一个家族不变的初心、不改的志向，红色的家风、赤色的理想也引领着我们这些生长在社会主义新时代的后辈在这个大有可为的时代踔厉奋发、笃行不怠。

一、中华人民共和国成立前

我的太姥姥和太姥爷本是山东人，在民国动荡的政局和恶化的经济中被迫转徙至安徽六安，之后凭借着他们的知识文化与道德品格在当地赢得了巨大声望，再加上当时他们在农业、手工业和商业上的成功探索，太姥姥和太姥爷很快成为安徽六安拥有诸多不动产（田产、地产等），也拥有众多乡里百姓赞誉的开明地主乡绅。由于早年丰富的见识，太姥爷深知教育与文化对于人有多么重要，因此他经常前往当地的小学堂担任教书先生，为六安文教事业做出自己的贡献，而且逢年过节我的太姥姥都会将家中的美食佳酿与乡村的佃农及友邻热情分享。在经过了一段舒适安详、与外隔绝的美好时光之后，1938 年我的姥姥作为这美满之家的老四来到了这个世界。

我的太奶奶和太爷爷一直在上海经营着一家老酒馆，这家酒馆是 1942

年（即民国三十一年）在闵行老街开设的心立酒店，四年后便在上海拥有四家分店，他俩算得上当地的一个小私营企业主。当时上海是中国开放的最前线，有不少外国租界，中国内地的人流、物流都在这外滩的十里洋场集散，来自外国的公司企业也于此办理业务，因此凭借着这股烟火热闹劲儿，老酒馆的生意一直不错。1935 年，姥爷就在这个小康之家出生了，是家中的老二。

二、1949—1978 年：参加抗美援朝、建设石化工业

在艰苦的十四年全民族抗战取得完全胜利之后，十五六岁的姥姥决定加入中国共产党所领导的人民军队，担任护理人员。1950 年朝鲜战争爆发后，姥姥作为中国人民志愿军的一员，奔赴朝鲜战场，在当时的 511 战地医院为朝鲜军民和志愿战士做医疗工作。在三年多的朝鲜战争时光中，姥姥不仅积累了大量的临床护理经验，也与当地人民结下了深厚的友谊。据姥姥回忆，在那里她每天每夜都要坚守在病床旁为负伤的志愿军战士进行医疗护理。无论是清洁伤口、照顾伤员还是协助主治医师进行医疗手术，姥姥都主动请缨、日夜奋战。尽管周边常有炮火轰鸣的声音，但她在医院中不顾危险，始终坚毅勇敢地与志愿军战士坚守在前线，坚定捍卫着伟大祖国的国威与人民军队的军威。在我看来，正是在这无数平凡而伟大的人民群众同心协力下，中国人民志愿军会同朝鲜军队取得了多次举世瞩目的胜利，各方最终才在板门店签署停战协议。

从 1953 年开始，以毛泽东同志为核心的党的第一代中央领导集体正式提出“一体两翼”“一化三改”的过渡时期总路线，第一个五年计划应运而生。党和政府明确向国家工业化、国防现代化、优先发展重工业的目标稳步进军。姥爷就是在这样的时代节点上，义无反顾地从上海踏上了前往支援新疆的绿皮火车。姥爷回忆道，当时他所到达的克拉玛依十分荒凉、干旱，与现在绿林掩映、水泽散布的现代化新城有着天壤之别；而且国家技术、资金有限，所能提供的支持也十分有限，当地不时有黄沙袭来，水资

源也很缺乏，因此生产生活条件十分艰苦。最早姥爷和其他相关技术人员都只能住在地窖中，到后来才勉强住在帐篷里，防寒保暖以及散热纳凉的要求在那个“早穿棉袄午穿纱，围着火炉吃西瓜”的地方竟成为奢望。姥爷和其他队员每天都要去 30 公里外的地方打水，用以维系一天的生活需要。就是在这样艰苦的环境中，一直在优渥环境中生活的姥爷凭着对党和国家的理想信念矢志不渝地坚持了下来，没有被困难打倒。从 1953 年一直到 1970 年，姥爷从参加独山子克拉玛依油田大会战再到成为克拉玛依机械厂的常务副厂长，近二十年间，亲眼见证了新疆维吾尔族自治区的建立与发展、全面建设社会主义的曲折发展与进步调整，身先士卒参与了当地的能源经济建设。姥爷后来也说，正是对于西部的开发与建设，极大巩固和保障了国家的领土主权和发展、安全利益，更是带动书写了当地维吾尔族人生活的新篇章。在党的一次次使命召唤与一次次感染下，姥爷于 1960 年正式加入中国共产党。从这一刻开始，红色的家风与新鲜血液流淌进我们的家庭。至 2021 年中国共产党成立一百周年之际，姥爷作为始终初心不改、使命不忘的有六十多年党龄的老党员，荣获了“光荣在党 50 年”纪念章。

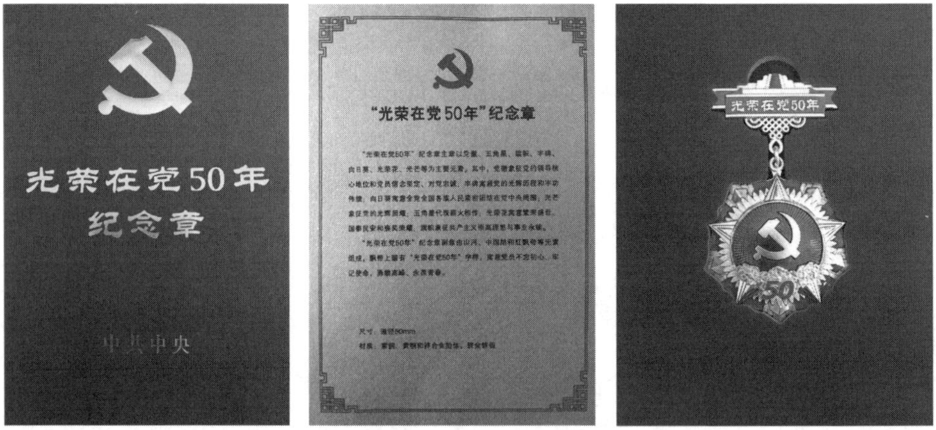

姥爷的纪念章

每次当我和姥爷谈到这段辉煌的创业事迹时，他总是满脸笑容与回味，无数次回忆着这段鼓足干劲、力争上游、意气风发的奋斗岁月。

姥姥在结束朝鲜战争后并没有立刻开拔回国，而是随部队继续选择留在朝鲜并参加战后重建与恢复，最后于 1958 年 10 月直接开赴新疆，参加边疆建设与国防巩固。当时姥姥作为医士，在克拉玛依油田职工医院从事护理工作。也正是在那里，我的姥爷和姥姥邂逅并相爱，共同携手走进了这段红色婚姻的神圣殿堂。

1970 年，国内外严峻政治形势迫使国家对于能源口的需求有增无减。姥爷和姥姥不约而同选择了前往陕西渭北长庆油田勘探大队参加工作。当时为了“练兵备战”，长庆油田指挥部是隶属于陕甘宁兰州军区体制下的单位，这与今天的国企建置和军队负责领域都有很大的不同。姥姥先是参加了石油医院的进修项目课程，随后又前往革命圣地延安参加心电图和实用内科的学习。姥爷凭借个人出色的业务能力与过硬的政治素养赢得了党组织的信任，由副处级干部升为正处级干部，并获得了 1976 年从陕西平调到北京石油工业部的机会。

1976 年，“文化大革命”逐渐接近尾声，国内各项生产逐渐恢复秩序。姥爷带着姥姥来到了北京，在石油化工部的机械技术制造处处长的岗位上一干就是二十多年。他在工作中自力更生、艰苦奋斗的精神，一直深深影响着我们的家庭。姥爷每次和我聊天，无不激励我“苟日新，日日新，又日新”，勤勉学习，建设祖国，就像他毕其一生为国家石油能源奉献所有。姥姥来到北京后，先是参加了北京市医师医疗资格考试，获得医师头衔也就是助理工程师职称，后转入北京石油化工部医务室，凭借着自己高超的医术荣获主治医师头衔和工程师职称。我妈妈回忆道，姥姥经常自己钻研内科医术，在家中经常阅读并模拟演练。姥姥与姥爷相伴直至退休，安享晚年。

三、1978 年至今：传承发展、昂首前行

“文化大革命”结束以后，以邓小平为代表的党的第二代中央领导集体在综合研判当时错综复杂的国际形势和艰难曲折的发展历程后，最终做出

了改革开放的历史性决策，将全党全国工作重点从阶级斗争转移到经济建设上来，解放思想、实事求是，确立了社会主义初级阶段基本路线，成功开创了中国特色社会主义。在进行社会主义现代化建设的大背景下，姥姥姥爷的三个女儿，也就是我的母亲和我的两个姨妈，先后成长、成才并走向服务社会主义社会的工作岗位。她们有的选择继续奋战在能源领域，有的选择了民营企业和外资企业，这使得我父母一辈在就业上比老一辈更为丰富多彩。

我的母亲于1969年出生在上海，大学本科毕业于北京协和医科大学与中央广播电视大学联办的卫生事业管理专业。她后来因为成绩优异留在了北京，进入北京市疾病预防控制中心工作。二十年来，她多次参与北京市食品营养成分分析专题工作，在食品检验的岗位上兢兢业业、精益求精地工作着，还取得主管技师的职称。2020年初，随着新型冠状病毒肺炎暴发，北京市疾控中心的重点任务转而面向落实国家动态清零防疫政策，我的母亲也参加了相关新冠试剂检验的培训，为北京市抗疫贡献了自己的微薄力量。

我的父亲于1966年出生在江苏，大学在湖北江汉石油学院采油工程专业学习，也正是在那里他遇见了我的二姨夫，两人作为不同院系同学共同学习生活过一段时间。1988年毕业后，他前往北京中国海洋石油集团有限公司工作，先后主持参与研究工程设计、海上平台、陆上基站相关课题，在辽宁锦州、山东蓬莱、河北曹妃甸、江苏太仓，上海、广东、渤西等地以及境外新加坡的相关工程中工作颇有建树，并多次参加企业行业标准起草与制定。随着信息时代来临，以人工智能、大数据、移动互联网、区块链和物联网为代表的新技术赋能新应用，推动智慧经济的发展，成为数字经济的新引擎，也成为企业业务发展创新的强劲动力。父亲积极响应国家要把能源饭碗端在自己手中的号召，为集团能源科研标准化和数字化做出了自己的独特贡献。他在工作中展现出杰出的能力，获得了高级工程师与高级企业信息管理师的职称，成为气电集团信息部信息化建设经理与技术专家。

二姨夫从江汉石油学院毕业后也来到了北京，加入中石油规划设计总院的工作中来。众所周知，能源是工业的粮食、国民经济的命脉，对于推进能源革命、稳定能源保供，进而促进经济社会发展、增进人民生活福祉都很关键，是攸关国计民生的全局性、战略性问题。国家推进相关国际贸易谈判，想通过加入世界贸易组织，拓宽能源供应渠道，以防被其他国家在涉及国家能源安全的领域卡脖子。一个大型国际项目主要经历决策、建造、投产和后期评价四个阶段，二姨夫作为相关技术专家主要参与油气项目前期的决策支持工作，现在也会参与一些项目的后期评价工作。当时总公司也受到了来自早期苏丹项目的成功经验积累和高效资金支持，二姨夫最早参与到中俄、中哈、中缅三大油气战略通道建设谈判，在为政府提供决策支持和技术分析之余，也参与艰苦的多轮谈判中。中国依托自身经济技术实力与国际公信力，赢得了合作伙伴的信任。这些工程项目的先后竣工确保了国家能源市场的安稳运行，支撑着社会主义现代化建设的稳步进行。这也是依托我国万亿级超大规模市场优势，顺应经济全球化，将对内对外开放相互促进与“引进来”“走出去”战略相结合，面向世界推进沿线国家经济发展与民生改善的合作项目。

另外，二姨夫还参与了中阿 60 万吨油田开采和 30 万吨石油炼厂前期技术经济论证工作。北非曾经在西方国家的经济殖民中，大量资源被掠夺，直到二十世纪五六十年代发生亚非拉民族民主主义思潮，西方国家才逐渐退出，中石油正是在这样的国际历史背景下出口扩展至海外。中阿双方在真实亲诚的友好氛围中，达成了这一合作共赢的能源战略大项目，为阿尔及利亚创造就业机会、拉动经济增长，也为我国出口创汇、产业技术输出提供了一个很好的机会。二姨夫感慨道，改革开放四十年来的变化日新月异，从最早到俄罗斯谈判每日 16 美元的经费支持（甚至都不够日常用餐，需要自带方便面），到后来在土耳其转机前往阿尔及利亚时，经费支持充足，可以充分欣赏拜占庭帝国和奥斯曼土耳其帝国的瑰丽建筑和人文风情，这也恰恰是中国出口创汇、经济哺育，国家总体实力地位增长和发展的侧面写照。

四、结语：面向新时代

在家中，姥爷经常回忆建党 100 年来风雨兼程的伟大史诗，在政治上和思想上时刻引导我向党靠拢。在建团 100 周年之际，我顺利加入中国共产主义青年团。在日常生活学习中，姥爷也时常用革命先辈钱学森、钱三强等人事迹激励我坚忍不拔、积极主动，对于我养成良好的学习习惯与求索精神，并树立投身中国特色、中国气派、中国风采的哲学人文社会科学事业的远大理想有着重要的影响。父亲、母亲和二姨夫的经历，令我从小就对外面的大千世界拥有着无限的憧憬，现代化和国际化的视野令我痴迷不已，这进一步塑造了我的兴趣和努力的方向。我从他们身上学到了对工作严谨钻研的态度，对于国家赤诚奉献的热情。一路走来，家中长辈经历了社会主义革命与建设时期、改革开放和社会主义现代化建设时期，他们在各自人生最为璀璨与辉煌的时间中，以普通人的平凡书写了不平凡的人生。当时间来到中国特色社会主义新时代，新时代的中国青年作为中华民族伟大复兴的先锋力量，肩负着党和人民的殷切期望，从 2022 年到 2050 年，第二个百年奋斗目标的 28 年进京赶考之路已然启程，当回顾着家族鲜明的爱国主义情怀与精神，作为大家庭的一份子，我也应当在家长和老师们的教导与指引下，继续奋斗，勇往直前，永葆初心，牢记使命，为祖国、为人民，将小我融于伟大复兴的时代潮流，参与谱写属于我们这一代人的新家史、新篇章。

（指导老师：董华、李莉）

漫谈家族史

北京师范大学附属实验中学 · 廖德言

廖氏家族历史悠久，源远流长。我家属于廖氏家族中的分支廖氏—明略公（廖正一）世系—岳阳马山廖氏—石港庄巴东廖氏—石港庄支系巴东白羊坪廖姓家族。对于我这个尚未做过全面系统研究的高中生来说，研究自己的家族史并非易事。但我有幸得到《廖氏族谱·总卷·恩施巴东卷》（下简称《族谱》）、《廖氏宗谱·明略公世系·卷首》（下简称《宗谱》）两部家谱，两相对比，取其可信者、去其明显讹误者，综合考量，仔细查证，提取可靠信息，梳理出了大概的家族历史。

最早的廖姓始祖为廖叔安。马山廖氏的始祖为廖庆八，他在明洪武初年由武昌府蒲圻迁居岳阳马山。[①] 之后，廖庆八的第十七世后裔廖仕龙迁居湖北巴东县白羊坪，在此定居。[②] 这一巴东县分支进而开枝散叶，来到北京等地发展。在家谱和祖父文集《那山那水那岁月》的字里行间，我也能略见家族淳厚、团结、尚德、崇文的优良家风，得到寻根认祖的归属感。

一、家族渊源：从湖南岳阳马山到湖北巴东县

（一）廖姓的起源

根据《宗谱》记载，廖姓最早起源于夏朝时期蓼国国君廖叔安，他是

① 《廖氏宗谱·明略公世系·卷首》，第 327 页。

② 《廖氏族谱·总卷·恩施巴东卷》，第 201 页。

黄帝的后裔。《左传·昭公二十九年》记载："昔有飂叔安，有裔子曰董父，实甚好龙，能求其耆欲以饮食之，龙多归之。"① 飂实为"廖"的异体字，至36世伯高时，"飂"才变字形为"廖"字。此外，廖姓还有春秋时召国国君姬廖名字、皋陶后代封地、颜氏缪氏改姓等多种早期起源，以及张廖合姓、皇帝赐姓少数民族等较晚时期的来源。②

廖叔安画像

廖正一画像

（二）廖姓的壮大和岳阳马山世系的产生

廖姓自始祖廖政叔（廖叔安第十一世孙）起，人才辈出，封侯者、为高官者众多。廖政叔在周威烈王时期被封汝南侯，汝南属蔡国，周威烈王时期蔡国已经灭亡，所以此地再次被周王分封是可信的。廖政叔封地应在

① 左丘明．左传·昭公二十九年 [M]. 上海：上海古籍出版社，2016：1420-1428.

②《廖氏宗谱·明略公世系·卷首》，第 7 页。

河南上蔡县附近，他也是《宗谱》中廖氏原冑世系的第一世。

第二十七世廖醇因汉末动乱，自汝南平舆迁楚郡之郭中。这是从河南迁到了江苏徐州。

第二十八世廖化，从诸葛亮南征有功，封中乡侯，迁衡山。这是从江苏迁到了湖南衡山，为廖姓在湖南的发展奠定了基础。

第三十世廖铠流于鄂岳间，这代表了这一支廖氏第一次进入湖北的土地。

第五十三世廖正一，字明略，是苏门“后四学士”之一，在北宋时期任端明殿学士、常州知州等职，后迁于蒲圻，即今湖北赤壁市。①

自第五十六世廖天民起，廖氏墓葬大多在楂林，此地应非浙江义乌的楂林镇，可能为今天恩施州建始县龙坪乡的楂树坪村。其后自廖荣一起，廖氏开枝散叶，逐渐分散到湖南、湖北各地，墓葬也从集中到分开。

第六十六世廖荣一，自楂林南岸迁北岸神堂山，生子廖昇一等。廖荣一的儿子们分居赤壁南山、临湘方山、岳阳马山。廖昇一就是岳阳马山世系的第一世。

第三世廖庆八为廖昇一之孙，明洪武年间（1368—1398），奉父亲之命与叔伯六人，一同自江西铁柱观迁居湖南巴陵（岳阳），分居临湘方山、岳阳马山等地。廖庆八在岳阳马山开基创业。其六世传人廖继宗居住在东关庄，廖继先居住在西关庄，第八世思字辈始分十四庄，廖继先之孙廖思文为石港庄之祖②。

（三）湖北巴东白羊坪廖姓家族在近现代的发展

自廖思文迁居石港庄后，又历经十世，记述甚略。其后裔廖仕龙（为廖庆八第十七世孙）迁居湖北巴东县白羊坪。按祖宗十八代的说法，廖仕龙为我的太祖父。廖仕龙以后，人丁兴旺，香火不绝。值得提起的是，从二十一

---

①《廖氏宗谱·明略公世系·卷首》，第 24 页。

②《廖氏族谱·总卷·恩施巴东卷》，第 198 页；《廖氏宗谱·明略公世系·卷首》，第 70 页。

世景字辈，到二十二世运字辈以后，学历、称谓泾渭分明。景字辈多在私塾学习数年，而运字辈以下皆是高中、初中或小学毕业学历，时间越近学历总体越高。族人中有共产党员、军人、乡县公务员、在校学生等。①

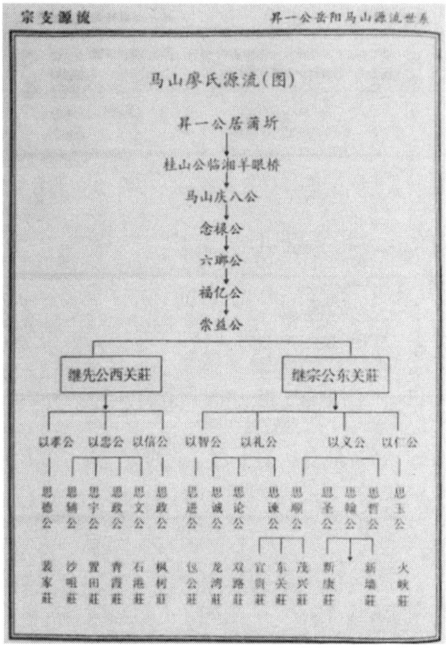

马山廖氏源流图

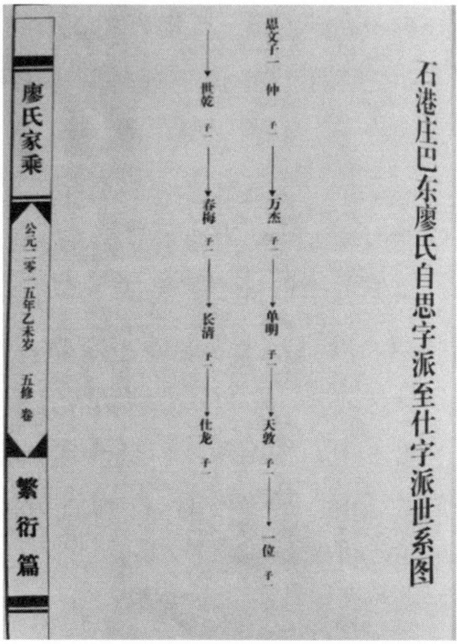

石港庄巴东廖氏世系图

二、从家谱与家人文集看优秀家风

（一）文气氤氲

神农溪畔，三峡坝边，一支廖氏家族安家落户。山川之美让人心净，也滋养了家族的文化底蕴。我的祖父廖运刚，是湖北巴东县的一位中学语文教师，现已退休。他热爱教育事业，坚持立德树人，探索出“中学语文研究性教法”。他将自己对家乡风土人情、山川美景的热爱汇成这本《那山

① 《廖氏族谱·总卷·恩施巴东卷》，繁衍篇。

那水那岁月》，讲述了自己少年时期的往事、教学生活的趣事和对人生哲理的感悟。书中亦庄亦谐的散文、别出心裁的长诗，无不饱含着祖父对故土深沉的眷恋，也蕴含着廖氏家族源远流长的文化气息。

在《宗谱》的艺文部分，我也能看到明略公世系代代相传的氤氲文气。从“苏门后四学士”之一的廖正一，到赤壁南山廖氏的明代翰林学士廖道南，再到人才辈出的举人、秀才、官员、教授，段段文字文采飞扬，读之心旷神怡。

祖父所著《那山那水那岁月》

（二）团结修谱

明略公世系廖氏虽分支众多，散落湘鄂各地，然宗族情谊深厚，团结一心，齐心协力编修家谱，以记录祖宗事迹，考究家世渊源。自清朝以来，赤壁南山八修家谱，临湘方山九修家谱，岳阳马山五修家谱。将最新的三谱合并为一，复以增删校对，就成了一部沉甸甸的《宗谱》。① 石港庄巴东廖氏在五修家谱之外，详细记述本分支祖先姓名、配偶、生卒年份等，并遍寻家族中才、德等辈分的后裔，录入 2015 年《族谱》。新修《族谱》革除重男轻女的弊端，新增人物简介以褒扬才德，让家谱文化焕发了与时俱进的生命力。②

追本溯源，查缺补遗，家谱的编修需要大量时间、精力和财力，更有家族祠堂需要修建，只有宗亲团结，出钱出力，才能顺利完成建祠修谱的

①《廖氏宗谱·明略公世系·卷首》，历届谱序节录。

②《廖氏族谱·总卷·恩施巴东卷》，第 201 页。

事业。廖氏家族成员有的埋首古卷，考证家族历史，撰写家谱文本；有的慷慨解囊，为建祠修谱捐款。他们的名字被记录在家谱的编纂委员会栏和芳名榜上，久久流传。

《廖氏族谱》《廖氏宗谱》

三、结语

“天有象，地有版，人有渊，水有源，国有史，家有谱。修谱立传，正本溯源，敬祖报国，昭穆后世，功德千秋，泽传万代。”《族谱》序言中的这段话，深刻地揭示了研究家族史的重要意义。

五千年来，中国尊祖敬宗的文化从未断流，中国人故土情深的眷恋从未消散。查阅家谱，研究家史，不但加深了我与廖氏家族的纽带，也让我切身体会到了史家撰文考证的严谨与广博。如今两部家谱，一部文集，加上互联网上的资料，已让我思绪纷乱。而在超过百年的历史中，一代代廖氏祖先，乃至其他宗族的谱牒编者，和书写往事的史学家们，无不艰难求证，在浩繁卷帙中找寻真实史料，才将心血汇成一部部传世谱牒与史书。

中国人自古以来就执着于认祖归宗、正本溯源，将往事记录在册。一笔一画，白纸黑字，承载了无数贯通古今的信史。而家族史确是史苑中的一朵奇葩——一个千年相传的姓氏，加上许多辈分清晰的名字，再连上纤细的短线组成树状分支，它们所构成的不单是古老宗法制的微妙缩影，更是一段段被记录下的完整的人生。

（指导老师：孙玲玲、杨宇辰）

在历史中沉浮与变迁

北京师范大学附属中学 · 王奥

历史大洪流中的家族史

我的父亲有着满族人标准的络腮胡，我小时候他经常用他那布满胡茬的侧脸蹭我稚嫩的小脸。我咯咯笑着问他，为什么他的胡子是这样的，他搂着我说，往上数三代，我们是地地道道的满人。

爷爷去世那年，父亲为爷爷的墓地几经奔波辗转，才最终把墓落回了北京海淀区四季青乡。父亲告诉我，因为近些年北京的快速发展，这里已然找不到家族的祖坟了，关于曾经的一切，都随着“南辛庄”这个名字一起消逝在历史的变迁里了。

关于我们家和南辛庄，要从我太爷爷讲起。1890 年左右，我太爷爷出生在北京南辛庄。清朝时，这个庄子是京郊的驻军营，后来慢慢演变为居住的村庄。包括我太爷爷在内，整个村子大多数人都姓“完颜”，后又全部改姓“王”。

那个时候，我太爷爷家还算富裕，足以供养太爷爷念书。他念过四书五经，会做文章，守着北京城的外围，也曾想过科考进士做官。可是随着清末新政废除了科举考试，太爷爷只能放弃科举为官这条路，在 16 岁那年进入北京城给某个晚清贵族家里做纪要门生。

日子也还算富足悠闲，直到 1911 年辛亥革命的一声枪响，大清灭亡了。晚清贵族们也都作鸟兽散，没办法再供养像我太爷爷这样的门生了。

于是太爷爷回到了南辛庄，由家族做媒牵线娶了我的太奶奶。她是位标准地道的镶黄旗满人，改姓后姓“果”，嫁给我太爷爷后称为“王果氏”。我父亲在太奶奶床榻前长大，但也不知道她的全名，似乎家里连爷爷也不记得她未嫁人前的姑娘名了。那样一位明理知性的家族长辈，却没有人记得她“王果氏”背后的名字，实在是历史和时代给女性的封建烙印。

回到南辛庄后，太爷爷因为念过书识字，在庄子里开了私塾教书。但是后来因为学生越来越少，逐渐做不下去了，于是在七八年后再次进入城内谋生。但此时已不是北京城，而是北平城。

这里已然不是他初来乍到时的样貌了，早没有了清政府统治时期的风气。太爷爷面对这一切无所适从，一起来北平的朋友告诉太爷爷:“你现在年轻，不如去拉车，能挣很多洋钱。”于是太爷爷做起了人力车夫。

但太爷爷比骆驼祥子幸运，因为他识字也有谋略。不同于祥子几经波折仍然没有买到一辆属于自己的车，太爷爷用了两年时间就攒钱买下了自己的车，然后举家搬进了北平城。随后的二十年中，他用自己吃苦耐劳的打拼以及算得上高瞻远瞩的计划，买进了十辆车，开了一个简单的车行。

家里富裕起来了，他把家里的四个孩子都送去念书。我爷爷作为最小的儿子受到了最好的教育，写得一手好毛笔字（这或许就是从我父亲至我都将书法作为爱好的源头）。

这样的日子一直持续到1949年中华人民共和国成立，1952年三大改造，这场运动是太爷爷生活的转折点，他被定为小业主，随后果断卖掉了家里所有的车，遣散了车行。在经历这些后，六十多岁的太爷爷回到家里颐养天年，同时敏锐地意识到时代的巨变——国家需要工人。

于是他把家里的孩子都送去工厂做工人，其中我爷爷去了新华印刷厂，工作直至退休，家里虽不如以前富裕，但幸福稳定。

我父亲曾说，家里现在的生活都是太爷爷为我们铺好的路，他在剧变的历史环境中，经历了大清王朝的灭亡，抗日战争的动荡以及新中国成立后的重重探索与弯路。种种时代予他的起起伏伏，让他的抉择和生活都带着时代与历史的烙印，家族的起伏俨然是国家剧变腾飞的侧影。我的太爷爷就在这样的剧变中挣扎、试错，顺应潮流，为我爷爷乃至我父亲铺就了一片坦途。

在旧宅搬迁中看到时代的发展

起初爷爷生活在南营房，也就是现阜外大街那一片中的平房里，随后因修建阜外大街搬迁。爷爷奶奶搬到了保安寺胡同的四合院内，这就是我父亲出生长大的地方。父亲对老北京有着浓郁的情怀，他说他曾跑过老北京的每一条小巷和胡同，为此十分自豪且感怀。

我曾很激动地问我父亲："你们是真的有一座四合院吗？"

我父亲笑着告诉我："那不是咱家的，是我们租的。说起来可太有历史了，那是我们租的房管局的房子。"

"房管局"是一个我很陌生的名字。三大改造后，政府回收了部分地主的住宅，然后低价租给没有房子的人，我爷爷及父亲显然是此政策的受惠者。

保安寺胡同是我父亲这么多年一直在念叨且怀念的故居，那里有儿时陪他穿堂的同伴，有夏夜在梧桐树下摇着蒲扇聊天的街坊，有冬天的大雪落满屋檐……有他几乎全部的童年。

"那你们为什么搬走了呢？"我问。

"因为修金融街，咱们家被迫搬迁，"父亲顿了一下，然后感怀道，"都是时代和北京的发展啊。"

因为修金融街，父亲再次随着房管局找的房子搬到了现在的虎坊桥，说到这里他有点激动地举起手："到虎坊桥，我们上楼了！"

他们搬进了楼房，继续通过房管局租房子，直到 1998 年取消福利分房政策，转而实行住房商品化政策。

"你不知道吧，这又是时代变迁了。"父亲对我说，当时房管局政策修改后，推进房改房，用爷爷奶奶的工龄折合房价，加上我父亲刚工作攒下来的工资，以较低的价格买下了虎坊桥的房子——我就在这里出生。

虽然后来因为上学我们卖掉了那里的房子，几经周转那里早就成为我记忆中模糊的片影，但是这一切都始终是父亲的回忆。

我们去逛首都博物馆老北京展馆时父亲曾对着一张老北京的地图给我激情澎湃的讲解我们家是如何随着时代的发展搬迁的，然后热泪盈眶地对着那张老地图拍照，指着地图上的一片小房子一遍一遍地告诉我："这里才是根。"

看着墙上一张张北京城市布局规划的变迁图，那一刻我恍惚觉得我们是这样深深地处于历史的洪流，小小几栋房子的迁移远不仅仅是我们家的转徙，更是整个北京城的变化和发展。

（指导老师：董华）

拼搏与奉献

——从姥姥的二汽奋斗史看时代精神

北京师范大学附属实验中学 · 阴姝彤

一、三线建设时期：在艰苦奋斗中发扬“二汽精神”

20 世纪 60 年代初，面对日趋紧张的国际形势和美、苏日益严峻的战争威胁，党中央、毛泽东作出重大战略决策：从经济建设和国防建设的战略布局考虑，将全国划分为一、二、三线，进行三线建设。“20 世纪 60~70 年代的三线建设是中华人民共和国历史上一次规模空前的重大经济建设，是中国在中西部地区进行的一场以备战为指导思想以交通、国防科技和基础工业为主体的大规模的基本经济建设。”[①] 第二汽车制造厂（以下简称“二汽”）的建设过程颇为曲折，前后经历过三次立项。“1965 年 11 月，一机部部长段君毅提议把二汽选址工作改至鄂西北一带，并就此方案向同在四川考察的中央书记处总书记邓小平做了汇报，邓小平表示同意。结合三线建设指导方针进行综合分析后，以‘靠山、分散、隐蔽’为选址标准进行考量后，将建设地点落在了当时还是较为落后地区的十堰。”[②] 自 1969 年起，十多万人从祖国的四面八方进入山区十堰，建设二汽。

姥姥是十堰郧县人，开始是在郧县拨叉厂工作，工作很稳定，工作能力得到单位的充分认可和好评。当得知建设二汽的消息，家里人劝她安心

① 段娟 . 近年来三线建设及其相关问题研究述评 [J]. 当代中国史研究，2012（6）：100.

② 黄正夏等 . 要建设第二汽车厂 [A]. 十堰文史（第十四辑）三线建设二汽卷（上）[M]. 武汉：长江出版社，2015：4.

于目前的工作，工作多年站稳脚跟不容易，不要轻易离开。但她始终怀着振兴祖国汽车工业的梦想，响应党和国家号召来到二汽，成为二汽建设的一分子，在这片荒凉寂静的穷山僻壤，开启了振兴民族汽车工业的新征程。

二汽创业之初，物资极度短缺，生产生活条件极度艰苦。没有厂房，工人们就用干打垒、搭芦席棚的方法建造厂房，一条山沟一个厂。那时的十堰还未通电，建设者们便在夜晚挂上一盏盏马灯，在芦席棚里开发制造汽车。一锤一斧、一砖一瓦建立起了现代汽车城。就这样，马灯、扁担、草鞋、芦席棚成为他们这一代拓荒者艰苦创业的经典写照。

姥姥常提起那时最怕下雨，建厂初期十堰没有条像样的公路，到处是深山和泥土路。下雨时，道路泥泞难行，草鞋上全是泥。厂房和职工家都是芦席棚，一到下雨天就漏雨，本就条件艰苦的家里顿时遭了殃。下雨天家里水漫金山，姥姥只能拿脸盆将灌进的积水一盆盆舀起往外倒，腿脚经常泡在水中也落下了风湿性关节炎的毛病。然而，她从未后悔，带着极强的主人翁精神和责任感，从不计个人得失。凭借艰苦奋斗、自力更生的时代精神和崇高的革命理想，她们那一批任劳任怨的工作者，就是在如此艰苦的条件下，扎根十堰，开山建厂。姥姥当时是 22 厂（汽车设备制造厂）的车工，夜以继日地奋战在一线，从不叫一声苦，不喊一声累，以突出的工作表现经常被评为单位先进工作者。那时候，她经常下班后还在钻研技术创新，思考如何更加熟练地掌握操作技术，提高生产效率。为进一步提高文化知识和生产技能，她还到东北进行深造学习。她身为南方人，虽然不能完全适应那里寒冷的冬天，但还是咬着牙坚持下来了。

姥姥说，那时候二汽工作条件特别艰苦，但大家都齐心协力加班加点地干，为党、为国家而干，都想着尽快制造出第一辆军用卡车向国庆献礼。1978 年底，在对越自卫反击战中，EQ240 型越野汽车和 EQ140 型载货汽车开赴前线，深得部队好评，被誉为“英雄车”“功臣车”。在姥姥家的书架上，至今仍摆放着 EQ140 型载货汽车模型，她说这款车型是当年二汽生产的经典车型，凝聚了他们那代人的汗水。姥姥每次收拾书架的时候都会对这辆汽车模型认真擦拭，端详一阵儿，有时还会停下来陷入回忆和沉思之中。

在三线建设时期，姥姥就是这样一名艰苦奋斗的一线工作者，用夜以继日的辛勤劳动诠释着勇于实干、不怕吃苦的“二汽精神”，积极将个人奋斗汇入三线建设的时代浪潮之中。

姥姥的工作照

20世纪60年代，二汽建设者们进行厂区规划。

二汽工人在芦席棚内造汽车。

二、改革开放时期：在体制改革中化挑战为机遇

20世纪80年代，改革开放初期，二汽由建设期走向发展期。1980年7月，邓小平同志视察二汽时说："二汽这样的大厂应当作为中心，带动几个省搞专业厂协作，把专业公司组织起来。办什么事都要从全局考虑，才对国家有利。机械工业要进入市场，就要竞争、比较，落后的机器就应淘汰。淘汰落后的就是节约。"[①] 随着改革开放和市场经济体制的逐步建立，计划经济体制逐步松动，国家先后提出"计划经济为主，市场调节为辅""有计划的商品经济"，这给二汽的发展提供了更多的机会，同时也让二汽面临着严峻挑战：在公有制、国有经济的框架内，找到与市场经济对接的实现形式，顺利实现社会主义市场经济的改革目标，由工厂制向公司制转型。二汽的经营理念、管理手段、运作方式必须随形势的发展转变，灵活经营，通过

① 明红．邓小平与中国汽车工业的发展 [J]. 党史纵览，2006（12）：13.

引进新技术和现代化管理提高生产率，走内涵发展的路，通过股份制等办法撬动社会的资金，鼓励改革创新和技术创新，激发职工创造力。“1986 年以来，二汽以多种形式对部分联营厂投资，迈出了资产联合经营的步伐。二汽以 1.5 亿资金调动数亿资金，不仅使卡车产量大幅度上升，也带动了联营厂家产品、技术、管理等诸方面的提高，经济效益明显增长。”①

姥姥说当年的这场改革和转型对几万人的大厂是一场大的革命。当时二汽所面临的压力很大，未进行国企改革时，所有专业厂生产指标都是被严格控制的，企业发展劲头不足，影响和制约了企业的长远发展。二汽人以敢为天下先的过人胆识和智慧，向国务院提出了“自筹资金，量入为出，续建二汽”的方案，从此走上了一条依靠自己努力，内涵式扩大再生产的艰辛之路。它自主经营，自负盈亏，为国家工业化体系建设贡献自己的力量，给很多企业做出了榜样：身为一家企业，要有企业责任感，在国家经济困难时，不要想着总向国家索取一些什么，而是和国家站在一起解决困难。

姥姥经历了二汽的管理体制改革，企业推行了“厂长负责制”，增加了企业活力，激发了职工的创造力和积极性。同时，军民结合，走改革之路，大家干劲十足，进行了多项技术改革和创新，提高了生产设备能力和生产效率，化挑战为机遇，克服了困难，获得了重生。

三、中国特色社会主义新时代：在传承发展中砥砺前行

定位新时代，姥姥这一代老一辈东风人艰苦创业的精神，正激励着新一代人不断奋进。虽然姥姥已经退休二十余年，但她依旧密切关注着二汽的发展和未来。二汽发展史是一部自强不息，自力更生的奋斗史。老一辈的二汽建设者，把自己的青春、汗水甚至生命无怨无悔地熔铸在国家的工

① 金梅.股份制是国有企业改革的理想目标模式——“二汽”改革实践的回顾与思考 [J]. 党校论坛，1992（12）：26.

业化进程之中，他们无悔的奉献铸就了二汽精神。“二汽人用自己艰苦卓绝的创造性劳动，总结出来的艰苦创业的拼搏精神，坚持改革的创新精神，永攀高峰的竞争精神，顾全大局的主人翁精神，是二汽赖以生存、团结、发展的精神支柱。”①

与姥姥的一番畅谈，让我深深感受到二汽光辉历史与浓厚的人文情怀，姥姥从农村到二汽的变迁史也是她艰苦创业、改革进取、激情跨越的奋斗史。这种崇高的价值观在整个家族中得以继承和发扬，父母的言传身教是对孩子潜移默化最大的影响和鼓励，姥姥的奋斗精神激励着我的母亲从小就深知未来要靠自己创造，人的价值在于自尊自立、求实、拼搏和追求梦想，不畏挑战。

书柜上摆放的姥姥年轻时的工作照和旁边的 EQ140 汽车模型，仿佛带着我穿越到了初建二汽时那段激情燃烧的岁月。姥姥的这段家史是在三线建设的宏大叙事中关于大家与小家、人与厂的故事，虽然经历了时代的变迁，“二汽”这两个字仍是姥姥心中最柔软的地方，那里安放着她的青春记忆和奋斗历程。当被问起往事时，姥姥表现出了极大的兴趣，讲述这段往事和故事是她最愿意做的事情之一，我知道其中也包含着她对我的诸多期望和鼓励。岁月在她脸上留下了印记，那皱纹沟壑仿佛连绵群山，就和当年在穷山沟他们奋斗的地方一样，而那些地方有一个共同的名字，叫“奋斗”。

（指导老师：孙玲玲、杨宇辰）

① 吕际业 . 二汽与二汽精神 [J]. 湖北社会科学，1988（8）：32.

林深叶茂处

——漫说家史

北京师范大学附属实验中学 · 林聿怀

有天下之史，有一国之史，有一家之史，有一人之史。传状志述，一人之史也；家乘谱牒，一家之史也；部府县志，一国之史也；综记一朝，天下之史也。

——章学诚

林姓肇源于河南，为商朝比干后人。孔子讲“殷有三仁”，即微子、箕子和比干。《史记·宋微子世家》如是记载：“王子比干者，亦纣之亲戚也。见箕子谏不听而为奴，则曰：‘君有过而不以死争，则百姓何辜！’乃直言谏纣。纣怒曰：‘吾闻圣人之心有七窍，信有诸乎？’乃遂杀王子比干，刳视其心”。[①] 据传比干身故后，其夫人避难在长林石室，生子名坚，后被周武王赐姓“林”，史称林坚。小时候我听姥爷讲《封神演义》，在封神榜上比干是“文曲星官”，觉得有这么位始祖颇为自豪。

林姓是怎么到的福建，史料记载有两次大规模迁徙。第一次是西晋“永嘉之乱”时，中原百姓向南逃难，史称“衣冠南渡”，其中林姓一支辗转迁徙到福建。第二次是唐末随王潮、王审知兄弟南下。王审知建立“闽国”，定都福州，林姓一支“随王入闽”，遂定居福建，赓续绵延。闽南民居房前或门楣上，常看到镌刻着“某某衍派”，讲的就是该姓氏源自哪里。

---

① 司马迁．史记·宋微子世家 [M]. 郑州：中州古籍出版社，1994：481.

我爸爸生在福清。据考，福清林氏各分支源流，远的可追溯到“衣冠南渡”。近代“开眼看世界第一人”林则徐，其父林宾日就是福清人。林则徐在《重修福清县文庙碑记》中说：“某先世为融人，后召占籍侯官。”融即福清。后来林宾日举家迁到侯官，即现在的福州。《福清林氏大宗谱》封面由凌青先生（1923—2010年）题签，先生原名林墨卿，是林则徐的五世孙，新中国外交元老级人物。

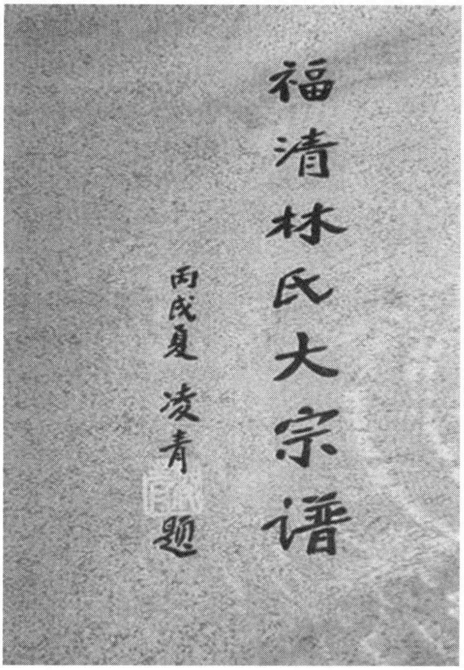

福清林氏大宗谱

爸爸讲，我们家上数几代，好像没出过什么名人，读书做学问的也不多，更谈不上“根正苗红”。听爷爷说，太爷爷家不少田地，村里土改时差点被划为“富农”。那时爷爷刚师范毕业，在村子里就算是知识分子了，土改工作组请他去帮忙抄抄写写，忙前忙后表现不错，很受好评。最后太爷爷家被划为“中农”，可能多多少少也沾了这个光。爸爸的姥爷早年到南洋谋生，赚了些钱，回国后置办了不少田地，还盖了个大宅子，后来被划为“地主”。因此在奶奶面前，爷爷总有些“优越感”。

爷爷和奶奶都是小学老师，收入不高，但经常接济那些贫困学生。每到春播或秋收季节，学校专门要放假，叫“农忙假”。爷爷就要到外曾祖母（奶奶的母亲）家里帮着下地干农活。爸爸开玩笑说，我们也算是“耕读世家”。爸爸小时候经常跟着大人去外曾祖母家，那是个海边的小渔村。孩子们在村里疯玩，在海滩抓螃蟹、上树逮知了。爸爸说小时候喜欢把蚕豆穿成一串挂在脖子上，在外头玩饿了就揪下来吃。我想象爸爸脖子上挂着一圈蚕豆，觉得很好玩。

爸爸中学上的是福清一中。因为离家远，只能住校，经常是一个月回一趟家。那时候已经有电影院，但大家最喜欢的还是免费的露天电影。放电影用的是来自乌克兰的放映机，再后来是国产的机器。放完一个拷贝，就得停下换上另一个拷贝，大家坐在小马扎上翘首以待。

“那时候钱不够，要计算着花，不然到了月底就很狼狈。和你们现在不一样，那时候我们要把自己的饭盒放到一个大蒸笼里，它有很多抽屉，一个个拉开，取出来饭盒里就是热乎乎的米饭。”爸爸对吃的东西总是印象深刻。我有时听爸爸讲他小时候的故事，他讲的很多都是我的姑姑们。爸爸说，他上学时基本上靠我的姑姑们接济。大姑早早就参加了工作，也是最早一批“下海”者，后来开了一家糖果厂。奶奶去世后，大姑就成为家里的重要经济支柱。其他几位姑姑上班后，虽不宽裕但都时常给爸爸寄钱。爸爸是个不善言辞的人，但他说起这些时，我能体会到他和姐姐们相依为命的关系。或许那个年代的物质相对匮乏，生活艰难，爸爸的故事却有一种质朴的温情。

爸爸偶尔也对我讲他的学习经历。他上高一时参加化学竞赛，“前一届有个同学和我同名，他得了国际奥林匹克竞赛金奖，于是老师对我寄予厚望，但我落选了，只好回去好好准备高考，后来就考上了清华。”他说这话时轻描淡写，却让我倍感压力。爸爸当时学的是理科，但作文特别好，经常是一气呵成不用涂改。他每次看我为作文愁眉不展，就会说：“作文嘛，哎，想到什么就写什么呗，不要老端着，把想说的话顺一顺就成了。”

爸爸闲暇时喜欢写写字，每年春节都是自己写春联。后来我学了书法，他就把写春联的差事交给我，他负责撰联和张贴。有段时间他很闲，就从一盒子石头中翻翻捡捡，然后在书桌前慢慢刻。不过这些都是小时候的记忆了。现在他太忙，根本没功夫拿起钟爱的刻刀和毛笔。我当然也没时间，于是它们和一盒石头一起落灰，被搁在角落里。他高中时忙里偷闲学会了围棋，居然考了个业余三段，刻章也是那个时候迷上的。他生动地展示了什么叫“玩物但不丧志”，学习、爱好两不误。这让被作业和考试折磨的我无比羡慕。记得我上小学后，老师要求我们包书皮，于是爸爸兴致勃勃地刻了许多个“聿怀多福”“林聿怀印”，给不同的课本盖上不同的章。他刻章时极其专注，一坐就是几个小时。我其实更关心石头是否漂亮，当时最喜欢的是一块浅绿色带狮子的青田石，希望爸爸什么时候把它刻了，好拿来玩儿。

平凡人家本无所谓家史。听上辈人闲谈，信笔记下，姑妄称之为“家史”。如果没有人去记录、去钩沉，过往的那些人和事也只是羚羊挂角，无迹可寻了。于林深叶茂处寻根溯源，虽是雪泥鸿爪，却能从中感受到一份温情和敬意。

（指导教师：孙玲玲、杨宇辰）

族谱记忆

——家族血脉和家风的传承

北京师范大学附属实验中学 · 张云鹭

按照惯例，寒假我随父母回老家过年。在中国，老家通常指父母、爷爷奶奶、外公外婆的家，也就是他们出生和成长所在地。我的老家在贵州省东北部的一个小镇上，这里山清水秀，景色宜人，一条弯曲的小河从我爷爷家门前流过。在这个镇子上，我们张氏是一个大家族，人口从几十年前的几口人，繁衍到如今近百人。在这里，我有许多本家的爷爷奶奶、叔叔伯伯、姑姑，还有很多同辈的堂兄堂弟、堂姐堂妹。

我们家族是从哪里来的？我的祖先都是哪些人？他们过了怎样的生活？带着这些问题，我向爷爷请教。爷爷拿来一本张氏族谱[①]，和我聊起了张氏的家族往事。于是，在我的眼前，似乎打开了一幅精彩的历史画卷。

一、族谱的由来和结构

在中国古代，为了记载家族起源、规定族规家风、纪念先祖、记载家族子嗣繁衍，每个家族都会编纂家谱，并定期更新。

族谱一般分为总序、历次修订序言、家风家规、家族历史上重要人物传记、家族人物树状图等。

以我看到的张氏族谱为例，这本族谱介绍了张氏一族的由来：轩辕黄帝

① 《贵州省石阡县岩脚屯张氏族谱》，简称《张氏族谱》，张氏家族收藏。

第三个妃子彤鱼氏生三子，分别是挥、夷、彭。轩辕黄帝共25子，挥是第5个儿子，被封在张地，所以挥的后世子孙都以张为姓，这就是张氏的由来。

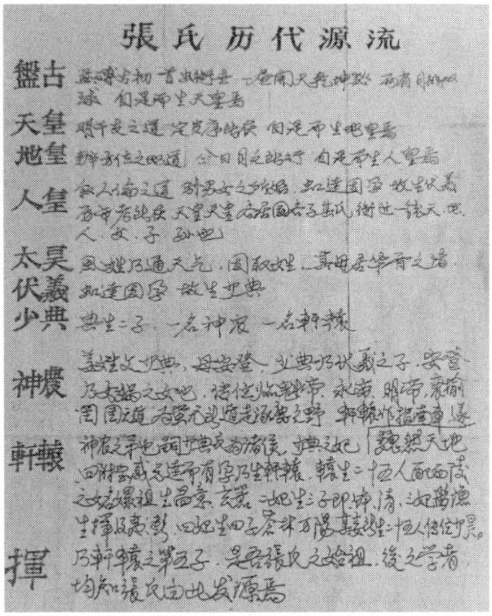

张氏起源

根据族谱记载，我爷爷这一支400多年前从陕西迁入贵州省石阡县，经历了近20代的繁衍。新中国成立前，我的高祖父（爷爷的爷爷）病逝，高祖母带着三个儿子从石阡县搬到思南县，又经过近百年的繁衍，从只有几口人的小家发展到近百人的大家族。

除了我爷爷老家思南县这一支外，由于历代先人外出经商、做官、当兵、逃难等原因，因此家族后代已开枝散叶，分散居住在全国各地，总体人口规模无法准确统计。

二、字辈的意义

除了家族起源、族谱总序和后续的修订序言外，族谱还会载明家族的字辈。中国古代人名除了姓之外，名一般有两个字，前一个字为字辈，后一个字是真正的名。字辈是用来区分同姓族人辈分的，尊老敬上、论资排辈，都得讲究一个辈分高低。有了字辈，只要是使用了同一字辈的族人，立即就能找到共同的家族渊源，并且分清辈分高低。

不同的分支往往使用不同的字辈。根据爷爷家里的族谱，张氏这一支的字辈有20个字，具体为：“阳望继元显、应奇尔明文、克大世有登、朝廷国正兴。”①

①《贵州省石阡县岩脚屯张氏族谱》，简称《张氏族谱》，张氏家族收藏。

我的曾祖父是“廷”字辈，爷爷是“国”字辈，父亲是“正”字辈，我应该是“兴”字辈。到了我这一代，这本族谱的20个字辈刚好用完，也就是说张氏这一支已经有了20代人的繁衍传承了。但是，我的取名并没有使用这个字辈，这也间接说明了家族观念和字辈取名在中国影响的减弱。

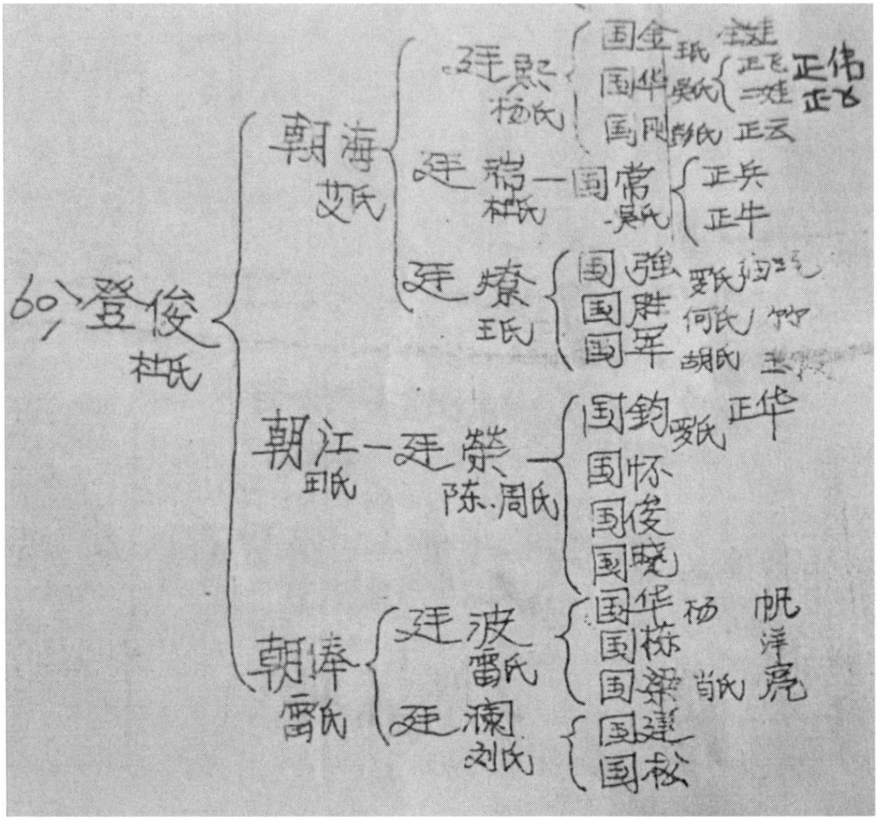

张氏族谱树状图

张氏先祖是基于什么考量制定上述20个字的字辈已无法考证，但是，从“明文”“世有登”“朝廷国正兴”等语句猜测，应该有勉励后代读书求知、登科中举、辅佐朝廷、振兴国家之意。另外，在修谱序言中还有“有家族然后有国族，宗族是社会的单位，是国家的原动力”等表述，可见，奋发读书、敬业爱国、有国才有家等思想早已深入我们张氏家族的血脉之中。

三、族谱里的家风

族谱的一项重要内容就是族规家风。族规家风是先人为家族制定的在道德、求知、做人、交友、持家、教子等方面的规矩和约定，是一个家族的精神内动力。在爷爷的家谱中，共有十条家训：

一、父母之恩、昊天罔极。

二、兄弟原分同气之人，务要兄宽弟忍，兄友弟恭。

三、夫妻人伦之始，女正内，男正外，夫妇和而家道成。

四、长幼之节，并列五伦。

五、我业为始生常道，一夫不耕，或受之饥；一女不织，而受之寒。

六、读书乃植生之宝[①]，致贵之阶。三日不读书口生，凡我族人，当惜寸阴。

七、人生业端，治弟子如桑涤。父兄之教不先，则子弟之率不谨也。

八、九族之亲与我溯根源者也，岂可费公亲疏。

九、乡村梓里与我有相亲相附之谊。吉则贺之，凶则吊之，灾则救之，患则恤之，不可尔诈我虞。

十、词讼乃覆身亡家之事也。

以上十条家训，涉及孝顺父母、读书明理、勤俭持家、夫妻和睦、兄弟团结、邻里互助、教育子女等方方面面。家训在家族内具有崇高的地位，以前每逢大的节日，全族都要在祠堂集合，集体诵读家训，几百年来一直如此。其中，勤俭持家、重视读书是家训的重点。

据我爷爷讲，我高祖父时，家族有好几千亩地，是当地的富绅。当时是国民党统治时期，治安混乱，外县的土匪闻名而来，把家里洗劫一空。高祖父不久病逝，家里贫困交加。实在无法，高祖母只好带领幼小的三个儿子，从石阡县搬到思南县板桥镇，也就是我爷爷现在的老家。高祖母一个妇女，带领三个孩子，租种土地，开餐馆，起早贪黑，含辛茹苦，不到

---

① 植生之宝，意为植根于一生的宝物。

十几年光景，就在当地置办了房产，购买了几十亩土地，成为小康之家。在家庭陷入困境时，耕读传家、勤俭持家的家风，使家庭摆脱了困境，延续了下来。

虽然家训里难免带有封建思想的不足，但大部分家训在当今社会仍然具有较强的现实意义，与社会主义核心价值观里的“爱国、敬业、诚信、友善、和谐”不谋而合，值得我们认真领悟和传承。

四、族谱里的人

族谱里只有一个个黑白的名字，好像距我们很远很远。我请爷爷给我讲讲曾祖父和高祖父的故事。据爷爷讲，我们家族历代都以读书为荣，把读书看得高于一切。我的高祖父张朝海，自幼家贫，但通过苦读，后担任后屏县县长。

爷爷家的“书香之家”匾牌

我的曾祖父张廷熙十一岁时，父亲去世，他被迫担起家里的重任。

十三岁就开始下田犁地，但是，由于手的力气不够，他只能用肩膀扛着犁头转弯耕地，后来他又去药铺当学徒。靠着在私塾打下的国文根底，还有不断的自学，他后来成了一名私塾老师，新中国成立后当了老家小学的教师。我的曾祖父为人和善，文学和书法堪称一流，乡里逢年过节，乡亲们都请他去写对联。他乐此不疲，从不拒绝。此外，由于有知识有威望，邻里之间、家庭内部有矛盾，都找他调解处理。我的曾祖父每次都能剖析道理，让纠纷双方心服口服，化解矛盾。曾祖父对教育也非常重视。我爷爷讲，他十多岁时，每天放学后都必须去挑煤或者砍柴，累得筋疲力尽，回到家都很晚了。但是，曾祖父仍然要求他们每天必须练毛笔字和写作，不完成不许睡觉。

受他父亲的影响，我爷爷也非常重视教育。在他的督促下，爷爷家里出了两个大学生（我父亲和我二叔），在当地传为美谈。另外，我父亲后来也资助了当地的教育事业。因此，县里给我爷爷家颁授了“书香之家”的匾牌。我想，这些都与族谱里的家训家风有关吧。

族谱，既是家族的记载，更是家风家训的传承，它在无意中成为时空交织的纽带，成为精神力量的动力源。让我们去寻找和打开一本本陌生的族谱，去发现族谱内的珠宝和灵魂吧。

（指导老师：孙玲玲、杨宇辰）

有来生，我还为同学们喊操

——记我的堂曾外祖北京四中特级体育教师韩茂富

北京师范大学附属实验中学 · 赵予涵

一、薪火相传，踵事增华

1928 年 10 月，韩茂富出生于北京最平凡的家庭，他生长在一个变迁的时代。怀揣着体育梦的他从小就热爱篮球和体操，性格活泼，不受条条框框的限制，新中国成立初期就读于中国政法大学。原本因肩负养家糊口责任，在大学学习法律专业以求“铁饭碗”的他，后来前往门头沟大峪中学担任教师。在此期间，他获得前辈的指导，决定逆风执炬，执着追梦。同时，他也怀揣着一颗炭火般的感恩之心，决定成为一名真正的体育老师，“拿他的话说就是报恩的执念在支持他”。[①]1951 年，得到贵人赏识的他调职北京四中，在工作的变动中并没有改变自己的初心，把体育作为自己值得奋斗终生的事业而不关名利。据韩茂富的孙女韩放回忆，韩茂富在周末或节假日会前往劳动人民文化宫执裁体育比赛，从未间断。当时中国体坛还有“南王北韩”之称，意为南有王长安，北有韩茂富，是当时体育人才匮乏仅有的两位篮球国际裁判。1964 年他曾在工人体育馆参与执裁过中苏友军篮球赛，代表中国参加东欧联赛。20 世纪 50 年代末，20 多岁的韩茂富作为中国篮球队随队裁判，多次走出国门，扬名海外。1959 年，在匈牙利布达佩斯举行的

① 曹亚琪．篮球名宿韩茂富身患癌症不忘本职夜餐补助羞于笑纳 [N]. 体坛周报，2007-10-31.

欧洲篮球锦标赛匈牙利与苏联的冠亚军决赛便是由他担任主裁判。① 他用态度和行动向世人诠释：即使是怀揣体育梦、有一颗热爱体育之心的普通人，只要寒暑不间断的努力练习，也能干出一番事业。

他对于体育精神的传承不仅体现在参与的国际赛事上，在走出国门的同时，也激发了家人们对于体育的热情。在 1966 年，“文化大革命”期间，他曾遭受不公平的对待，处境艰难，被剥夺了吹哨的权利。他愤怒不平，骑车回家时不慎摔进沟里，摔掉了七颗牙齿，但他并没有因此放任自流。任时代风吹雨打，仍然风雨不动安如山，做好自己的本职工作。他镶上假牙，又挂上哨子，利用空闲时间研究国际裁判规则，进一步精进仲裁技术，“暗昧处见光明世界，此心即白日青天”。他艰苦奋斗，逆境中顽强生长的精神感动了家人，家人也给予了他物质和精神上的双重支持。他的侄子韩一中——也就是我的外公，主动帮他接送儿子。“我总去看三叔吹比赛，那慕名而来的人多啊，有的时候还能看见他们四中的学生。”他还常常和韩茂富一起前往工人体育馆，给他仲裁的比赛加油助威，熏陶对篮球的兴趣。时至今日，我外公仍然熟悉篮球规则，常常看着电视上的篮球联赛津津乐道，回忆当年观众爆满、红旗飘扬、哨声和呐喊声糅杂的篮球联赛……改革开放后，政治环境相对宽松，经济也飞速发展，他这样的体育工作者也受到了重视，荣获“全国十佳优秀体育教师”称号。

二、正直为人

1951 年，国家百废待兴，一切刚刚稳定，韩茂富就正式成为四中体育教师，在国家教育事业最需要他的时候踏上自己的岗位。韩茂富提出了著名的“一勺水”与“一桶水”理论，意为想要给学生们“一勺水”，自己要先有“一桶水”。他始终把这个理念当作自己的工作目标和重心。他最擅长的领域是篮球，其他体育运动也广泛涉猎。“体育教师光一专多能不行，还

① 刘长铭．教育如此存在——北京四中教育故事 [M]. 北京：科学教育出版社，2014：59.

要多专多能，这是我在业务上的追求。”据他的孙女韩放回忆，他每周一、三、五晚上练体操，二、四、六练篮球，周日上午游泳。他积极参加市里组织的全市体育教师集体练习，从不因自己获得的成就而自满，反而经常向老教师虚心讨教。他常常熬夜苦读体育理论知识，把教材难点一一吃透，为第二天上课做准备。他在课上给同学们实践机会的同时，开理论知识的先河，教同学们如何科学运动、不过度运动。

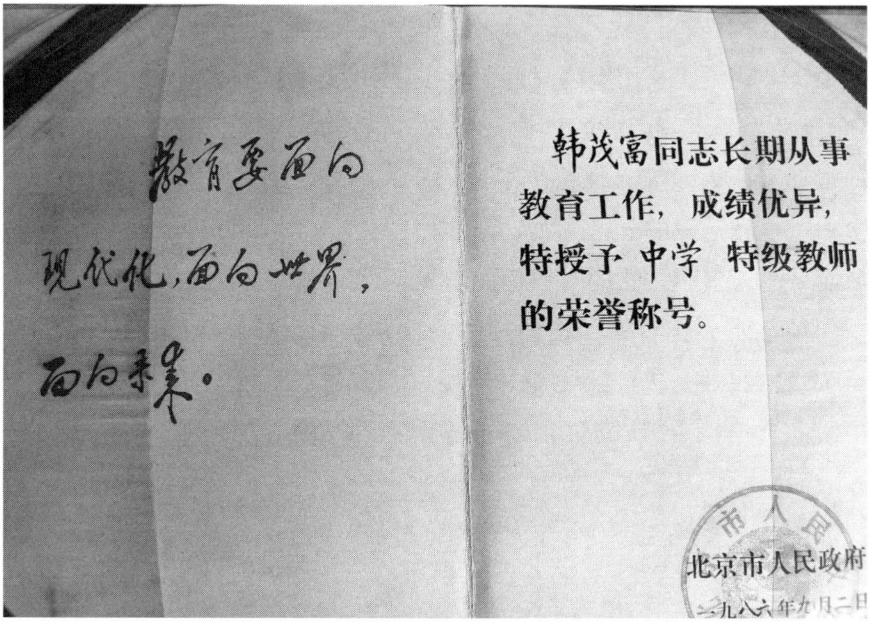

韩茂富中学特级教师聘书

中学体育教师的工作风吹日晒，异常辛苦。辅助学生做单杠的上杠动作时，考虑到学生的安全，韩茂富会亲自用双手保护每一个学生上下单杠，他的双手如古树延伸的枝干为学生们遮风挡雨，他喊的每一句操、吹的每一声哨，无一不在操场上唤醒着学生们的激情和活力。家里人都说他小时候是个淘孩子，喜欢在胡同里疯跑疯玩儿。而今他成为长者的角色，不仅家里小辈们传承了他的活泼，他的学生们更是如他一样重视体育、热爱体育，他的精神如河流缓缓淌过校园的每一个角落，深深烙印在人们心中。

操场耕耘

——记全国十佳体育教师韩茂富

本报记者　李小伟

在评选全国十佳体育教师时，大家一致同意推荐他，相信他会当选。果然，包括国家体委主任伍绍祖、副主任刘吉在内的评委们全都投了他——韩茂富一票。

从1949年3月起，他就投身于学校体育，40多年来一直工作在教学第一线。在北京四中领导的支持下，他大胆改革，将每周两节体育课改为三节，并开设了体育选修课。他开展了总结评价学生体能素质的科研，取得了显著成绩。北京四中连续14年被评为市区体育达标先进单位，达标率每年均在99%以上。四中篮球队连续11年获北京市冠军，为运动队和高校输送了大批人才。他本人也被国际篮联授予国际裁判和国际名誉裁判称号。

作为第六、七届全国人大代表，韩茂富曾对中小学教师住房困难以及教师工资福利待遇等问题提出议案，使中小学教师的待遇有所改善。在他的努力下，一些企业为学校体育慷慨解囊，1991年丽源公司出资6万赞助全国中学生篮球赛，1992年牡丹电子集团公司出资14万元，承担了北京市中小学5项体育竞赛全部经费。今年7月，他不顾患有癌症的病体从医院里跑出来，又以组织者的身份出现在全国中学生足球赛场。国家教委体卫司副司长曲宗湖见此情景，动情地对他说：“你要保重自己的身体啊！”

多年来，韩茂富先后被评为北京市和全国优秀体育教师、优秀裁判员。在学校体育这块沃土上，他不懈地耕耘着。

《操场耕耘》报道

北京师范大学教授、知名学者于丹曾是韩茂富的学生。她在多年后回到四中瞻仰韩茂富铜像时肃然起敬，心中升起亲近和感激。她回忆说，当时同学们将韩茂富亲切地称呼为“茂富大叔”，并说“他总是穿着一件蓝绒的运动服，在操场上给上体育课的同学们吹着哨子”。于丹说：“我的体育不好，跑步时总是落人两圈，他每每为我单独吹哨鼓劲，因为冠军已经是第一名了，似乎不需要鼓励了，在‘茂富大叔’心里，最需要帮助的，恰恰是‘落伍者’。”这份恩情，让于丹懂得了什么是真正的“给予”。[①] 他的形象也给著名作家北岛的《城门开》中北京四中章节留下了浓墨重彩的一笔，“两位体育老师韩茂富和吴济民，都是国家级篮球裁判。韩茂富个儿不高，精明强干。”[②] 他寓教于乐的风格和严谨治学的态度成为无数四中学子最

① 刘旭，刘婧《丹心游母校　教育总含情》，《北京青年报》，2018-01-08。

② 北岛《城门开》，北京：生活·读书·新知三联书店，2015：149.

喜爱的老师，有些校友仍然保留着中学时韩茂富老师教导的锻炼习惯，年过六十仍精神矍铄，每天坚持锻炼。他们中学时期对体育的重视一直延续至今，感谢韩老师当年的栽培。

韩茂富对工作认真的态度不止于对同学们的关爱，更在于他对自己极其严格的要求。“一勺水”和“一桶水”的理论提出之后，他并未止步于此，而是将理论付诸实践。他大胆改革，将每周两节体育课改为三节，开展体育选修课，并且同时开展总结评价学生体能素质的科研。在校内组织锻炼小组，使同学之间互帮互学，能者为师。这项制度也得到了推广，时至今日很多学校仍在照他的方法实施体育教学，并被中央新闻纪录电影制片厂拍成电影在全国放映。正是因为韩茂富对于工作的认真负责，对每一个学生都给予关爱，以身作则带领学生们锻炼，才使得全校师生的身体素质有了明显提高，推动了我国体育教育的发展，为国家培养了大批德智体美劳全面发展的后备人才。也正因四中这种严谨治学、积极锻炼的校风，才使四中学生在身体健康的前提下，有精力奋战于学海之中。

韩茂富在体育教育上高举“锻炼身体，保卫祖国，建设祖国”的旗帜，在日常生活中给自己的标准则是——“想要执法公正，首先要做一个正直的人”。

韩茂富把裁判这一岗位不光看成单纯的评判，更视为比赛的友好使者。由于他在赛场上的飒爽英姿，带领的篮球队所向披靡。有人不相信他常胜将军的名号，在小道消息中甚至传出“吹偏哨”的趣闻：“据说苏联国家女篮来京与中国女篮比赛，由韩茂富在场上主吹，大吴坐镇裁判台。临近终场正打得难舍难分，这两位暗中串通好，停表加时间……”提及此事，韩茂富哈哈大笑：“这些孩子，哪儿有那么回事。”他说：“担任国际裁判第一条就是公道，裁判员可不能讲爱国主义。球场上，任何国家在规则前都一律平等，绝不能有所偏袒，否则我这个裁判早该撤职了。”他接着说：“手中的哨子虽小，可有千钧之力，裁判是否公道准确，显示了一个国家的体育水平和精神文明水平。比起运动员，我们的工作虽小，但也牵系到祖国的荣誉。”[①]

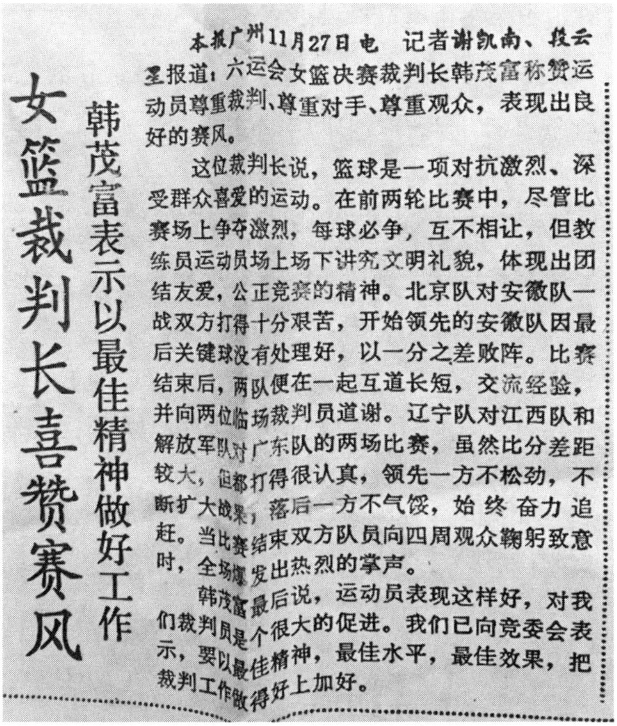

女篮裁判长喜赞赛风

韩茂富表示以最佳精神做好工作

本报广州11月27日电 记者谢凯南、段云星报道：六运会女篮决赛裁判长韩茂富称赞运动员尊重裁判、尊重对手、尊重观众，表现出良好的赛风。

这位裁判长说，篮球是一项对抗激烈、深受群众喜爱的运动。在前两轮比赛中，尽管比赛场上争夺激烈，每球必争，互不相让，但教练员运动员场上场下讲究文明礼貌，体现出团结友爱，公正竞赛的精神。北京队对安徽队一战双方打得十分艰苦，开始领先的安徽队因最后关键球没有处理好，以一分之差败阵。比赛结束后，两队便在一起互道长短，交流经验，并向两位临场裁判员道谢。辽宁队对江西队和解放军队对广东队的两场比赛，虽然比分差距较大，但都打得很认真，领先一方不松劲，不断扩大战果，落后一方不气馁，始终奋力追赶。当比赛结束双方队员向四周观众鞠躬致意时，全场爆发出热烈的掌声。

韩茂富最后说，运动员表现这样好，对我们裁判员是个很大的促进。我们已向竞委会表示，要以最佳精神，最佳水平，最佳效果，把裁判工作做得好上加好。

公平仲裁的报道

1983—1993年，韩茂富曾任第六、第七届全国人大代表，正逢国家改革开放，经济发展水平大幅提高。于是韩茂富就中小学教师住房困难以及教师工资福利待遇提出提案，提案成功后，泽被广大中小学教师。在他的影响下，一些企业也为体育事业慷慨解囊。后来，即使没有人大代表的职责，他仍旧履行为人正直的原则，并不因取得成就而沽名钓誉、自视甚高，而是投入人民大众之中，融入充满烟火气的生活。在家中，他享受儿女承欢膝下，自己也会亲自下厨给儿女炒几道菜。在学校，他就是普通体育老

① 安治《他在别人眼里——记六届人大代表韩茂富》，《北京体育》，1983（06）。

师，在活泼生动的课堂上偶尔插科打诨，让学生们对他无比敬爱。他铲着白灰画球场，四中大部分体育器材维修也都是他捻着书本一点一点学来的，甚至拉板车、修游泳池也要亲力亲为。在社会里，他就是人群中的灰布衫，骑着自行车叮叮当当走街串巷的“老北京”。他也是一个平凡的人，一个湮没于人海的老百姓，可他的正直让平凡生出了人性柔软的光辉。他的正直延伸到生活的各个方面，影响着他的家人和无数受他恩泽的学生们，邻里街坊也被他正直真诚的人格魅力影响。

国际篮球裁判只是一个职称，无以涵盖韩茂富丰富的人生。他是一位年逾古稀却精神矍铄的老者，也是在球场上永远年轻的“金哨”，也是家人眼中洗衣做饭、关爱儿孙的长辈。

北京四中南侧的韩茂富铜像

三、来如风雨，去似微尘

如今，坐落在四中操场南侧的韩茂富铜像仍然泛着光泽。铜像中，他右手执哨，左手抱篮球，凝视远方，好像在展望体育事业。下面镌刻一行字：“有来生，我还为同学们喊操。”这是他对自己热爱并付出心血的体育事业的执念。

韩茂富或许不像许多名人那样享誉中外，他只是教育史书中的一角，只是当时体育事业并不发达的中国星星点点想要对体育做出贡献并付之于行动的人。他也走过一段很长很长的路，也曾无法顾及家中状况。他的信念，让选定了一条路就要轰轰烈烈地做下去，这是世间最伟大、最热烈的奉献。他对于家中的关照少之又少，常常披星戴月回家，为了准备明天的工作又熬到深夜。他年轻时忙于工作，和家里人交流不多，直到晚年才把当年的艰辛苦楚悉数倾泻。但当时他是快乐的、充实的、完整的，是为体育事业而奉献终生的金哨，是注定在平凡岗位上干出一番不平凡事业的勇者。他经历过动乱的时代、变革的时代、发展的时代，知道改革开放后中国的繁荣景象，知道时代发展之迅速，若不以强身健体为本，只发展文弱书生式的人才，远远不够，所以他将一生所学实现在培养祖国未来的人才。

（指导老师：孙玲玲、杨宇辰）

这片土地上有这样一条路

北京师范大学附属中学 · 庚传玺

我们是如何从遥远的过去走来呢？每个家族至少要经过一条路。那会是一条回环着、螺旋式上升的路，脚下总有先祖的印记，一辈辈人就这样被托举着，也托举着下一辈，走得更高、更高。[①]

——题记

我从哪里来？要到哪里去？这两个问题不知由何事发端，曾经久久回旋在我耳畔，盖过了夏季的蝉鸣，顺着过堂风，从我的嘴里，流进爷爷的耳朵里。五六年前，我常常用整整一个暑假的时间，泡在爷爷和他的书桌附近虚度光阴，问着有的没的各种问题，看他伏案写诗句。我的问题大多能得到爷爷很详细的解答，但这两个显然是例外，只是换来他很大声的笑，很大声，比他接起电话时震耳欲聋的“喂——”还要夸张。

待笑够了，爷爷说，你好奇呀？那我讲故事给你听。

一、走上这样一条路

爷爷说起小时候，那会儿他不住在北京，还在湖北钟祥。上山打鸟，下水摸鱼，上课散学，走的都是一条地地道道的土路，堪称潇洒快活土地仙。那时候是二十世纪五十年代初，爷爷念初中。常日里上下学，待撇下

① 来自采访记录。采访时间：2022.4.3—2022.10.2。受访者：庚德昌。下文中关于过去记忆的描述，如未做标记，均来自于采访记录。

课本时就一头扎进地里去。寒暑假期间，他就和同学们下乡，一起跟着文教助理给农民讲课，介绍从 1953 年开始在各地建立的农业合作社组织。他很骄傲地告诉我，自己那时做团员，在讲课时也能称得上是个积极分子。

可能是因为爷爷有这样一段经历，也可能因为当年老家识字的人并不多，爷爷从高中毕业后就开始教书，给小孩子讲课，一天只教一个字。他当老师，为的是补贴家用。在那个年代里，大部分人都很早自立，这样才能吃饱饭。爷爷倒也想接着读书学习，但他没得选，家里要揭不开锅了，便只有辍学一条路。然而爷爷学习时成绩好，后来做老师也做得好，干了三年，竟也马马虎虎地攒下来一点钱，就被人推荐去参加了高考。

爷爷自觉考得不错，就回家跟母亲商量上大学的事。爷爷的母亲有孟母般的明智，深知教育可贵，于是做主要他报考大学，可着好学校报，能上就上，有机会就抓，抓住就不松手！只是那时信息实在太闭塞，大家不知清华、北大的鼎鼎大名，爷爷仅从有限的消息里获知：省会城市武汉有个武汉大学，便这么报上了。

报了，被录取了，欢喜了，而喜悦过后，他清楚自己有很现实的困难摆在面前——没钱坐火车，而且因为没有粮票，到了武汉也会没饭吃。爷爷就找到组织，把自己的困难汇报上去，党拨了款给贫困地区的娃娃路费、书本费，到了大学以后，先给发了粮票。可以说，那一口口都是公家饭。为这很实际而且救人命的理由，爷爷告诉我，他一直很感激党。

二、路的过去有什么

我由此便知，爷爷这路是从乡土里走来的，模糊的求知欲驱使我向纵深询问这条路的过去。我有爷爷，我的爷爷就在面前，那么爷爷的父辈呢？在他和我分享的经历中，有母亲、学校、同学、老师、同事和党。那父亲呢？爷爷没有付之以沉默，只是很平静地说：“很早就去世了。”随后有什么东西戛然而断，这种断裂是一根线，细细密密地牵出来许多更早的过往。

对于爷爷来说，大概还不算太久，距离那个年代，距离那些被恶意贩售的鸦片坑害的人们，距离幼时倾家荡产的家人，距离依靠微薄田产度日的母子俩。如今我恍然揭开那土路上混着血污的一角，也在同一时刻知道，爷爷的爷爷是从南京迁徙走的。原来我曾经以为：既然钟祥是我的老家，而我的家人们自然祖祖辈辈都生活在那里。但实际上不是。爷爷的爷爷是躲避太平天国战乱而前往湖北，我们曾经也有家谱，石碑上刻着先人们的名字，一代又一代；也有祖祖孙孙传下来的字辈，譬如我的爷爷叫庾德昌，他的父亲叫庾树平。我的父亲和大伯应当是远字辈。到我这里是传字辈。

我问爷爷，那么接下去是什么呢？接下去是家、学。噢，自曾祖往下是树、德、远、传、家、学。然而往上追问，树、德之前是什么，爷爷却无从知晓。我说："爷爷，咱们不是有家谱吗，如果找到石碑，也能顺着往上找到。"那么石碑在哪里呢？

炸没了。

在抗日战争期间，爷爷还年幼，大概走路说话还不利索。他依稀记得在一把大火后，家门轰然倒塌。战火、血迹、土飞石溅、难民营……那段日子扎根在苦难里。

这是一段苦难的道路，于国家，于民族，于个人都是这样，如今它们在被描摹起来时，爷爷说得很轻，好像一声不会出口的叹息。

既然找不到了，那么何以树德、远传家学？这成为我新的疑问。

三、路途之中是什么

从这泥泞的道路里挣扎出来，又走过一段长长的乡土之路后，等待着爷爷的依然是要在土地里摸爬滚打的征程。爷爷在 1959 年进入大学，在 1963 年毕业后，于国家统计局任职。或许因为他曾经做过老师，所以被分配到干部司教育处负责干部教育，接收转递一些告状信。他平静地度过了短暂的三年，三年之后，就是"文革"。作为共产党员，爷爷最初是积极响应号召去带领群众运动的一分子，在后期却成为被批斗劳改的对象。那个混乱的年代，用爷爷的话来说，是一笔烂账。那十年曲曲折折，扎在土里的批斗、劳动，让他思考人，思考人的问题，思考群众。没有工作的日子里，在痛苦之余，就只剩下思考和学习。过去的事，走过的路，反反复复地想。

再之后，就是凭着之前工作时的表现，经由当时的纪委农业司司长，从无业可从的痛苦里挣出去，到中国社会科学研究院去做研究。研究什么呢？研究土地和土地上的人民。所长带着爷爷同去黑龙江考察，以国务院的名义，调查经济发展情况。

此时，一个新的时代要开启了——国家正在拨乱反正，这也可以算是爷爷人生的一大转折点。爷爷对泥土的经验不少，加上善于思考，做过学问，于他的事业可以算是厚积薄发。前些年辗转地方，也给爷爷很多启示。这路要走，就得脚踏实地。他为什么能走到新的天地？正是因为过去在钟祥做老师时不马虎，在统计局工作能出成果。

因为这样的道理，爷爷的研究路线也确定下来：实地考察，据实论理。

如果要问，爷爷把这条真理践行到了什么地步，那么除了西藏，每个省爷爷都去过。不是旅人般轻飘飘地走访，而是用心去看，用心去想。在日常生活里，他能从各种蛛丝马迹联系到过去考察的记忆。在接受我的采访时，他的原话是这样讲的："不光是在理论上要谈实际，实际上，研究中国问题时必须要脚踏实地，走进农村，深入基层。对于不同的地域，不同的经济发展水平，都要比较全面地去观察研究：气候，发展水平，经济条件。毕竟，中国地域辽阔。"

长期以来，中国的农村和城市被人们称为二元经济结构，是两个不同的经济体。城里人下乡是不行的，农民工进城也是不允许的。粮票制度限制了流动，因为当时中国经济很落后，生产的粮食不够吃。而城乡融合问题，牵带着农村城市的产业结构平衡、农民工进城、城乡一体化发展等理论，就是他们研究的主要问题。譬如爷爷曾有一个研究报告，叫《九十年代乡镇企业发展战略——城乡一体化》。

这些理论不像如今我们在政治课本上可以学到的那样，是已经被提出来的理论，在当时，它们均是新的东西，要被人提出来，才能被放在公众面前被认识到。每一步，每一个字句，都不是坐在家里想出来的，非得要到地里去，到基层去看，看一处还不够，要走了再走地发掘，把各个地区的问题和机遇串联起来。

考察，参会，研讨，这流程是简明的，串起来一个又一个地方，一次又一次奔向远方。虽然因为工作关系，经常这样出差，但游山玩水的可能性几乎没有。爷爷书里写道："虽然有机会到一些名胜古迹的地方工作，但因较忙，很少去游玩。""记得有一次在北戴河休假，我还在那里写了一篇论文，后发表在有关刊物上。"①

爷爷在山东牟平考察

而到 1996 年左右，爷爷作为社科院的外派人员，在中南海参与过一段研究，调查评议农村劳动力转移的问题，时长几月余，复归。爷爷的工作生涯里，这三四十年，对于他来说，大概也不过是弹指一挥间。爷爷的所做所行，均是这条热爱乡土的路。

① 《欢乐欧洲行》，未出版。

四、走上这样一条路

我的家族可供梳理的部分很简单，爷爷与他的姐姐有儿孙延续，溯回到祖父那里就断了线。然而毫无疑问，在血脉里，实际上还有漫长的道路在脚下，托举出今天的我们，今天的这一脉庾家人。“风后面是风，天空上面是天空，道路前面还是道路。”那么就亲吻这条路吧。

爷爷在他的职业路上告一段落，但他的乡土路并没有停止延伸，退休后，他依然在不停地迈开步子。他是很潇洒的人，没有被退休后“门前冷落鞍马稀”的转变削弱心气，而是同奶奶出游，写就了《欢乐欧洲行》。直到近日，他仍然在讲，待我高考后，跟他回一趟钟祥，去一趟老家，可见他的乡土情怀。

年与时驰，岁与月长，等到路行得太远了，时候到了，人走就是一抔土。爷爷说过：“有生必有死。无论何人，概莫能外。”[①] 他是很洒脱的人。有这样一条路，那就去走一走；有这样一条生命，就把人生过一过。还能亲吻这样的土地，就去亲吻它。

（指导老师：董华）

① 庾德昌《生活青春十年记》，未出版。

不为忘却的纪念

北京师范大学附属中学 · 刘炫圻

说来惭愧，我的家族并没有什么辉煌历史可言。祖上的根基、族人的旧事，什么家传至宝、泛黄的族谱，没有，一点痕迹也没有。就好像是遗失在了历史的长河里，尽管子孙代代更迭，老一辈路过人间的生命印迹却被一点一点蚕食殆尽。于是时钟似瘫痪上千年，月色兴衰，车马难捱。

好在到了太祖父，因时代不很久远加上书香门第重视血脉的绵延，刘家的历史总归有了点不成文的零星碎语，父亲一家子的生命到底有了来处。每当看望太奶奶，一大家子人围坐在一起聊天，话题里必定缺少不了“太祖父”。“你太祖父他……”“他那个时候啊……”太祖父是个什么样的人呢？年幼的我听了许多，看面前的大人们哭哭笑笑，慢慢地心里对太祖父的印象从懵懂到清晰可见。

只是随着知晓太祖父事迹的家人一个接一个地离开，本就屈指可数的家史又面临失传的风险，这无疑带给后人精神上的巨大损失。像是有什么东西鞭打着我的心，长久以来不停地催促我该写点文字以摆脱这种不安。为了永不忘却我生命的源泉，永不忘却太祖父生活过的时代，这几千字的回忆便由此开始。

我的太祖父郝斌，原名郝铭才，蓬莱刘家沟镇马家沟村人，1915 年出生，1938 年加入中国共产党，1939 年经组织介绍与在《大众日报》社工作的刘之结婚，1944 年 8 月在与伪军谈判时被杀害，时年 29 岁。

“万里南荒云雾满，弱水蓬莱相接。”太祖父一家便生活在这样一个云海茫茫的地方。[1] 太祖父的父亲是清末秀才，地方名流。虽财居首富，文冠乡里，但从不依势凌弱。村中的贺词祭文，多出于他手。

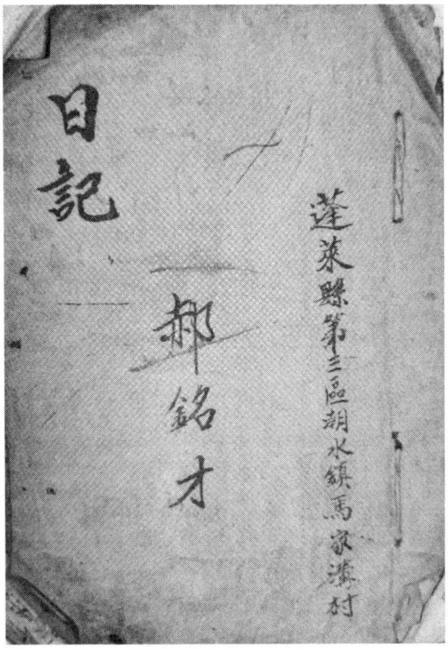

太祖父的日记本

1915 年，太祖父在山东烟台蓬莱区的马家沟村出生了。马家沟村是刘家沟镇的下辖村，处胶东半岛黄金旅游板块的核心位置。彼时，国内外局势风云变幻，日本强迫中国签订“二十一条”，涉及我国山东、“南满”、内蒙古东部，中国沿海港湾、岛屿等诸多领土，企图逐渐把整个中国变为其殖民地；李大钊洋洋洒洒一篇《警告全国父老书》号召天下兴亡匹夫有责；四万上海民众齐聚张园召开反对“二十一条”大会，发起抵制日货运动……

许是见惯了权力的更迭、历史的风谲云诡，又无数次地瞧见镇上百姓因乱世而饱受苦难，高祖父自第一个孩子呱呱坠地，便“从娃娃抓起”，劝诫儿子要心怀“修身齐家治国平天下”之大志。太祖父在家中排行第三，兄弟姊妹众多，每当他的父亲讲诵经史子集给哥哥们听，还是小娃娃的他会倚在门框边，似懂非懂地咿呀学语。日子久了，父亲的教诲或多或少印在他心间，耳濡目染，竟能时不时迸出几句“落日照大旗，马鸣风萧萧”“壮士一去兮不复还”那样的诗。

1932 年，17 岁的太祖父考入山东省立第八中学。在校期间，他在一位于姓老师的指导下积极阅读了许多进步书刊，提高了对社会现象的洞察能

① 来自采访记录。采访时间：2023.2.10。受访者：母亲。下文中关于过去记忆的描述，如未做标记，均来自于此采访记录。

力，加之受其父亲多年的熏陶，他酷爱文学，才华横溢。他经常在学校的墙报上发表文章，也曾以笔名“拙余”在《东海日报》上发表文章，抨击社会，揭露时弊。[①] 他曾在 1934 年 7 月 17 日的日记中写道：“现在的教育不过是现今统治势力的工具而已，统治者支配国家的大量金钱，专为一部分人谋利益，而忽略了一般失学的民众，这是一种资本化的教育。”

每逢寒暑假回家，太祖父常和二哥一起给本村一些扛长活的伙计们讲阶级剥削和阶级压迫的道理，宣传毛泽东等共产党人领导穷人闹革命的事迹。那时，他还没有参加共产党，却是积极传播马列主义的战士。

说来也奇怪，太祖父一家虽是马家沟村人，但都姓“郝”而非“马”。或许他们是某一年迁移到那里去的，又或许马家沟村一直由定居在此的各种姓氏的家族所构成，“马家沟”不过只是个带有其他特殊意义的称谓。只是那段过往失语在岁月光阴中，埋葬在沙土里，再无法追考。

1937 年，抗日战争全面爆发，太祖父参加了中华民族解放先锋队。参军这事，他是没有同其父亲讲的。其实在一年前，绥远抗战爆发，他就曾组织学生募捐支援抗日前线。那时他所在学校的校长怕“滋事”，曾几次三番要求高祖父进行劝阻，但高祖父不但没有如此，反而常对太祖父的行为予以指导。太祖父知道父亲的想法，位卑之人亦不应忘忧国。只是，到底是自己的骨肉，眼瞧着孩子奔赴战场，一遭别离不知何日归家，做父亲的一定十分不舍与忧心。

其实对于家里人的政治倾向太祖父是了解的。他的父亲郝振声乐善好施、济世救人自不必多说；他的二哥郝铭生也是镇上数一数二的进步人士。有一次太祖父到福山古现村为武装起义进行发动工作，没跟家人说。待二哥找到他，听见他高喊：“民族危亡，国难当头，我们要脱下长衫，到前线去，走向民族解放的战场。”许久之后二哥小有抱怨似地对他说，“这样的事情，何必隐瞒，太小看父兄了，你理应叫上我一起。”太祖父的大妹郝力

① 中国共产党蓬莱市委员会宣传部“蓬莱发布”公众号：https://mp.weixin.qq.com/s/9HU7XPwvXZc1VegVqUc1jQ.2023.2.13.

军在父亲的支持下于1942年参加抗日教师队伍，与太祖父并肩战斗。还有二妹郝菱芳，自从与衙前村的刘师尧联姻后，成了刘家的开明掌门人，一心抗日，鼓励儿女一同走此道路。在最黑暗的时刻，太祖父不是一个人在战斗。在那个战火纷飞的年代，太祖父的身后有着一个家族的援助与坚守。二十世纪三四十年代，郝家与刘师尧一家、还有潮水镇其他三个秀才之家都因举家抗日成为蓬莱东半部的名门望族，被称为爱国乡绅，深受镇上百姓爱戴。

每当重温这段家族抗日史，我总想让父母再多讲些，仿佛这样我心中的热流便会不断流淌，温暖全身。

1944年，山东抗日根据地由反“扫荡”为主的防御作战转入主动进攻，不仅攻克了许多敌据点，而且开始收复一些县城。入秋以后，我军又发动了强大的秋季攻势。在我军军事斗争、经济封锁的打击下，盘踞蓬莱城的伪警备大队长郝铭传，妄图效仿军阀刘珍年既投奔蒋介石又倚靠韩复榘的做法，派人向我军致投诚之意。

彼时，太祖父任胶东军区十四团参谋主任。为争取郝铭传弃暗投明，应上级安排与姚琪同志带侦察排和警卫班干部、战士约30人到蓬莱与郝铭传谈判。①

中共蓬莱县委接到上级党委相关指示以后，进行了一番深入的调查研究，认为郝铭传反动、狡猾，要谈判只能在城外进行，决不能深入虎穴。于是将谈判地点选择在城东的雷神庙里，时间定为傍晚。如果谈判破裂，还可以趁着天黑打出蓬莱城，避免我方的伤亡。

1944年8月13日傍晚，我军开到了雷神庙附近并在门外等候。由于天黑，郝铭传派伪军中队长出来说庙里没有灯，让太祖父和姚琪同志二人到城门楼上谈事。进城，与上级领导的决定不符；不进，有负上级嘱托。但不入虎穴焉得虎子，二人最终决定把带去的人都留在城墙根下面，让侦察

① 以下内容源自家人口述及网络查询网址：http://baike.baidu.com/l/k5GYKbVl?bk_share=weixin&fr=weixin#.

排副排长按照预定计划带部队当晚撤到包家沟。他们则不顾个人安危，深入敌营。

谈判中，我方坚持“伪军中队长、伪区长以上人员在‘三井’‘三菱’的存款一律提交北海银行；伪军必须接受改编，暂住城里以保证他们生命财产安全”等谈判条件[①]。郝铭传见无利可图，便背信弃义，将太祖父、姚琪二人和四名侦察员关押。

不久，郝铭传再次与他二人进行谈判，太祖父仍然坚持原先的条件，谈判陷入僵局。在这种情况下，郝铭传凶相毕露，对太祖父和姚琪同志严刑逼供，妄图了解我军军事情况。二人坚贞不屈，痛骂汉奸是卖国贼。郝铭传恼羞成怒，于9月上旬，将太祖父、姚琪同志及我军四名侦察员押到北门里西面城墙根活埋……来不及挣扎，来不及反抗。被埋在泥土下的躯体仍是那样笔直地矗立着。血气上涌，眼眶通红，唯余一声嘹亮的“中国共产党万岁！打倒日本帝国主义！”在湿漉漉的空气中回荡。

那一年，太奶奶刚怀上我爷爷。夫妻二人最后一次见面是在两个月前。

我查询先祖的事迹不仅来自自家的古籍，竟还能在手机上查到。太祖父的名字显示在百度上时，我的内心激昂澎湃。

郝先生，我的太祖父啊，自此您再也不只是存在于冰冷的屏幕上让人望而却步。我把您的英雄事迹，坚贞不屈、不怕牺牲的精神撰写在字里行间，把思念化作泪水与奋勇前行的动力。我要把家族这段抗日往事，传给我的子孙后代，让后人同我一般，永远怀念先辈、牢记先辈，传承好家族的红色基因。[②]

（指导老师：董华、刘美玲、李莉）

① http://baike.baidu.com/l/LxO98PB1?bk_share=weixin&fr=weixin#.

② 采访时间：2022年12月24日。受访人姓名：李宝忠。

半生砖瓦　一地青苗

北京师范大学附属中学・秦夕

一、羁绊，生命中绕不开但爱着的土地

姥爷今年七十八岁了，身体里不乏金属零件儿。

我的家乡就在北京，我的童年有狭长的胡同和方方正正的“三合院”。低矮却宽敞的三间平房，全是姥爷一砖一瓦砌出来的。不同于大部分北京姑娘，我虽然生活在胡同大院里，却没有感受到一点儿老北京的传统京味儿。许是我小时候生活在乡下，感受到的只有乡间的恣意潇洒。

姥爷年轻时就跟土地结下了良缘，这个一身阳刚之气的乡下小伙子，每天干起活来浑身都是劲儿。听姥爷说，他年轻时的那几亩地是他的父亲——也就是我的太姥爷，买下来传给他的。太姥爷年轻时在有钱人家做长工，每天起早贪黑地赚钱，渐渐地有了些财富积累，自己买了几片地，在上面盖了房子，剩下的就用作耕地，农忙时还有能力雇些长工来帮忙。

虽然年纪轻轻就要和土地打交道，但在那个年代，人人都在自己的田产上铆着一股劲儿，干什么都热情洋溢的。青春洋溢、热血方刚的青年，却可惜了生不逢时。

1950 年，中央人民政府颁布《中华人民共和国土地改革法》，按家庭条件将人们划分为雇农，贫农，中农，富农和地主，姥爷一家因拥有的土地和在农忙时雇佣长工被划分为地主。土地被分给了农民。因带着“地主”的名号，某天，姥爷被一阵热潮卷了去。“文化大革命”的旗鼓在那时正打得轰轰烈烈，姥爷竟也因那曾载满他青年人血气的土地，成了被“批斗”

的地主中的一员。正值壮年的姥爷便在一个难得悠闲的午后，身着白衬衣被人从院子里的小马扎上拖拽起，不知道中间经历了什么，总之，回来的时候依旧是被拖回来的，只是白衬衣已经裹在血肉上揭不开了，身上全是大大小小的血口子，意识也已经模糊了，整个人毫无生气。

二、变故，带来灾祸却仍然爱着的土地

后来，姥爷被救回来了，但是变得脾气暴躁、沉默寡言，没变的只有他在自己的一亩三分地上继续耕作。晒得黝黑的皮肤与暗紫色的疤痕融为一体，皮肤上厚重粗糙的老茧覆住了年轻时的痕迹，可是只有身边人知道，多少次午夜梦回，他都是从噩梦中惊醒。

纵使如此心悸，姥爷从没放弃过那曾给自己带来终生阴影的土地。土地也确实没有在之后辜负他。1978 年，不仅是改革开放为我国整体发展所铸就的一个新台阶，更是农村社会中无数农民生活的转折点。家庭联产承包责任制推行，“包产到户”成为时代热点新名词。姥爷一家也得以在这片赖以生存的土地上自主地进行生产和经营。我小时候爸妈工作忙，养在姥爷家，姥爷虽然少言寡语，但总是用宽厚的嗓音，慢条斯理地跟我说话。我两三岁时，他便带着一顶草帽，蹬着辆铁质自行车，带上棉线勾的手套，把小小的我放在自行车前杠上坐着，载着我往地里去。年幼的我不似现在这般怕虫，站在铺满幼苗的菜地里，拿着小铲子，帮姥爷锄去低矮的杂草，拎几只小虫出去不再祸害秧苗。姥爷总是拿个大铲子，拿把镰刀或锄头，站在我斜后方不远处，一边时刻关注我的情况，一边俯着身子在菜地里起起伏伏。小小的我当时并不太清楚，姥爷一把年纪为什么还要和这些农活打交道。后来，不知道在什么时候，我有些明白了，那不仅是一家人粮食供应的保障，更是一种劳动的情怀，一种土地的情怀，一种家乡的情怀。

小时候姥爷家里种的菜一到秋天便大丰收。那个时候我最喜欢玉米丰收的时节，姥姥、姥爷在院子里把一个个金黄饱满的玉米粒搓下，铺满了

整个院子。一院子的玉米粒能没过我的膝弯。我就在这满地的金黄中跑着闹着打着滚，姥爷就坐在房檐下的摇椅上，平日里曲皱紧绷的脸上泛起一弯浅浅的弧度，他看着院子里笑，不知道是在笑我，还是在笑这黄灿灿的丰收之景。

三、得趣，不大却仍然闲适无穷的土地

到了上学的年纪，妈妈把我接了回去。等到假期回去看姥爷的时候，偌大的“三合院”里又多出了个小走廊。我喜欢得紧，忙蹿到姥爷怀里问什么时候请人修的，姥爷还是那副淡然的面目，粗浑的嗓音响起：“姥爷可不花钱请人修，那些人把我地里的小菜苗踩坏了怎么办，这是姥爷自己修的！”我“哇”的一声惊叹，看看脊背已经开始佝偻的姥爷，惊讶至极，这种惊讶也写在了我半天没合上的嘴巴上。

对了，姥爷那一亩三分地跟了他这么多年，前一阵子被用去种树绿化了。伴随着国家经济水平和北京城市化的迅速发展，数不清的生态问题接踵而至。生态环境的恶化使得国家推出“百万亩造林工程”，以此来改变北京“有城无林”的生态状况。2010 年，姥爷的土地被征收用于植树造林。2012 年，该工程正式启动，包括姥爷的土地在内的大面积地块披上了绿装。奇怪的是，姥爷欣然答应，没有一丝一毫的不乐意。只是在自己的院子里又划出一个小正方形，翻上土，撒好种，自得其乐地继续种菜。姥爷说，这是国家要搞绿化，要保护环境，是国家生态和经济领域的重要进步，自己那一亩三分地能做了这个贡献也是不错的，更何况，现在也有地方种菜。姥爷像是从《乡土中国》的描述中走出来一般，用几十载生命撰写着中国人骨子里对土地独特的情感。

说起来，姥爷除了愿意与自己那块土地相伴，还乐意和砖头瓦片打交道。那个曾带给我几乎全部童年的“三合院”，就是姥爷凭借自己一双手建起来的。他这大半生都拿着锤子锯子敲敲蹭蹭，说不清楚是热爱还是习惯。我喜欢他给我做的小马扎，喜欢他给我搭的小木屋，喜欢他给我做的粉笔

盒。可能姥爷看到我的笑颜，才真真正正觉得自己这手艺棒极了。

四、坚守，历尽千帆而执着爱着的土地

后来，我长大了，姥爷却病了。

姥爷第一次离开了自己住了一辈子的“三合院”，搬进了医院。我不知道他在医院里住了多久，只记得那时的我学习还不太紧张，等到他终于不再常住病房的时候，我已经将作业写到了深夜。

姥爷出院了，腿脚不太利索了，带着身上我看不到的金属零件儿。原来人真的需要这些金属物什来维持身体机能时，是不似《绿野仙踪》里的铁皮人一样的，我们根本看不见有多少零件在体内叮叮当当响，只能透过终于走下的几步路来识得它们的存在。姥爷拒绝了与我们同住的提议，依旧住回了自己的“三合院”。那一方小土地依旧尽心尽力地养育着几株白菜，姥爷还是会在极暖和的午后为它们浇浇水，施施肥，然后坐在房檐下的摇椅上，看着这院子里的半生砖瓦，眯着眼望着一地青苗。

（指导教师：王文）

并心协力，砥砺前行

北京师范大学第二附属中学 · 王家妙

今年暑假的一天，我和爸爸回到了他小时候生活居住的老院。我们轻轻推开落满灰尘的木门，院内已是杂草丛生。正屋的五间窑洞基本坍塌，东西两侧的砖房还有些房子的模样。如今，奶奶和二叔一家已经搬进了敞亮的新房，大奶奶一家也修了新的院子，我们的生活是一天比一天美好。

旧院大门图片

新院大门图片

一、国共内战时期——命运多艰涅槃重生

“快，走快点！”1949 年春天，一个国民党士兵在前面吆喝着，另一个在后面催促着，押着一大队强征来的壮丁奔赴战场。队伍中的一个男孩，年仅十二岁，但因身材高大，也被国民党士兵不问三七二十一强拉过来。在国民党军队的命令下，他套上了有些不合身的军装，拿着一条步枪，就这样被推上了前线。当时正值太原解放的前夕，小男孩守的阵地处于太原城的最外层防线，国共两党都投入重兵，战斗激烈，尸横遍野。连日交战，使得小男孩非常疲惫，不知不觉地躲在战壕中睡着了。凌晨，他突然被人一脚踢醒，原来是解放军在打扫战场，就这样，他成为了解放军的俘虏。

解放军优待俘虏，当时有两种政策，一种是提供回家的路费，一种是就地加入解放军。听着解放军给大家讲述中国将要解放的大好形势，感受到解放军的亲切关怀，他选择了成为解放军队伍中的一名卫生兵。在枪林弹雨的战场上，他每天无数次穿梭于前线和后方，抬送伤员，协助医生给伤员治疗伤病，忍着悲痛的心情抬回牺牲的战友。①

战火的洗礼中，这个小男孩迅速成长起来，在卫生兵的岗位上发挥着自己的价值。这个小男孩便是我爷爷的哥哥，我的大爷爷。1949 年 4 月 24 日，太原解放，他便回到了家乡。

二、社会主义建设时期——勤劳创造美好生活

大爷爷荣归故里，我的爷爷在 25 岁那年加入了中国共产党，后来成为村里的民兵连长。他们哥俩的勤奋积极、吃苦耐劳在村子里是出了名的：每天天还不亮时就已经把街上打扫得干干净净；谁家挑水担粪，他们总是抢着帮忙；下地播种、收割都冲在最前，干到最晚；哥俩一起做土坯子，

① 来自采访记录。采访对象：我的爸爸。采访时间：2022 年 7 月 28 日。

盖起了五间土窑洞房。

1970 年，晋中市建筑公司给村里一个建筑工人的名额，村里经过讨论，最后推荐了大爷爷。1972 年，煤炭部 12 处给村里一个建设煤矿的工人指标，村里最后推荐了作为民兵连长的爷爷。从此，他们哥俩成为领工资的国家正式工人，在那个年代的确是一件非常荣幸的事情。

在新的工作岗位上，他们秉承着勤劳的优秀品质，工作勤勤恳恳，一丝不苟，得到领导和同事们的一致认可，二人连年被评为“优秀职工”。1987 年，大爷爷光荣退休，他的儿子接过接力棒，也成为社会主义建设时期的一名工人。①

三、从改革开放到新时代——读书改变家庭命运

“当初没能去上学，是我这辈子最大的遗憾。”奶奶时常叹息。小时候她考上了体校，但外曾祖父因家里付不起学费而拒绝了她上学的要求。正是因为有这样的遗憾，奶奶非常支持儿子们读书。

爸爸上学那会儿，条件是十分艰苦的。暑假的一天，爸爸带我重走了一遍他当年上初中的路。我们骑着摩托车出发了，淅淅沥沥地下着些小雨。返程时，天已经黑了，路上时不时有泥坑出现；路过土厕时，难闻的气味让我蹙眉捂鼻；黝黑的杨树小道，安静阴沉，冷风嚎叫，树叶沙沙，仿佛黑暗要吞噬一切。虽然是夏天，我却在摩托车上冷得瑟瑟发抖。到家后，我浑身麻木，裹了厚厚的被子，很久才缓过神来。“现在路已经修得很好了，我们上学那会儿，全是泥路。”爸爸说，“我当时骑着一辆旧的二八自行车，除了铃铛不响哪儿都响。下雨后，本来半个小时的路程要骑两个小时，等到回了家，身上都是泥。下雪天，路面打滑，一不小心摔在雪堆里，再想站起来可就难了。当时做了好多小本子，上面写满了要背的各科知识，

---

① 来自采访记录。采访对象：我的奶奶。采访时间：2022 年 7 月 30 日。

在路上这么长时间，边骑车边背。春夏秋冬，不知道往返了多少趟，这些知识不知道背了多少遍。”现在回忆起来，他仍是感慨万千。

那时候因为爷爷在外地工作，一年到头回不了几次家，家庭的重担都落在奶奶一个人身上。爸爸每天放学回到家，必定要先去帮奶奶干会儿农活。到了晚上，奶奶做饭，这才到了他写作业的时候。半夜三更，点着一盏小油灯也要学，几乎每天都是很晚才睡觉。第二天不用别人催，自己早早就起来了。因为他知道，好好读书考出去才是摆脱苦日子的唯一出路。

爸爸凭借自己的努力，以优异的成绩考上了县一中。不幸的是这时爷爷意外去世，家庭失去了顶梁柱，日子更加艰难。但是爸爸没有放弃，在读书上学的同时，一边帮家里干活，一边还要去赚学费。后来爸爸考来了北京上大学，参加工作后继续供二叔、三叔读书。三叔参加工作后，则供四叔读书。[①] 就这样，一家人齐心协力，以读书走出了一条奔向美好生活的道路。

四叔大学毕业后首先选择了去支边，在那里，他除了做好自己的本职工作，还积极参加青年志愿活动，关注贫困生。他兼职做体育老师时，发现班上一个女孩父亲生病在家，只靠母亲做点零活养家，她和两个弟弟还要上学，生活难以为继。四叔看到女孩眼中的忧郁与无奈，似乎看到了当年的自己。于是他在自己微薄的工资里拿出一部分钱资助女孩上学，也希望女孩像自己家里那样，以后继续供她的弟弟上学。后来，他又发动大学同学组织起了“一帮一”帮扶活动，通过网络为大山里的孩子们募捐建成阅览室，他希望用知识感染更多的人，改变更多家庭的命运。[②] 他被评为“优秀青年志愿者”，事迹还上了《人民日报》！[③]

如今，爸爸和三叔在北京买房安家，二叔在老家修了新院子，四叔成了一名公务员。一家人齐心协力，砥砺前行，日子蒸蒸日上。每逢过年过节，大家都会欢聚一堂，奶奶看着她的孙子孙女们热热闹闹，脸上更是挂着幸福的笑容。她仿佛看到了更美好的未来！

---

① 采访记录。采访对象：我的爸爸。采访时间：2022 年 7 月 30 日。

② 采访记录。采访对象：我的四叔。采访时间：2022 年 8 月 6 日。

③《网络募捐建起爱心阅览室》，《人民日报》，2007 年 1 月 9 日，第十版。

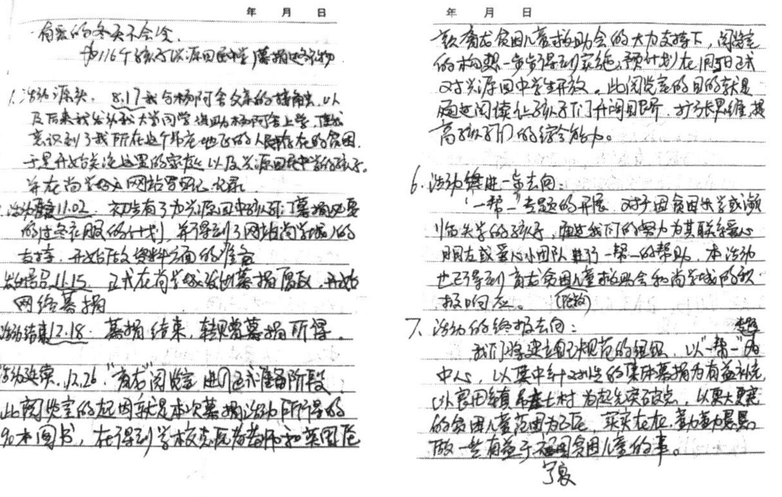
年　月　日

有爱的冬天不会冷。
为116个孩子（以源田民中学）募捐过冬衣物

1. 活动源头：8.17 我与杨阿舍交流的接触，以及后来我资助大学同学资助杨阿舍上学，使我意识到了我所在这个那龙地区的人民存在的贫困。于是开始关注这里的家庭以及兴源田民中学的孩子。并在尚学城网站宣传记录。

2. 活动准备 11.02：初步有了为兴源田中孩子们募捐过冬衣服的计划，并得到了网站尚学城的支持。开始资料方面的准备。

3. 活动启动 11.15：正式在尚学城发起募捐倡议，开始网络募捐。

4. 活动结束 12.18：募捐结束，转账募捐所得。

5. 活动延续 12.26："育苗阅览室"进入正式准备阶段。此阅览室的起因就是本次募捐活动所得的690本图书，在得到学校党政支持和那龙……

年　月　日

致育苗贫困儿童救助会的大力支持下，阅览室的构想一步步得到实施，预计划在明年开始对兴源田中学生开放。此阅览室的目的就是通过阅读让孩子们开阔眼界，扩展思维，提高孩子们的综合能力。

6. 活动进一步去向：
"一帮一"专题的开展。对于因贫困失学或濒临失学的孩子，通过我们的努力为其联系爱心朋友或爱心小团队进行一帮一的帮助。本活动也已得到育苗贫困儿童救助会和尚学城的积极响应。（陆续）

7. 活动的终极去向：
我们将建立自己规范的组织，以"一帮一"为中心，以集中针对性的集体募捐为有益补充，以那龙镇××村为起点实行试点，以更大更多的贫困儿童范围为己任，实实在在，尽力而为，做一些有益于帮助贫困儿童的事。

四叔支边时的笔记

2007年1月9日　星期二　第十版　　人民日报

司法救助从诉前、诉中延伸到诉后

刑事被害人国家救助将成制度

罪犯无赔偿能力，受害人有生活困难，可获得以国家的名义给予的救济

青岛法院实行刑事受害人救济金制度

救济金由财政拨款

最高救助额度3万元，两年112人获救助

需要立法和财政投入保障

专家点评

海南规范行政机关债务偿还机制

乡镇政府不得借债盖楼

国家发改委、公安部、司法部联合发文调整禁毒基础设施规划

劳教所试点建戒毒康复中心

网络募捐建起爱心阅览室

《人民日报》对四叔的相关报道

（指导老师：宿雅婷）

平凡中的伟大

北京师范大学第二附属中学 · 李旻昊

一、战乱中的艰苦与坚定

1922 年，一声啼哭回响在四川省合川县（今重庆市合川区）的一间小屋中，一名女婴出生，她是我的曾祖母。[①]

曾祖母的童年是在颠沛流离中度过的。1922 年正值四川军阀混战，7 月 9 日，川军第一军和第二军在忠县、合川发生激战——杨森率领第二军先发制人，随后川军第一军、第三军等组成联军进攻重庆。[②] 城里炮火连天，县城的百姓们都纷纷出城逃难，曾祖母就是这摩肩接踵人群中的一个。对于逃难的人来说，没有稳定的食物供给，没有安全的住所，只有土匪恶霸的仗势欺人，只有人人自危的冷漠。年幼的曾祖母能在如此恶劣的条件下幸存，或许是上天对我们家的眷顾吧。

1923 年 2 月，川军再次发生内战。川战一发生，吴佩孚即认为是控制四川的良机，于是调兵遣将，协助杨森重整旗鼓，打回四川省。[③] 同年 9 月，孙中山命令讨贼军进攻重庆。1925 年，杨森为统一四川再次挑起战争。

① 来自采访记录。采访时间：2022.8.15。受访者：爷爷、奶奶。下文中关于过去记忆的描述，如未做标记，均来自于此采访记录。

② 四川省地方志编纂委员会（现四川省地方志工作办公室）：《川军一、二军之战》，《四川省志 · 大事记述》（中册），成都：四川科学技术出版社，1999 年，第 65 页。

③ 四川省地方志编纂委员会（现四川省地方志工作办公室）：《反熊各军全面进攻，熊、但退往遂宁》，《四川省志 · 大事记述》（中册），成都：四川科学技术出版社，1999 年，第 71 页。

1928 至 1929 年又先后爆发了下川东战争和上川东战争……在战乱不断的年代，老百姓们真是“人命危浅，朝不虑夕”。

曾祖母在青年时开始学习西医，她是否是科班出身，家里的长辈也不记得了。不久后抗日战争开始。1940 年，国民政府将重庆作为战时陪都。首都的迁移不仅给重庆带来了更多官员和机构，还带来了日本人的飞机和炸弹。看着无数的百姓葬身滚滚浓烟，看着无数房屋湮灭于熊熊火焰，曾祖母学医救人的志向更加坚定，开始主攻外科。

曾祖母在毕业后（也有可能是出师后）成为一名医生，在纷飞的战火中拯救了一条又一条生命。

二、建设中的奋斗与守望

1949 年重庆解放后，曾祖母原来的单位改制为合川县人民医院。硝烟散去，和平到来，生活虽然艰苦，但总归是有了希望。多年动荡，人口锐减、经济萧条，这时，百废待兴。为了给新中国的建设注入新鲜血液，国家实行鼓励生育的政策，曾祖母结婚后生下了四个孩子，四个孩子姓“黎”。但不久后两人离婚分家，老大（我的大舅爷爷）和老三（我的三姨奶奶）跟了曾祖母一起生活。不久后曾祖母再婚，又生下四个孩子，四个孩子都姓“姜”，老五是我的五姨奶奶，排行第六的是我的奶奶，第七和第八是我的两位舅爷爷。

俗话说“荒年饿不死手艺人”，我的曾祖父凭借着精湛的钟表修理手艺，在新中国成立前的乱世中谋得了一条生路。他技艺之高为同行折服。1953 年，党中央提出：党在这个过渡时期的总路线和总任务，是要在一个相当长的时期内，逐步实现国家的社会主义工业化，并逐步实现国家对农业、对手工业和对资本主义工商业的社会主义改造。[①] 手工业社会主义改造开始后，曾祖父和县里的其他几位手工业者一同成立了手工业生产合作社。

①《中国共产党简史》编写组.《中国共产党简史》，北京：人民出版社、中共党史出版社，2021 年，第 172 页。

由于修补物件这项工作的特殊性，社员们实际上是分工劳动、流动劳动的：曾祖父这样的社员有自己的店铺，工作场所固定；有的社员会推着小车走街串巷，最后社员们按劳分配，共同致富。

1950 年，国家颁布了《中华人民共和国婚姻法》，规定了青年男女恋爱自由，结婚、离婚自由等内容。但是婚姻法推行的初期，封建残余思想观念仍然存在。像曾祖母这样离婚后再嫁的人，难免会受到非议，1959 年左右，曾祖母被医院辞退了。但是家中孩子多，仅靠着曾祖父的收入难以为继，曾祖母就开了一家小诊所，一边照顾孩子，一边看病补贴家用。曾祖母名字叫唐荣贵，她的诊所就叫“唐荣贵诊所”，后来曾祖母有了孙子，川渝方言中管奶奶叫作 gāgā（此处为口语读音，书面语中并无此字），人们就把曾祖母的诊所改叫作“唐 gā 婆诊所”。奶奶说曾祖母行医的口碑很好，十里八乡的农民被蛇虫咬了或者是扭伤摔伤等都会前来找她看病。她关爱每一个前来求医问药的病人，她说得最多的一句话就是“莫喝酒，莫吃花生”。

曾祖母的孩子们逐渐长大了，老大跟着曾祖父去学修表的手艺，老三、老五都去做了工人，我奶奶在国企做会计，七舅爷爷读了职业学校，八舅爷爷则上了高中。后辈们都有了自己的出路，一家人的生活也越来越好。

我爷爷出身农村，后来参军，在基建工程兵某部服役，在某军工厂里工作。虽然没有上过战场，但他将农民那种勤勤恳恳付出、默默无闻工作的态度带到了军工厂里。人民子弟兵凭借着优良的作风赢得了人们的尊重和敬佩，而后奶奶和爷爷在别人的介绍下喜结良缘，一同奔向美好的新生活。

三、改革中的转机与初心

1978 年十一届三中全会，开启了改革开放的历史征程。同年，我爸爸出生，在改革开放的浪潮下，我们家也掀开了新的篇章。

1984 年城市经济体制改革，实行了政企分开，大舅奶奶所在的国营皮鞋厂曾是“铁饭碗”，能够为家里提供稳定的收入，但是改革之后，工厂在竞争中每况愈下。大舅奶奶和同事们不忍心看到自己曾经奋斗的地方逐渐消逝，在工厂领导离开后，他们将原工厂转变为集体企业，自负盈亏。在大舅奶奶和同事们退休之后，曾经风光一时的皮鞋厂最终留在了历史发展的车辙里。八舅爷爷在自己的努力下考上了大学，毕业后在郑州做了老师，继续为国家培养下一代。七舅爷爷在曾祖母病重时选择辞去工作，全心全意照顾她。曾祖母心念七舅爷爷的一片孝心和年轻时为家庭做出的牺牲，立下遗嘱把家中的老宅给了七舅爷爷。

1985 年的百万大裁军中，我爷爷脱下了军装，但是他的手艺没有丢掉，他艰苦奋斗的精神没有磨去。他转行成为民用工厂里的工人。而在退休以后，他最乐意做的事情就是和当年的老战友一起，坐在长江边，戴着草帽、守着钓鱼竿，看一次次日薄西山。

伴随着经济体制改革深化，住房分配制度结束，住房商品化的时代开始。有经济头脑的三姨奶奶用自己的积蓄在合川市区里购买房产，积累了不少财富。

我的父母在改革开放后的环境下成长，吃穿不再是问题，他们将更多的汗水投入了学业，用知识改变了命运。毕业之后，为了更多的机会，两人先后来到北京打拼，在自己的岗位上贡献力量。在此之后的家史上，即将书写的是属于我的故事。

作为一名理科生，可以在自然世界中借助基础科学“上九天揽月，下五洋捉鳖”，也可以在社会生活里依靠应用科学技术造福于人们的生产生活。我立志把握时代的脉搏，发扬拼搏奋斗的精神，着眼前沿产业、关注核心技术，将来在自己的岗位上、在人生舞台上发光发热！

四、结语

无论是哪个年代，我们家并没有响当当的大人物。并非每个人都是历史中的英雄人物，但每个人都是编织历史的一针一线。我们虽然平凡，但能够将个人理想与国家的命运紧密相联，与时代发展同频共振，始终争取为国家和社会的发展贡献一份力量。在点点滴滴的平凡中，我看到了我们家代代传承、代代拼搏的伟大，看到了我们这个国家年年变革、年年发展的伟大。

饱经风霜苦难的曾祖父、曾祖母在一辈子的坚守后，终于安度晚年。火红年代里艰苦奋斗并且奉献自己青春的爷爷奶奶那一辈人，也可以在退休之后享受天伦之乐。国家腾飞过程中，父母这一辈人仍然在步履不停地砥砺前行。而在新的机遇与挑战中，国家、民族、家庭发展的重任将会落在我们肩上。为此，我要做些什么呢？我想可以用一句话概括下来：继承老一辈甘于投身平凡的朴实和赤诚心，发展新生代敢于闪耀伟大的勇气和创造力！

（指导老师：宿雅婷、贾亚萌）

国史不可无，家乘其可少乎？①

北京师范大学附属中学 · 申浩轩

刚升初中，只有十二三年人生阅历的我，对历史的认知原本只是学校教材里的朝代更迭，图书馆史书里的宏大叙事，以及那些湮没在遥远时间长河里的大人物。但当我和姥爷聊起家史，几辈人与时代交织的命运让我感到，历史并非只有宏大和遥远，历史并非只由青史垂名的少数人书写，历史亦是，甚至更是小家庭家史的交织沿袭、大家族世系的融合演变。如果说“正史”是历史的“近景”，“地方志”是历史的“中景”，那么，一个个平凡家庭“家史”的交织则汇聚融合成历史的“远景”。作为浩荡历史的背景底色，个人和家庭的命运变迁或许会虚化，会模糊，但始终不曾缺席。太姥爷家贯穿20世纪的家史构成的时代“远景”，即给21世纪的我提供了一个独特的历史视角，了解20世纪跌宕起伏的风云岁月，个人与国家命运的休戚相关，以及当下幸福生活的无比珍贵。

一、追根溯源

翻看尹氏家谱世系图，最远竟追溯到黄帝一代。一代一代往下分叉，一条一条短线往后连，最后，连到妈妈。小小的我，第一次真切地认知到自己炎黄子孙的身份。

尹姓立姓始祖般（pán），约生于公元前2480年，少昊之子，系黄帝嫡孙，封于尹城（今山西隰县东北，黄河中心地带），因以国为氏，尹姓得姓

① 唐贞观十年，尹建扬《纂修尹氏族谱》序。

自此始。[①]

随着社会发展，尹氏家族活动中心从黄河流域逐步外迁。与其他众多家族类似，尹氏家族的发展变迁也多半发生在改朝换代之际，其中三次大的变迁分别以山西尹城、甘肃天水、河南洛阳为中心，发生在春秋战国、东汉末年和唐朝末年至北宋初期。经宋朝以后更加复杂迅速地迁徙，明清以后，尹氏家族已经遍布全国各地。

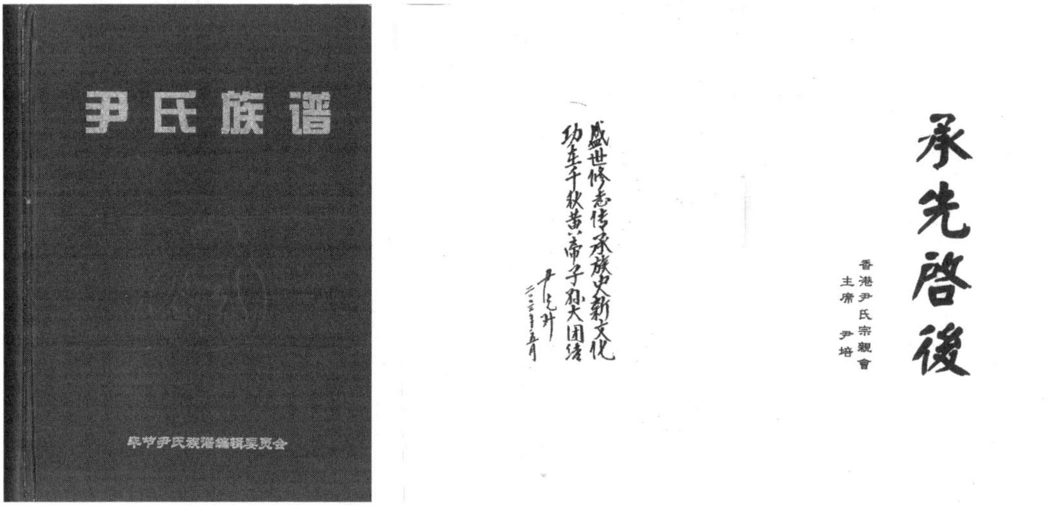

尹氏族谱封面、文前

母亲所在的贵州毕节尹氏家族，系迁黔始祖尹光扈的后代。先祖光扈系尹般 124 世孙，原为浙江宁波府奉化县城东门马家巷人氏，洪武年间随徐达破陈友谅，封武德将军。后朱元璋调北征南，1383 年被封为绥远将军，奉命赴黔，平定南方后坐镇毕节，繁衍至今已二十余世，后裔数万人，主要分布在云贵川三省。

① 2015 年，毕节尹氏族谱编辑委员会《尹氏族谱》，第 3 页。

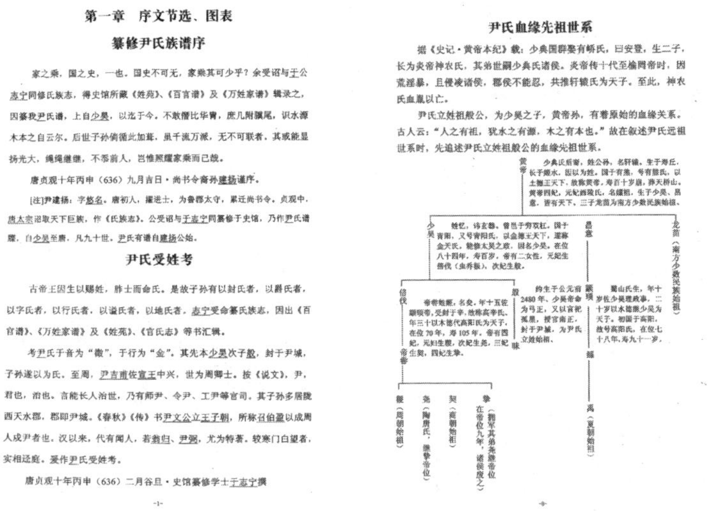
第一章　序文节选、图表

纂修尹氏族谱序

家之乘，国之史，一也。国史不可无，家乘其可少乎？余受诏与于公志宁同修氏族志，得史馆所藏《姓苑》、《百官谱》及《万姓家谱》辑录之，因纂我尹氏谱，上自少昊，以迄于今。不敢僭比华胄，庶几附骥尾，识水源木本之自云尔。后世子孙倘循此加葺，虽千流万派，无不可联者。其或能显扬光大，绳绳继继，不忝前人，岂惟照耀家乘而已哉。

唐贞观十年丙申（636）九月吉日·尚书令裔孙建扬谨序。

[注]尹建扬：字悠名。唐初人，擢进士，为鲁郡太守，累迁尚书令。贞观中，唐太宗诏取天下巨族，作《氏族志》。公受诏与于志宁同纂修于史馆，乃作尹氏谱牒，自少昊至唐，凡九十世，尹氏有谱自建扬公始。

尹氏受姓考

古帝王因生以赐姓，胙士而命氏。是故子孙有以封氏者，以爵氏者，以字氏者，以行氏者，以谥氏者，以地氏者。志宁受命纂氏族志，因出《百官谱》、《万姓家谱》及《姓苑》、《官氏志》等书汇辑。

考尹氏于音为“徵”，于行为“金”。其先本少昊次子殷，封于尹城，子孙遂以为氏。至周，尹吉甫佐宣王中兴，世为周卿士。按《说文》，尹，君也，治也。言能长人治世，乃有师尹、令尹、工尹等官司。其子孙多居陇西天水郡，郡即尹城。《春秋》《传》书尹文公立王子朝，所称召伯盈以成周人成尹者也。汉以来，代有闻人，若翁归、尹弼，尤为特著。较寒门白望者，实相迳庭。爰作尹氏受姓考。

唐贞观十年丙申（636）二月谷旦·史馆纂修学士于志宁撰

-1-

尹氏血缘先祖世系

据《史记·黄帝本纪》载：少典国君娶有峤氏，曰安登，生二子，长为炎帝神农氏，其弟世嗣少典氏诸侯。炎帝传十代至榆罔帝时，因荒淫暴，且侵凌诸侯，郡侯不能忍，共推轩辕氏为天子。至此，神农氏血胤以亡。

尹氏立姓祖殷公，为少昊之子，黄帝孙，有着原始的血缘关系。古人云：“人之有祖，犹水之有源，木之有本也。”故在叙述尹氏远祖世系时，先追述尹氏立姓祖殷公的血缘先祖世系。

尹氏族谱内页节选

二、太姥爷少年持家

妈妈的爷爷，也就是我的太姥爷，名尹大中，字树吉，系迁黔始祖光扈 21 世孙，生于 1909 年，病逝于 2002 年，他的一生贯穿风云际会的 20 世纪。[①]

太姥爷的父亲去世早，他的母亲双目失明。在十二三岁本该无忧无虑的年纪，作为长子，太姥爷却只能以稚嫩的肩膀扛起全家生活的重担，艰难谋生，照顾母亲，扶养两个弟弟、两个妹妹。后自立成家，至排行老幺的姥爷 1947 年出生，共育有 5 子 1 女。为了养家糊口，农忙之余，他要背着五六十斤的杂货到周边乡场赶集做点小买卖，远在百里之外仍当天往返，“两头黑”。机灵的太姥爷还学会了制售酿造醪糟用的“甜酒药”，小小年纪颇有生意头脑。

① 来自采访记录。采访时间：2023.1.30。受访者：尹明信（笔者姥爷）。下文中关于过去记忆的描述，如未做标记，均来自于此采访记录。

翻看家谱，我听姥爷讲家史。

人们常说无奸不商，太姥爷的“诚”和“善”却在当地有口皆碑。童叟无欺，退还别人搞错多付的钱、绝不短斤少两，是为“诚”。有乡邻囊中羞涩又确实急需物品，太姥爷会尽量让利，有的甚至让至成本价出售；有穷苦乡邻需要赊账，太姥爷尽力满足，是为“善”。不识字的太姥爷一般凭记忆记住账务，晚上回家后由姥爷他们几弟兄帮忙记，妈妈读小学后（1990 年前后）也曾帮太姥爷记过账。几十年的跨度，账务一般规模从几角几分，到几块，十几块，几十块，也有意思地从侧面反映出国家货币价值的变迁。每年年底至春节，太姥爷会汇集家里几个“知识分子”帮忙盘账。对于有的拖了好几年、还账实在困难的乡邻，太姥爷了解其家庭实际困难后，会酌情予以减免，受恩惠者多感激不尽。很多受助家庭在渡过难关后，主动偿还已免去的债务，还以各种形式感恩太姥爷的雪中送炭，并接力传扬这种善良。远播的口碑，让太姥爷生意日益兴隆，不管在哪个集市，总是他这个摊位生意最旺。

在那盗匪横行的年月，善良的太姥爷没少以德报“恶”。赶集往返路上曾被土匪绑架，死里逃生回到家后说起土匪，太姥爷认为土匪固然可恶，但有的也是为生计所迫，别再计较、报复了。还有一次回家恰遇小偷盗窃，小偷躲到床下，太姥爷发现后和颜悦色地说："幺，你赶紧出来，需要啥你拿一点赶紧走吧。别等我家几个年轻人回来了，起冲突吃亏。"小偷忙不迭地出来，谢过太姥爷就往外跑。太姥爷叫住衣衫褴褛的他，给他塞了一些吃的，才让他走。有对小偷恨之入骨的晚辈不理解，太姥爷还是"老说辞"："民生艰难，有的也是万不得已沦落至此，如果有能力，不妨拉一把，也许就挽救了一个人。"

渴望文化却没机会进学堂的太姥爷，一生吃尽了没文化的苦头，对文化教育有着超乎寻常的执念。在生意刚刚基本稳定、略有积蓄之时，一字不识的太姥爷就不惜花"重金"收藏书籍，《红楼梦》《西游记》《水浒传》《三国演义》《封神榜》《说岳全传》《东周列国》《包公案》《狄公案》……颇为丰富。解放前夕也就刚刚能解决家里吃饭问题的太姥爷，除了义无反顾地供养两个弟弟和五子一女读书，更离奇的是，还请了两位知名先生创办私学。在太姥爷的影响下，姥爷小学四年级就读完了家中所有藏书，1962 年小学毕业，以优异成绩从农村考上县城首屈一指的重点中学——毕节一中，是那年乡里唯一考上县城中学的孩子。姥爷的其他兄姊同样受益于太姥爷的管教和藏书，积累了受用一生的文化基础（后来六人中有四人从事教育工作，三人任校长），在当时已算得乡里的知识分子、文化翘楚。得空时，不识字的太姥爷还会让子女给他讲书里的故事，逢年过节请人到家里说书等。太姥爷在食不果腹的艰难日子里对文化教育的执着追求，让我深受震撼。

长兄如父，太姥爷不分白天黑夜地辛苦操劳，不仅供养两个弟弟及六个子女读书，还一手操办了两个弟弟和两个妹妹的婚配嫁娶，带领一家人从一穷二白逐渐变得小有积蓄，有了一点属于自己的土地和房产。

三、蒙冤受屈艰难谋生的岁月

新中国成立初期，太姥爷日夜操劳辛苦挣下的微薄家产却成为被划成"小土地出租"成分的依据，真乃福兮祸兮。但因不属于"地富反坏右""黑五类"，生活尚可，孩子们还陆续上了初中、高中。那时家有初中生、高中生比现在家有大学生还稀罕。

两幢颇有年代感的老宅仍在，破旧的外表诉说着岁月的沧桑。

三年困难时期，嚼草根啃树皮很是艰难，但也算顺利捱过去。那时云南境况稍好，那边又有亲戚。一向纯良默守陈规的太姥爷为了一家人的生存，冒着“反对人民公社”的大罪，铤而走险，偷偷去那边找亲戚借点玉米，再半夜到单门独户、信得过的人家去磨，得以保全全家上下十口人不受人丁损失。当时如果被抓到，不但粮食要被没收，人还要被捆绑吊打，后果严重。当时确实是生死存亡、走投无路才出此下策，好在每次都有惊无险。

至暗时刻始于1963年初，时代的滔天骇浪还是打在了太姥爷刚掌稳舵的小船上。公社书记换人，异地调来的新官上任，认定太姥爷家是“漏划地主”，这比原先的“小土地出租”成分严重多了，毕竟“地主”坐了“地富反坏右”黑五类中的“头把交椅”，在批斗教育中首当其冲。丰富的藏书被收缴后付之一炬；“包产到户”的“坏账”都荒唐地算到了太姥爷头上；“制售甜酒药”则是“开地下工厂”；大姥爷考取空军，去面试的路上被公社派人不远三十里地追回；几兄弟定下婚事的“贫下中农”未婚妻全部退婚；热爱文化艺术的几兄姊，终止了原先热爱的口琴、二胡、笛子等的吹拉弹唱，因为稍有动静就会有人举报“地下俱乐部”；姥爷初中物理实践课做的矿石收音机，则被举报“收听敌台”；村寨兴办民校有意邀请姥爷他们几个代课，公社也不放人……可怕的批斗开始了，文化不仅不被重视，反而成为“原罪”。幸好太姥爷过往广施德行，不少曾受恩于他的人对他手下留情，使他少吃不少苦头。后来形势越来越严峻，这些人支招太姥爷“三十六计，走为上计”，先出去避避风头吧，他们也快顶不住了，再不走只怕后果不堪设想。

后来，“地下工厂”一事导致家里被贴了封条，太姥爷终于下定决心，外出漂泊逃难。彼时在县城读初中的姥爷离校只能借住在亲戚家，有一次因不熟悉环境差点从二楼摔下去，每月6元的生活费也成了大问题。有一次青黄不接，姥爷在嫁到县城的大姐家借住了十几天，见大姐拖儿带女，家境也十分困难，不忍心，就说不想读书了，要出去闯荡。太姥爷知道后，请人带话让姥爷赶快回学校，安心读书，他过几天就送生活费过来。过了几天，太姥爷衣衫褴褛，脚穿草鞋，步履蹒跚，握着皱巴巴几元钱的手颤抖着，在校门外等姥爷。见此情此景，姥爷更“坚定”了退学的决心。他说：“爸，我不读了！”太姥爷当时就发了火：“胡说！读书才有出路，难关渡过会好的！你还小，你且安心读书，其他不用你管。”望着父亲历尽沧桑，孤单佝偻的背影渐渐远去，姥爷情不自禁泪流满面。以后每个月，太姥爷总能东拼西凑，然后穿着草鞋步行几十里甚至百多里，按时把生活费送到姥爷手上，并再三交代姥爷要安心读书，他背碗卖，能供他的伙食费。每次姥爷手握皱皱巴巴的几元钱，难以想象太姥爷历经了多少艰辛，费尽了多少周折，真可谓父爱如山。那时电影《可怜天下父母心》上映，姥爷听同学说催人泪下很感人。姥爷想起太姥爷在无比艰难的境地还常常要额外挤出一元钱给他补贴生活，他对这个电影名深有感触，特别想去看。但一角钱一张的电影票太奢侈了，姥爷没舍得看，遗憾到现在。

倏忽三年。逃难漂泊了三年的太姥爷身患重病，子女得知后半夜偷偷把他接回家，结果还是被有心人看到。幸得一个太姥爷救助过的邻居听到他们要举报的消息，天不亮就来家里递消息。她说："大舅娘，大舅昨晚回来了？"太姥姥说："别乱说，哪有这事。"她说："我听某人和某人说大舅回来了，要去举报。"家里人听了后心里一惊，天亮后，赶紧到公社报备，想着就算有问题，主动报备总比被人举报强。好在三年间原先作恶的外地公社书记调走，本地杨姓书记上任，他是了解太姥爷为人的，只淡淡地说了一句："回来就好，安心养病。"短短八个字看似平淡，波澜不惊，却温暖了大家庭一辈子。在那人人自危的年代，这已是他能冒险给到的最大庇护了。家里人都清楚，杨书记的波澜不惊背后涌动着多少足以覆灭这个家庭的时代暗流和巨浪。他退休后，姥爷几兄姊去看望他，提起旧事，他一声叹息："哎，我知道在我们下半街，你们可是数一数二的道德人家户呀。"

三年过去，姥爷也念完了初中。姥爷在学校虽成绩名列前茅，但因"（准）地主成分"问题，初中毕业后并没有资格升高中，只能回乡务农，其他兄姊境遇也大体类似。在太姥爷坚实的庇护下努力追逐的那一缕文化微光消隐了，前途一片渺茫，看不到路在何方。唯一的幸事是姥爷1962年就考上了初中，如果再晚一年，也没机会了。

经过短暂的消沉后，"白面书生"直面现实，扎根农业。也许是迫于生计，也许是书生意气，做什么都勤奋努力、一丝不苟的他们，做农业挣工分也毫不含糊，每日的"工分"竟比很多粗壮拙实的地道庄稼汉挣得还多。面对残酷现实，他们戏谑："哈，知识的力量！"如此牵强的解释，是这群生不逢时的"读书人"内心最后的倔强、仅余的微光。真是解释有多牵强，内心就有多倔强。

后来，政策略松动，大姥爷得亲戚引荐，悄然前往境况略好的邻省云南一个民校临时代课。所谓学校，不过是一间地处偏僻“岩头上”的低矮的土墙茅草房而已，进出都要弯腰低头。这一间茅草房里，挤着几十名学生，一二三年级都有，教师则只大姥爷一人。大姥爷在教室旁边搭了个土墙房勉强居住就算家了。太姥爷曾在一个大雾天去到大姥爷家，昏暗的光线下，大姥姥转身透过浓雾认出是父亲去看望他们时，一家人抱头痛哭，心酸落泪，感叹生活何以至此。然而，仅仅是如此这般“境况略好”的一份工作，竟也好景不长，去赶集的熟人异地撞见大姥爷教学，“举报”给生产队，生产队又把大姥爷叫回了本乡。

一边是学生无人教，一边是在乡里看不到任何出路。在讲台上口若悬河、才华有机会施展的感觉让大姥爷着迷，让大姥爷觉得那才是属于他的地方。更何况，“临时代课”虽然也看不到更长远的未来在哪里，但至少当下，比留守本乡要强不少。原来在本乡大姥爷一家 5 口人一年只能分 600 多斤粮食，还要补“口粮钱”，度日如年。到民校代课，学生凑粮食做学费（报酬），一年 5 口人能有近 1000 斤口粮，好心的家长还会送点瓜瓜菜菜，不用忍饥挨饿，比在本乡强了不少。这份工作对于没有任何别的机会的大姥爷来说，无疑有着无穷的吸引力。不甘心放弃的大姥爷几经周折，举家背井离乡迁往邻省，算是艰难保住了工作。当时能迁出去，也算是因“天时地利”——大姥爷学历高、能力强，工作兢兢业业很受认可，那边缺老师愿意接受他迁入；本乡当时粮食自给自足困难，也乐于减少人口从而减轻粮食负担，所以才“一拍即合”。据姥爷回忆，当时留守的兄姊一般刚过完年，家里粮缸就空了，全年剩余日子靠求生产队借储备粮艰难度日，寅吃卯粮、半饥半饱。生产队借楼栅烘干玉米时，遗撒在楼栅缝里的玉米粒是姥爷他们最稀罕的宝藏，总是不遗余力一粒一粒抠出来炒了吃，相比于草根和树皮，要美味许多。所以，姥爷他们几兄弟是非常羡慕第一个找到“出路”的大哥的。

留守的几兄弟继续在铜墙铁壁的沉闷现实中寻找出路。当时在生产队，劳动一天的报酬值一角多钱，不足以补贴家用，而经商是不被允许的“资本主义尾巴”。但不少被生活逼到退无可退的人，还是冒险努力在这“铜墙铁壁”中凿出一条缝。有的偷偷酿酒卖，有的偷偷扎高粱笤帚去县城卖，有的偷偷外出务工……那个时代，这些便是“敢吃螃蟹”的少数乡民能寻觅到的为数不多的出路了。少数“吃螃蟹”的人探出路后，同样挣扎在饥饿线上的人们便纷纷效仿，姥爷也曾是其中一员。

姥爷的“初次创业”是扎笤帚卖。因为有“资本主义尾巴”嫌疑，所以是不能正大光明做的，总是趁半夜人们还在酣睡时悄悄出发，步行去几十里甚至百里开外、没有熟人的外乡收购“原材料”高粱秆。大概收购到百把斤又趁夜返回。路途遥远，全靠步行，一趟往返大约3—5天。当年二姥爷也迫不得已加入这个生计的时候，还闹了“笑话”。当时没有钟表的他醒来也不知道是夜里几点，摸黑悄悄来喊姥爷出发。姥爷睁眼点灯看了看睡前封煤火的“稀煤”，大笑说：“伙计，我稀煤还没干呢，现在估计12点都不到。再睡会儿再走吧。”但后来反正也睡不着，他们俩还是没怎么睡就出发了。因怕被熟人撞见，他们先走到离驻地尽可能远、大概有十几里地、基本不会遇到熟人的地方，才敢停下来休息一下。那里有个石灰窑，是路途困顿不堪的姥爷他们打盹取暖的天堂。

返回时因为背上有“货”，最怕狗叫，尤其是离家近的地方，生怕撞到熟人。狗一叫，姥爷他们就停下来不动，密切观察动向，做好随时弃货趁夜色掩护逃离的准备。夜里背“货”的另一大挑战是困。路途遥远，走一趟不容易，一般会尽量多收一些原料才返回，所以每次负重基本都百斤以上。因为卸百余斤的货再背上很麻烦，所以一般中途不卸货，累了就用随身携带的“拐耙子”[①]支撑背上的“背架子”[②]站立歇气。有时歇着歇着就因打瞌睡连人带“背架子”摔地上，甚是狼狈。

半夜三更冒险把“原材料”弄到家，还要设法防“收缴”。前面第一次入行闹笑话的二姥爷，回来后虽然谨慎地把高粱秆藏在了楼板上，还是不幸被巡查队找到收缴了。后来求人说情，巡查队念其是“初犯”，才蒙混

① 一种负重时用来支撑背上重物，歇气缓解疲惫的农具。

② 一种用来背东西的农具，开放式结构，比半开放的背篓更能装体积比较大的东西，适合背占地方大、密度不大的秸秆类物品。

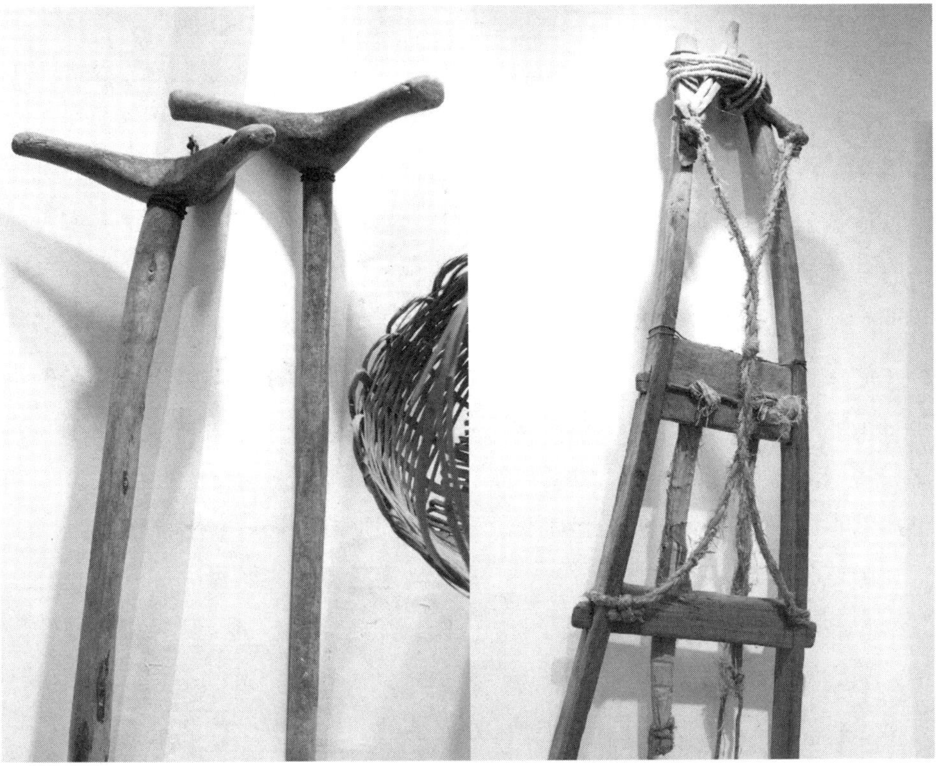

徒步负重百余斤高粱秆步行用的“拐耙子”和“背架子”

过关，没被游街示众。他的“笤帚谋生路”也就此夭折。且不说昼伏夜出，负重往返百里的辛苦，当时收购高粱秆砸进去的几十元本钱可是他全部的身家，这下全打了水漂，多年后回想起这短暂的“第一次”，他仍心痛不已。那一次姥爷把高粱秆混杂在院子里棚在树干上的玉米秸秆中，幸运保住了战果。但用于扎笤帚的“藤条”虽然分散存放但还是几乎都被搜查到了，只一卷幸免于难。

幸运地保住了原材料，接下来就是半夜通宵挑灯夜战悄悄扎笤帚。这基本是没人教的，灵巧的姥爷靠自己观摩悟道“自学成才”，一个通宵能扎十几把，扎得又漂亮又好用。姥姥有时把孩子往床上一拴，给姥爷打下手，以期多产出几把。

扎好笤帚后，就开始愁“销路”，只有完成销售，前面的所有付出才有意义。一般凑够百把斤后趁夜背去30公里外的县城卖，怕狗叫、犯困“循环播放”一遍。背上有货，也不敢走大路，都是翻山越岭走僻静小路。到了县城，也是东张西望，时刻警惕，怕被熟人看到。能碰上一些单位“大客户”买是最欣喜的，因为能一下卖出去好多把，价格上也没那么计较。如果是挨家挨户散卖，就慢很多。所以单位一向是他们可遇不可求的“大客户”。但有一次姥爷却忍痛放弃了一个求之不得的大客户——因为他远远看到了在里面工作的、他中学同班的班长。在套近乎卖笤帚和避免尴尬之间，姥爷选择了后者。命运的分野让姥爷觉得心酸难过，尽管营生艰难，但他还是放不下这最后的面子。有一次姥爷一架子笤帚没卖出去多少，寄放在县城同学家里，再去时发现笤帚基本已被老鼠啃得乱七八糟，心疼坏了。极重情义的同学内疚不已，几十年过去提起往事，心痛、同情之心仍然溢于言表。

随着越来越多的人加入这个“营生”，生意越来越难做。一开始是竞争越来越激烈，销售更加困难，后来是方圆百里各家各户的高粱秆都被收购殆尽，缺乏原材料。姥爷他们又被迫转型——到离省城不远的平坝、清镇一带去做“石工”，这在当时同样不是官方支持的营生，但生产队负责人看着大伙生活实在难以为继，就对这些谋生的出路睁只眼闭只眼了。所以姥爷他们去到平坝，轻易不敢回家，过年也不回。甚至，当年姥爷从200公里外的平坝去姥姥家相亲，都没敢回距姥姥家30公里的家，而是直接返回务工地，因为担心回去了就出不来了。当时虽然一个工只值三元左右，上交生产队“副业费”后所剩无几，但至少不会饿肚子，还可省一个人的口粮给家里人吃。

后来风声收紧，他们还是被生产队召回了。生活转了一圈，似乎又回到了原点，回到眼前这片不足以承载所有人基本生活指望的土地上。生活好像一眼望到了尽头，又好像一眼望不到尽头。过往趁夜负重赶路的艰苦，背井离乡做石工的苦累，现在倒成了难以企及的幸福。姥爷他们几兄姊倍感迷茫，担心青春岁月就此蹉跎。但太姥爷总是笃定地鼓励年轻一辈：“立德立读立勤俭，学忍学让学吃亏。记住这两句话，咬咬牙把难关渡过，以后会有好日子过的。”姥爷他们不知道太姥爷笃定的信心从何而来，但除了选择相信，又能怎样呢？也许是太姥爷鼓励使然，也许是个人兴趣使然，

20 世纪 70 年代姥爷在平坝甘草冲修的石墙房，至今仍在用。

姥爷几兄姊在这看不到任何希望的漫长日子里，仍然保留着对文化的无限热爱。那时候捡到一角报纸，他们都当宝藏一样珍藏起来，谁家有本小人书、歌书，就想尽一切办法借来抄在自己的小本子上，在背背挑担的间隙，反复品读。文化滋养虽稀薄，但也强过没有。而且，少即是多，因为资源稀少，每一样能接触到的资源他们经反复品读后，都内化成了自己的文化涵养。物以稀为贵，特殊年代似乎激发出了他们对文化的更多热爱，这种热爱贯穿了他们的一生，也成为他们日后人生轨迹变化的伏笔和注脚。

四、三十年河东，三十年河西

1978 年，难关真的过去了！生活终于迎来了转机！

党的十一届三中全会召开，拨乱反正，太姥爷家头上的“（准）地主帽子”摘掉了！姥爷他们几个初中生、高中生作为当地为数不多的知识分子，获得了去民办小学代课任教的机会。对于热爱文化教育、历经波折磨难的他们来说，能到教育一线工作如同重见天日，因此对来之不易的工作机会倍加珍惜，兢兢业业，恪尽职守。姥爷和他的大姐、大哥、二哥都先后获得民办教师转为公办教师的考试资格，后在“民转公”考试中分别以全区第一、二名的好成绩，成功考上公办教师编制，并在后来争取到进修深造的机会，生活逐渐回归正轨。姥爷说，机会只留给有准备的人。他们之所以能把握住这宝贵的机会，一方面，是因为太姥爷重视文化教育，不遗余力供他们读书，另一方面，他们始终保持着对文化的热爱，在游离课堂之外看不到任何希望的漫长日子，仍不遗余力把握一切学习成长的机会，吸收知识，一角报纸，一个听来的故事都不放过，才有了优于同龄人的储备，从而在同台竞争中脱颖而出。

由于工作中表现突出，他们几位渐次评上高级教师职称及全国优秀教师、县优秀党员等荣誉称号，后来有三人升任校长、支部书记等职，桃李满天下，其中不乏考上北京大学、中国人民大学、交通大学、四川大学、云南大学等的学生。看着学生奔赴各关键岗位，参与到祖国热火朝天的建设中，姥爷他们倍感欣慰的同时，回想自己暗无天日看不到希望的蹉跎岁月，不免感叹下一代赶上了好时候，有机会上大学，去更大的世界闯荡。

错失机会未能投身一线教育的四姥爷，却是几兄姊中最传奇、最得太姥爷真传的“家族”传人。首先四姥爷传承了太姥爷的衣钵——务农和经商，更传承了太姥爷的精神——诚信经营。四姥爷初中肄业，几十年间，他酿过烧酒，做过烤烟，经营过水泥、钢筋等建材，做什么生意都非常红火顺利。现在回头看，可谓大道至简，他生意兴隆的秘诀就是几十年如一日的诚信和厚道。就这两点，让他和供应商及消费者建立了良好、深厚、稳定的关系，一路披荆斩棘，无往不利，留下无数精彩故事在邻里之间传扬。更精彩的，是他的家国情怀、他的大局观。政府修桥补路，他义务出工、出资；政府修滴灌站占用他的土地，他没要一分征地补偿，无偿捐献；修村级公路他捐资

2000 元；2022 年新冠疫情，他花 5000 多元买了肥猪捐献给政府安排犒劳一线英雄，获颁荣誉证书；《毕节日报》不止一次采访、刊登他的事迹。

在对文化教育的追求上，四姥爷也有着和太姥爷一样的执念。大概因为四姥爷错失像其他兄姊一样去教育一线工作的机会，自觉离文化更远一些，所以更加渴求文化。四姥爷的藏书是几兄姊里最多的，也是最爱看书、最爱品书的；对下一代及孙辈的教育也是最传统最严格的；凭借诚信道义在生意场上大智若愚纵横多年并小有所成的他，也是对传统道德力量最有感触的。这几点，家里几位“教育家”都自叹弗如。

随着时间推移，大家庭逐步回到正轨。太姥爷自己的家修缮重建成大石房子，还有一个漂亮的大花园，绣球、波斯菊、鸡冠花等常年争奇斗艳，繁花似锦。姥爷辈靠知识改变了命运，靠勤劳致富，各家都慢慢不愁吃穿，并逐步奔上小康，现在家家都在镇上有两层、三层楼的大房子，甚至不止一栋，也在县城买了楼房给子辈、孙辈读书。

姥爷六兄妹在现在的家中

说来也奇怪。那些在动荡岁月对太姥爷一家诬陷举报、捆绑游街、抄家收缴的家庭，大多逐渐沦落不堪，有的日子实在难以为继，迫于生计转过头来寻求太姥爷帮助。心软的太姥爷不计前嫌施以援手，比如出借地方让他们制售砖坯，提供运输工具帮他们转运等，助其渡过难关。一些知道过往太姥爷一大家子受过苦难的乡邻，唏嘘感叹，称赞太姥爷大仁大量。太姥爷只是一声深深的叹息，这一声叹息里有对恶人恶劣行径的痛恨，也有对恶人沦落不堪的同情；有对过往苦难的唏嘘，也有对子女命运被时代改写的感慨。大半生命运多舛，见识了特殊时代人性的扭曲与善变，也见识了无边黑暗中仍倔强闪亮的人性善与爱的光辉，面对社会出的道德考卷，太姥爷还是选择“以德报怨”。同时，他也以这些恶人的命运变迁作为反面教材，教育后辈：人性终究向善，立德为先。特殊时期特殊情况下，作恶者或许一时得势得利，但必不会长久。面对困难要相信人性良善的光辉终将刺破黑暗，把人们带回生活的正轨。至于那些迫害我们的恶人，也有时代对个人的扭曲因素，大众的唾弃、家道的沦落已让他们受到了应有的道德审判。如果见死不救，我们岂不成了和他们一样的恶人。还是那句话：“立德立读立勤俭，学忍学让学吃亏。”一定要抱定正确的原则去生活。

到了妈妈这一辈，在大学还没怎么普及、但已逐步向普通人家慢慢开放的二十世纪八九十年代，处于穷乡僻壤的太姥爷在大家庭中为孙辈设立奖学金。无论男女考上大学，一律奖励 200 元，那可是一个“万元户”亦可算富甲一方能被人们津津乐道的时代。再次回望，我仍被太姥爷的魄力和眼光深深震撼。受此家风影响，妈妈这一辈一共出了六个大学生，一个中等师范生，其中不乏走出大山的复旦博士、美国伊利诺伊大学博士、西安交通大学硕士等，并有四人在一线从事教育工作。这在 2000 年前后的贵州小乡镇，已算不可多得的书香门第，有打油诗流传：“一门三校长，六个大学生；家风家教好，代代有传承。”这也算弥补了太姥爷没机会读书学文化的遗憾。

家族中部分小家庭的新家

五、延续与传承

太姥爷、姥爷、妈妈三代人的“历史”，让2009年生于北京的我，深受触动。一方面，前辈的故事让我在做人做事、立德立读上受到生动教育；另一方面，前辈的穷困苦难、资源匮乏与我的无忧无虑、衣食富足形成巨大反差，让我对“苦”有了更深刻的认知，也更懂了妈妈偶尔批评我“身在福中不知福”的深意。同样是十二三岁，太姥爷少年持家、颠沛流离、历尽苦难，为没有机会受教育抱憾终身；而我，衣食无忧、受尽宠爱，不仅有幸在顶级师范院校的附属中学学习，更有幸入读教育特色班。在如此优渥的条件下，我誓要赓续大家庭在教育上的执着与传承，做出应有的成就和贡献，弥补前辈的遗憾，不负今朝。

“家之乘，国之史，一也。国史不可无，家乘其可少乎？”[①]“大抵家之有乘，犹国之有史，郡邑之有志也。史不修，则国之治乱兴亡，不可得而见；志不纂，则郡、邑之政治得失、人才出处，不可得而见，然郡、邑之与国、家一理也。”[②]家齐而后国治，了解家史，让我懂得了“家史”与“地方志”“正史”一样重要，它们是共同构成中华民族历史的三大支柱；了解家史，也让我寻到了“根”，了解了家族世系的沿袭和大家庭家风家教的传承。家庭是社会的组成细胞，氏族是民族的血脉单元。正是家庭、家族的团结，凝结成国家民族的大团结；正是家族的迁徙繁衍和家史的点滴绵延，凝结成国家民族源远流长、波澜壮阔的浩荡历史。

（指导教师：刘英）

---

① 唐贞观十年，尹建扬《纂修尹氏族谱》序。

② 元·柳贯《柳贯诗文集》。

西北边陲的小村落

——家谱所见的传承发展

北京师范大学附属中学·尹麦兹

2021 年春节，我和爸爸妈妈一起回到爸爸的老家——内蒙古包头市尹六窑村过春节。村子位于包头市九原区赛汗街道办事处西约 500 米处，归赛汗街道管辖，村里常住人口有 1000 多人，360 多户，已有 238 年的历史。

12 岁以前的多数春节我都是在这里度过的。虽然我出生在北京，但对这里有莫名的亲切感，因为村子里有很多人都和我同姓，即使不认识的相互打个招呼，也觉得很亲切。在我 12 岁那年的大年三十，爸爸请回了我们盼望已久的家谱。这是一本 16 开 280 多页的大书，这本书是自包头尹氏祖先尹六公定居包头到现在 238 年间唯一较为完整、准确地记录包头尹氏家族发展、壮大的详实资料。翻开家谱，详尽的世系表展现出了家族成员之间的亲缘关系，书的最后一页是一张折叠的长约 50 厘米的附页（见下页图），在上面竟然可以看到我的名字，相对应的世代是“尹六公第八世孙”。

新家谱修订后，我感觉好像有一种无形却有力的手将村里的尹姓族人紧密地联系起来。大年初一各家老的小的相互串门儿拜年，我总要问奶奶这些尹姓家人的名字和辈分，然后在这个大书中仔细寻找，每次都有一些新的发现。比如和我一起打篮球的一个身高 1.8 米的高中生竟然要管我叫叔叔，他爷爷比我爸爸年长很多，竟然是同辈的兄弟。有时候这种联系会让人减少陌生感，无形中增加了家族成员的凝聚力，这种凝聚力使得家族成员间更加亲切、信任，更加团结。我也相信，正是这种凝聚力，整个家族才得以生生不息。

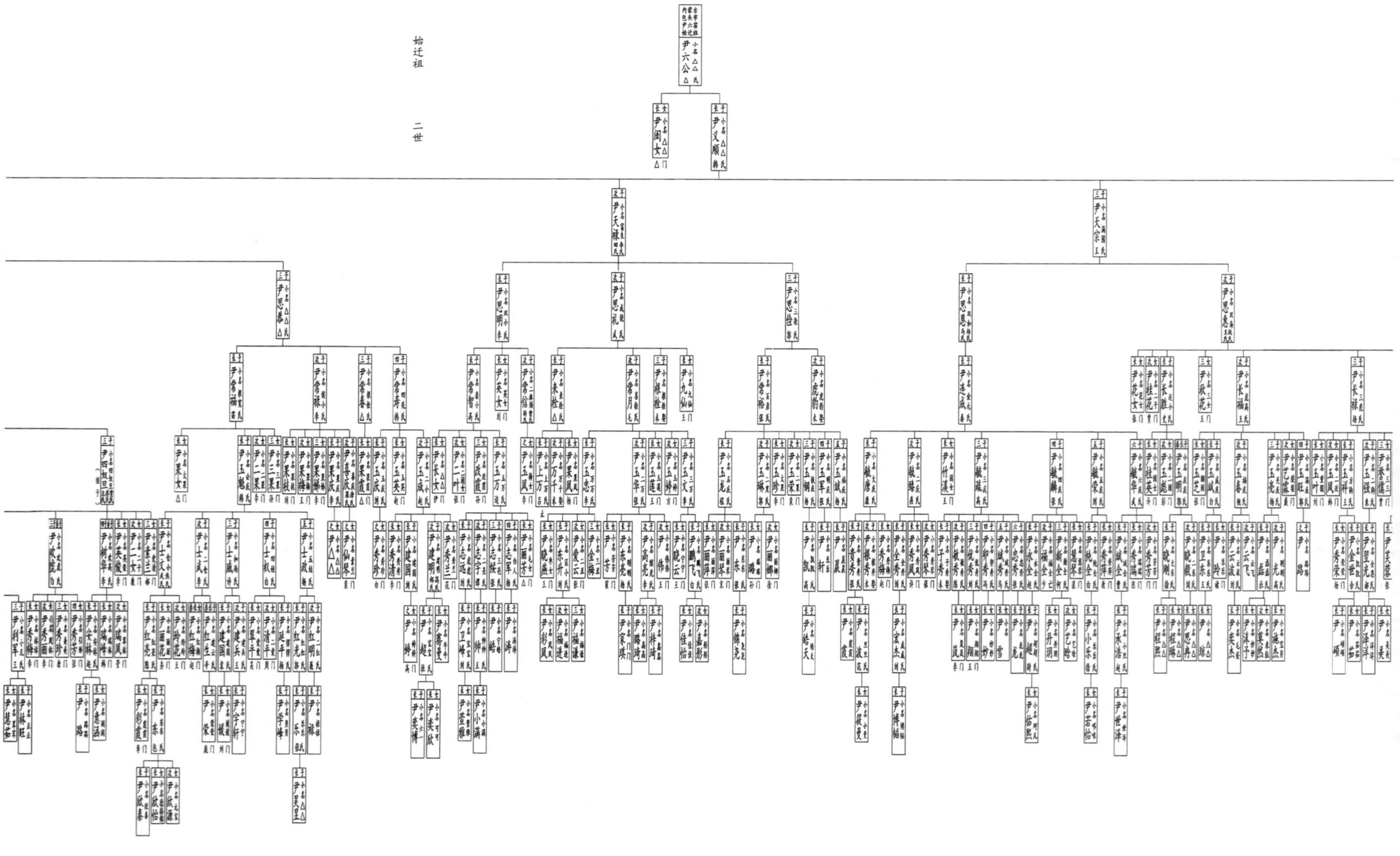
始迁祖
二世
尹六公
尹义顺
尹闺女
尹天宗
尹天禄

一、近代以前生根发芽的尹六窑村

据历史记载，山西北部的河曲县原本就土地贫瘠，自然灾害频发，再加上清政府腐败无能，又遭遇连年大旱，迫使许多农民流离失所，他们不得不迁移到地广人稀的长城以北的口外地区谋生[①]。翻阅家谱，我了解到尹六公是在清乾隆四十六年即1781年从山西河曲县木瓜梁村出发，经过河曲县城、古城、沙圪堵、纳林、坝梁、马场壕、新民堡和树林召，用一根扁担携家带口，徒步十几天，历经千辛万苦，最终到达包头市一个名叫西六壕的地方安顿下来。据奶奶讲，这条路是历史上“走西口”的路线之一。而我们的开基祖尹六公正是这段辛酸移民史的见证者和亲历者。这种跋山涉水、抛家舍业逃离式的迁徙实属无奈，为了生存他们甚至付出了生命的代价。[②]

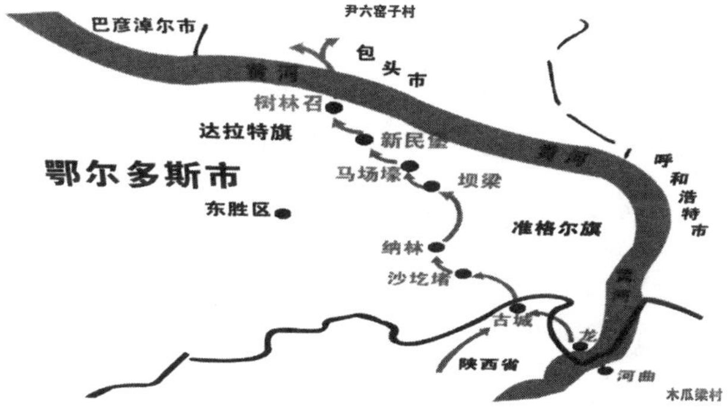

《尹氏家谱》所载尹六公走西口路线图

经过尹六公父子的不断努力，他们在当地开垦了几百亩土地，同时从口外的牧民那里学会了放牧，还开设了带有“天德堂”字号的油坊，生活逐渐富裕起来。逢年过节，他们父子都要回山西老家祭祖探亲，老家的亲

① 参考百度词条《走西口》，https://baike.baidu.com/item/%E8%B5%B0%E8%A5%BF%E5%8F%A3/35909?fr=aladdin2023年2月23日。

②《尹氏家谱》，第13页。

人们了解到尹六公在包头生活得很好，当地土地肥沃、水草肥美，就又有一些尹姓的木瓜梁亲戚投奔到西六壕。这里居住的人口慢慢多了起来，因为尹姓人居多，当地政府就将西六壕改为尹六窑村。

二、近代以来茁壮成长的尹六窑村

清末民初，村子里总共三十几户人家，只有两户是外姓人家，其他的都是姓尹的。村子里的房子都是土坯做成的，没有像样的院墙和道路。由于民国初年军阀割据混战，不务民生，尹六窑村还经常有土匪出没，他们会抢走农民的粮食和收入。那时候我的老太爷爷（太爷爷的父亲）是家族里有威望的人，他会联系周边的两个村子一起维护治安，尽其所能地帮助村民们收割粮食，然后储存在仓库里以防被土匪抢走。他还帮村民们解决大大小小的土地纠纷和家庭纠纷，避免了许多不必要的冲突。①

随着社会的发展和尹六公后人的不断奋斗、繁衍壮大，一个小小的尹六窑村已经很难满足人口增长带来的对土地的需求。尹六公的后人们勇于开拓，外出寻找各自理想的发展道路，有的去做生意，有的去临近村庄开垦更多的土地，有的去当兵，先后从尹六窑村搬迁到包头市东河区、青山区、韩圣基窑村、宋家壕、兴胜窑村和麻池等地。也就是从那时起，尹六窑村的尹氏家人们开始分布在包头市的各个地方。

三、新时代枝繁叶茂的尹六窑村

中华人民共和国成立后，包头市作为当时的西北重工业基地，先后建立了第一机械厂、第二机械厂和包头钢铁集团等大型工业。随着城市规模扩大、人口数量不断增加，城市对粮食和蔬菜的需求也逐渐增加。尹六窑村主要是在农业公社集中管理下生产粮食和蔬菜，以供给城市居民的需要。

---

① 来自采访记录。采访时间：2 月 3 日。受访者：作者的奶奶。

尹六窑村尹氏旧居（窑洞），建于 1960 年左右。

尹六窑村尹氏旧居（砖瓦房），建于 1982 年。

1955 年尹六窑村设立尹六窑生产大队，1958 年加入国营共青农场。当时 19 岁的爷爷高中毕业，作为包头钢铁集团建厂后的第一批技术工人被派往四川学习钢铁技术，1959 年回到包头钢铁集团，一直工作到 1962 年。尽管每月有爷爷 18 元的工资和单位供应的口粮，还有太爷爷在村子里种地收获的粮食，但一大家子人的生活依然捉襟见肘。爷爷为了能照顾家人，帮助家里增加劳动力并解决温饱问题，就辞去了工作，回到村里一心一意种田并帮助太爷爷操持家业。1980 年，也就是爸爸两岁那一年，尹六窑村在各级党委政府的支持下从实际出发，实行家庭联产承包责任制，很快就将土地包产到户。这样家家户户可以根据市场需求种植各种蔬菜和粮食，当季的蔬菜可以直接送到市场销售，而且多劳多得，人们的积极性得到很大提高。村里人们的收入开始多了起来，生活也慢慢富裕起来，土坯房换成了砖瓦房，政府规划了整齐划一的新宅基地，坑坑洼洼的泥土路变成了沙石路面，有的人家还开上了拖拉机。尹六窑村，还凭借离城市近、土壤肥沃、水源充足的优越条件吸引了越来越多村民的亲戚朋友来这里安家落户。

2005 年，党的十六届五中全会后，全国大力推进社会主义新农村建设，尹六窑村更是有了翻天覆地的变化，人们的生活水平有了显著的提升。大多数村民都从原来的平房小院搬迁到大气整洁的居民楼，生活体验越来越好。马路焕然一新，交通四通八达。村里的休闲中心受到老年人和小朋友的青睐，孩子们跑跳玩闹，尽情挥洒汗水，广场上唱歌的、跳舞的好不热闹。社区中欢声笑语，道路上车水马龙，集市里熙熙攘攘……

尹六窑村居民区，摄于 2016 年。

河曲县木瓜梁村老屋，建于 1950 年左右。

河曲县木瓜梁村尹氏居住的窑洞，建于 2000 年左右。

今天的木瓜梁也发生了有史以来最大的变化——公路加宽加厚，青灰色的水泥路通向家家户户的门前；太阳能节能灯安装到了每家每户的大门口，结束了过去没有路灯的历史；自来水入户，结束了村子里几百年来挑水吃的历史。

后记

合上家谱，我思绪万千。200 多年前先辈们背井离乡，远至他方寻求生命的延续；栉风沐雨，辛勤劳作，建设新的家园；一个承载了几代尹姓家人记忆的小小村落在西北边陲生根发芽，从无到有，发展壮大，时刻和新中国同呼吸，共命运。特别是在 2008 年奥运会后，尹六窑村主动腾退了大量的土地和草场，建成了包头市最大的城市绿肺——赛罕塔拉公园，为子孙后代留住了绿水青山。现如今，尹六窑村高楼林立、绿树成荫，尹六公的后人也已经多达 600 多人。他们大多数都生活在包头市的各个角落，为这个城市的发展和壮大添砖加瓦。尽管他们鲜为人知，但是他们仍无怨无悔、默默付出。

《尹氏家谱》封面

《内蒙古地名志》相关记载

尹氏家族的兴盛得益于尹姓家人们自强不息的奋斗，更得益于祖国的强盛和繁荣。如今的中国早已不是几百年前的中国，现在她所释放的能量是他人无法想象的。尹氏家族的兴盛并非偶然，而是有一个强大的祖国在支撑他不断发展壮大。

（指导老师：刘英）

这里是北京之“话说北京人”

北京师范大学附属中学 · 李佳洋

老北京，是生于斯长于斯的老北京人的根，也是生于斯长于斯的新北京人的脉。有根才有脉，有脉才有魂。了解老北京，才能热爱新北京。

——刘一达

打电子游戏组队的时候，总有队友会问我是哪里人，我当然回答北京人。可爸爸说，你小时候说话学《熊出没》，现在满嘴“666”的网络用语，哪像北京人？我就奇怪了，我生在北京、长在北京都 13 年了，怎么不像？

北京人什么样？是初一历史课本第四页那样吗，哈哈，肯定不是。那北京人该什么样呢？是像奶奶姥姥那样爱喝豆汁的人，是像姥爷那样对北京的车站交通了如指掌的人，还是像妈妈那样对胡同生活充满感情，或者像爸爸那样时不常冒出句京味土语的人？ 2023 年的春节，当全家人坐在一起吃团圆饭的时候，我请他们讲了自己的经历，讲了他们见过的、听过的他们祖辈的生活。在他们的讲述中，北京人的样子慢慢地在我的脑海中清晰了起来……[①]

一、清朝中期到新中国成立前

奶奶说：“你的太姥姥（奶奶的母亲）和你的太姥爷（奶奶的父亲）应该算是老北京人了，他们的祖辈就生活在北京。但太姥爷的祖上据说是清

① 来自采访记录。采访时间：2023 年春节。受访者：奶奶、姥姥、姥爷、爸爸、妈妈。下文中的回忆，均来自于此次采访。

朝中期从江南移居到北京的。太姥姥的祖上原在北京，大概是清朝慈禧主政的那个阶段，到南方当官，后来病死在任上。家道中落，后人改学了手艺，学做生意，辗转回到北京。”

据奶奶说太姥姥的父亲是在西四开首饰店的商人，至于铺子叫什么奶奶已经记不清了，只记得太姥姥说是前店后厂。历史上，“东单、西四、鼓楼前”是北京当时三个有名的繁华商业区。据不完全统计，清末民初时，西四牌楼商铺云集，有恒聚、永聚、永德聚、广聚和等炉房（熔炼金银的作坊），还有义和首饰楼[①] 等金银首饰商铺，祖上的首饰楼大概就是这其中的一家吧。

太姥爷一家原住在西城区羊肉胡同，后搬到宣武区椿树上头条胡同 14 号。太姥爷家的祖上曾有人供职于清末的六部，太姥爷所受的教育不是当时流行的私塾，而是上了公学，并学会了外语。在民国时期，他在邮局担任文书类的职务。

太姥爷与邮局同事工作照片

①《说说“西四”》，2021 年 12 月 26 日，网址：https://www.sohu.com/a/511676882_121124760。

邮局外景装卸照片

与邮局负责人及同事合影，第四排中靠右圆脸者为太姥爷。

奶奶听太姥爷说，民国时邮局的负责人有法国人、英国人，夏天的时候他们会带职员去香山度假。因近代邮政是从海关兼办邮政开始的，带有浓厚的半殖民地色彩，所以邮政的管理权始终由洋员掌握，邮政高级管理人员几乎全部为洋员。太姥爷工作的地方就在天安门东侧户部街的邮局洋楼中，他曾带奶奶多次去过。该楼在1977年拆除，原址大致就是现在天安门管理委员会所在地往西紧靠天安门广场的位置。太姥爷在这儿一直工作到20世纪60年代退休。

1922年建成的北京邮务管理局旧址照片

姥姥说：“我的爸爸是山东掖县人，1928年16岁时来北京做学徒。”据姥姥回忆，老姥爷来北京后曾先后在几家商号做学徒，这些商号大多是在前门一带。当时北京外来移民有不少山西人和山东人，山东人多从事商业活动。北京菜以鲁菜风味居多，有著名的八大楼，北京的粮业和猪业也大多是鲁商经营。据20世纪20年代官方的统计，北平（今北京）市粮业商号大小约2000家，鲁商占80%。当年，前门外有肉市和猪市，如今留下了肉市胡同、珠市口等地名。北京的绸布业也以山东人经营为主，以八大祥为代表[①]。老姥爷就这样学了些手艺，做了商号的正式伙计，有了稳定的事业，慢慢在北京安顿下来。

在奶奶和姥姥的回忆中，她们的父母讲过许多当时的三教九流、五行

① 张双林《北京历史上的山东“北漂”》，《北京晚报》2019年2月20日。

八作：有民族资本家，有旧警察巡官，有教书先生，有商号掌柜，有街上的小贩，有店铺里的伙计，有落魄的八旗子弟，有银行的职员，有梨园的名宿，有隐藏的地下党……听起来就如同老舍先生笔下的《四世同堂》与《茶馆》里的各种人物，让我了解了一段民国众生相。说来也巧，太姥姥当年住的前罗圈胡同和老舍先生出生的小羊圈胡同（今小杨家胡同）相隔只有 500 米，不知道老舍先生笔下的人物原型是不是就是太姥姥当年所见过的那些人呢。

二、新中国成立到 20 世纪 60 年代中期

奶奶和太姥姥、太姥爷以及他们的老人一直住在椿树上头条 14 号院。

1956 年公私合营，老姥爷由商号里站柜台的伙计成为二商局下属的日用杂品批发部正式职工，老姥姥带着一家人从山东搬到了北京，住进了前孙公园胡同 32 号院，那时姥姥 6 岁。

前孙公园胡同口名牌

20 世纪 50、60 年代正是奶奶、姥姥美好的少年时光，也是新生的中国欣欣向荣搞建设的时候。每到周末，北京各大公园就会涌入很多游人。1955 年上映的电影《祖国的花朵》，讲述了 50 年代，北京小学（也是我的母校）五年级某班小学生在学习与家庭生活中互相帮助、共同进步的故事。电影里少先队员过队日、打着队旗徒步天安门广场、春游做游戏、家里生火做饭烧煤球炉子……都是奶奶、姥姥儿时生活的真实写照，她们至今还能一字不落地哼唱这部电影的主题曲《让我们荡起双桨》。而更让她们印象深刻的则是她们住的北京四合院。

那时的四合院还比较规整，没有私搭乱建的小房，一个大院子也就两三户人家。奶奶记得椿树上头条 14 号院里后面有个小花园，到了春天，满园的海棠、丁香、月季、茉莉、芍药、藤萝、夹竹桃、指甲花，各种花开得灿烂。院中有棵桑葚树开白色的花，结了桑葚，她哥哥就上树去摘。到了夏天，条件好的人家会搭起天棚乘凉，院子里的石榴树枝叶茂盛，山墙上爬满藤萝，从夏日炎炎的街面上走进院子，就仿佛进入了清凉世界。

姥姥住的前孙公园胡同 32 号院里有一棵大枣树，不到十月，结满了红彤彤的枣子。她弟弟拿梯子爬上房，站在房顶上用竹竿去敲打树枝，像下了一阵枣雨，劈里啪啦地落在院子里和屋檐上，在屋里都能听到枣子从房檐上咕噜噜地滚落啪嗒啪嗒落到地上的声音。一杆子打完，躲在屋里的人都涌出来，拿着脸盆、小筐去捡。捡完了，跑回屋里，房檐上的人再打一杆子，屋里的人再跑出来捡……

这都是她们的童年乐趣。

那时候，北京的四合院基本保持着原貌。椿树上头条和前孙公园胡同都属于椿树街道。椿树地区住有多位文艺名人：姜妙香、袁世海、萧长华、连阔如……奶奶家的隔壁就住着四大名旦之一的尚小云一家。20 多年后，姥姥在椿树街道办事处工作，那里是余叔延的故居，是保存很好的四合院。可后来异地迁移复建了，十分可惜。

前孙公园胡同 32 号院

现在，她们生活过的四合院都已经拆掉了。当我给她们读起邓云乡先生的散文《老北京的四合院》的时候，马上又勾起了她们对当年生活的回忆。

三、20 世纪 60 年代中期—70 年代末

前一阵，我家人在看一部叫《人世间》的电视剧，这让我知道了作家梁晓声，知道他写了《今夜有暴风雪》《这是一片神奇的土地》等不少描写东北知青生活的小说。

姥姥、姥爷说读了梁晓声的小说几乎就是当年他们在北大荒的真实经历。

1968 年，在毛主席“知识青年接受贫下中农再教育”的号召下，一场声势浩大的知识青年上山下乡运动开始了。奶奶、姥姥、姥爷等 1966—1968 年上初高中的同龄人终止了学业，参加上山下乡运动。姥爷原是河北省秦皇岛昌黎人，1949 年后随他父亲到了哈尔滨。姥姥、姥爷都是在 1968 年参加了东北建设兵团，和众多来自北京、上海、东北、天津等地的同龄

人作为第一批知青来到了北大荒，垦荒支边。

事实上，上山下乡和建设兵团存在着许多差异。1969 年中苏关系紧张，毛泽东向全国发出了“全民皆兵”“招之即来、来之能战、战之能胜”“备战备荒为人民”等一系列关于备战的指示，兵团是在边疆担负中央赋予的屯垦戍边历史使命的特殊社会组织。兵团对政治审查比较严格，只有家庭出身好的才能加入，近似参军。姥姥、姥爷通过政审之后，就进入了东北建设兵团。他们一到兵团就发了一身没有领章帽徽的绿色军装，军装穿在身上，他们感到十分光荣。

兵团的生活条件比农村插队的条件要好一些，可以吃食堂，但即便如此，生活条件也是十分艰苦的。姥姥、姥爷他们来到的地方是黑龙江省同江县勤得利农场，这里离中苏边境黑瞎子岛不远。他们到这儿的时候，已经有边防军队在这里开垦了少量荒地，搭建了简陋的平房。连队缺水，经常一两周洗不上澡，不少人身上长了虱子。蚊子、小咬众多，一飞一大片，姥姥刚来就因为水土不服生病，住了院。

因为是在边疆未开垦的土地上劳动，其强度和危险性比插队的知青甚至更大一些。有一次，作为连长的姥爷带领知青冲进齐腰深的水中，抢回来当年的麦子，荣立了三等功。

兵团是准军事化管理，十分严格。姥爷是连长，不少人也有军队的干部称呼，并且配有枪支。姥爷还是连里的优等射手，他们会去山林里打猎，来改善连队里没什么油水的伙食，在艰难的生活条件中苦中作乐。即便天寒地冻、连队里物资匮乏、生产生活的条件十分有限，姥爷回忆起那时的生活总是兴奋的，仿佛又回到了他们战天斗地、干劲十足的热血青年时代。

姥姥出院后在农场里当上了小学校长，管理着百十来个学生，每天放学后都要给差生补课，而且几乎每天都要去学生家家访。每个学生的进步都离不开她的付出。后来她的学生有的继承她的事业当了老师，成为当地的特级教师，他们都说忘不了当年张老师对他们的教导。至今，她的学生们还经常上门来探望她。20 世纪 70 年代后期，姥姥、姥爷经人介绍在连队结婚，在 1978 年生下了我妈妈，照片背景就是他们开垦的田地。

那是一段难忘的经历，对于那一代有梦想的年轻人来说，是刻骨铭心的，我曾见到姥姥姥爷遇到兵团战友时流泪。即使知青返城了，姥姥、姥爷还经常与农场的战友们有书信往来，这些书信至今还被精心珍藏着。

姥姥和农场小学学生合影

姥姥抱着我妈妈

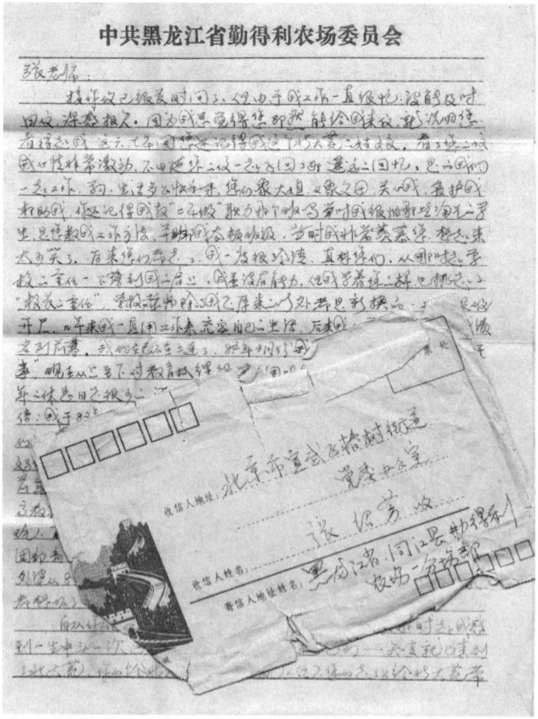

中共黑龙江省勤得利农场委员会

信件

四、1979年—1990年

1979年，随着知青返城的大潮，姥姥带着还在襁褓之中的妈妈回到了前孙公园胡同32号。这时候北京城的居住条件已经发生了很大改变，奶奶、姥姥当年住的四合院由于分家、换房、出租等种种变化，由一家独住变为多家租户共处。太姥爷把平房换成了单位的楼房，搬离了胡同。1976年唐山大地震之后，北京的胡同中搭建了好多地震棚。知青返城，人口增加，大部分四合院里都多出了许多自己搭的小房，彻底变成了大杂院。姥姥回城后没有被分配工作，她认真学习，经过考试，成为椿树街道办事处的工作人员。

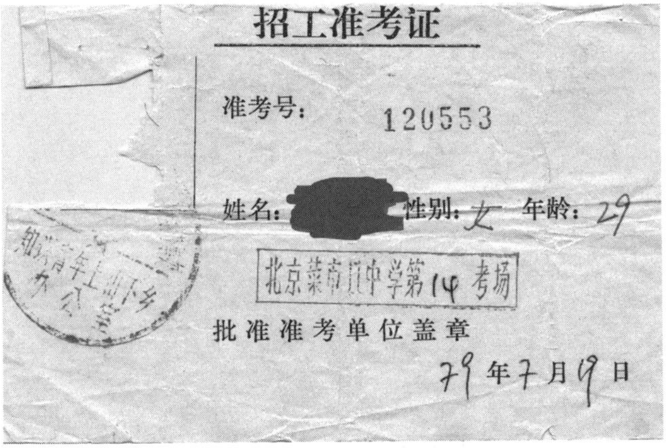
招工准考证

准考号：120553

姓名：[redacted] 性别：女 年龄：29

北京菜市口中学第14考场

批准准考单位盖章

79年7月19日

姥姥当年的招工准考证

母亲幼年照片

那时候，姥姥和妈妈回京之后房子很挤，在姥姥兄弟的帮助下，她们在院里搭了个几平米的小房，姥姥和妈妈就住在那里。建房过程如电视剧《贫嘴张大民的幸福生活》中的情节一样充满戏剧性：找人帮忙，设法找沙石、砖瓦，和院里的刺儿头邻居斗智斗勇。那时候，小小的院落已经变得拥挤，两家隔着一道墙，咳嗽一声都听得见绝不是夸张。谁家吃什么，到了饭点儿，你在院里准能闻得出来。这么小的空间住上四到八户人家，矛盾是少不了的，但你出门时从不用锁门或者担心丢东西，有了事院里的人也会伸出援手。每当回忆起那段胡同生活，妈妈和姥姥总会笑着说和这电视剧里演的差不多。

姥爷先是回到哈尔滨，接替了自己父亲在工厂的工作，后来经过调动，终于在 1983 年调到了北京铁路工作，结束了两地分居，全家终于得以团聚。他们在胡同里生活了十来年，直到 90 年代搬进楼房，妈妈从幼年到中学都是生活在椿树街道的院落中。穿过一条条胡同去上学，和同学在胡同里奔跑游戏，她对胡同生活是很有感情的。

姥爷年轻时工作照

在知青返城的同时，中央落实了知识分子政策。改革开放政策，开启了中国富强的新阶段，如歌曲《春天的故事》中所唱的那样“迈开了气壮山河的新步伐，走近万象更新的春天”。我爷爷可以算是当年比较早的受益者。

爷爷出生在石家庄，祖辈原是天津人。曾祖父在新中国成立后到北京工作，把家搬到北京，爷爷就来京上学，毕业后在清华大学精密仪器系当老师。当知识分子政策落实后，整个知识文化界是精神振奋、充满干劲的。他们废寝忘食地搞科研，经常是奶奶和爸爸已经睡下了，他还一个人在小屋里熬夜画图纸。改革开放后，据奶奶说，爷爷属于清华大学里最早“吃螃蟹”的一批人，他和系里的老师、技术人员在校外注册了技术公司，给工厂搞设计，用知识创造财富。在20世纪80年代中期，爷爷用一年的时间就给家里买齐了当时的“三大件”（冰箱、彩电、洗衣机）。奶奶说那时候每逢家里来客人聊天，爷爷总会夸党的政策好。

爷爷与同事测试仪器时的工作照片，右一为爷爷。

后记

写到这里，近百年的家族历史在我的脑海中逐渐从模糊变得清晰。我的长辈们或是在北京土生土长，或是来自天南地北。不论是哪里人，他们汇聚到这里，生活在这里，而北京接纳了他们。他们建设着北京，改变着北京，北京也改变着他们。姥姥早已习惯了北京的豆汁，姥爷比一些北京本地人还熟悉北京的道路街道……当你说起北京人的时候，那豁达开朗何尝没有山东人的影子，幽默乐观又多像东北、天津人，讲究礼仪文化也有江南的韵味……

北京，海纳百川，包容万物。这，就是北京。

（指导老师：庞也）

平凡中见不凡

——家史点滴[1]

北京师范大学附属中学 · 李响

有些记忆，只属于过去。可有些记忆，是沉重的、值得重温的历史。

——题记

寒假期间，我前往河北省秦皇岛市，去姥爷姥姥家。太阳高照，阳光透进窗户，照在一张张黑白老照片上。这些照片静静地躺着，等待着那个人，等待着被揭开回忆……就这样，我铺开那些照片，姥爷也开始了回忆……

一、一代文人的使命与担当

我的太姥爷徐风陶，字百鹿，号海上老人，1906 年出生于辽宁省沈阳市。

1922 年，太姥爷考入抚顺师范学院，并以优异成绩毕业。1926 年，一位沈阳商界名人聘请他为家庭教师，为其子辅导国文等学科。他一边辅导学生，一边继续求学读书，曾师从吴北江教授（桐城派代表吴汝纶之子）和于省吾教授（甲骨文大家）。他受到了于省吾教授的赏识，于教授称他“人才难得”。

1931 年，“九一八事变”爆发，东北各大学学生纷纷涌入关内，25 岁的太姥爷作为学生代表，前往南京参加请愿活动，要求国民党政府停止内

① 来自采访记录。采访时间：2023 年 1 月。受访者：徐家骥。

战、一致对外。太姥爷在集会上慷慨陈词，抒发东北沦陷、国破家亡的痛楚。他满腔热血，勇敢地走在爱国运动的前列。

1935 年，太姥爷赴苏州。当时国学大师章太炎先生在苏州开办国学讲习会，太姥爷成为其中一名学员。在章太炎先生主编的《制言》刊物上，太炎先生和太姥爷师生分别以文和诗的形式，沉痛悼念抗日烈士，太姥爷以“平生慷慨志，目若无东瀛”“烈士怀愤懑，思欲靖时难。屡请终军缨，时兴定远叹”“烈士志勇决，成仁自怡悦”[①] 的诗句展示了烈士宁为玉碎，不为瓦全，慷慨赴死以唤醒国人的铮铮铁骨和凛然正气，同时对日本侵略者的种种罪行大加挞伐。至今那本《制言》还放在红木抽屉中，灰黄色书皮的外表下是那段跌宕起伏的历史和一位青年的满腔热忱，具有以诗存史的价值。

1937 年之后，太姥爷以深厚的国学功底，长期在教育一线传播国学。他以“得天下英才而教育之”为己任，名都重镇有他的足音，穷乡僻壤有他的足迹，可谓桃李满天下。他一身士骨，以国学的巨大魅力，抵制日寇妄图亡我国魂的野心。1949 年中华人民共和国成立以后，太姥爷一直从事语文教学工作。由于诗文讲得通透、精准，大家赞不绝口地说：“第一把交椅，属于徐老师。”

太姥爷心中装着一部饱受屈辱和蹂躏的中国近代史：西方列强海上扩张，沙俄陆上扩张，中国处于海陆夹击之下，清政府内忧外患，国势日蹙，国运危殆，沙俄趁人之危，趁火打劫，侵占我国大片领土。1969 年，珍宝岛事件爆发。苏军侵入我国珍宝岛后，太姥爷义愤填膺，以一腔还我河山的激情，开始了历时十年的边疆史写作。他主要研究了《尼布楚条约》以来我国东北、西北边疆的历史。无论生活如何窘迫，太姥爷仍十年如一日坚持写作，以详实的史料廓清了边疆历史演变，还原了历史真相。

1976 年，太姥爷撰写了《徐百麓诗选》[②] 一书（1993 年出版），书中多是五言、七言绝句，因诗味浓郁，短小精悍，雅俗共赏，一时间大家都争

① 章太炎、徐风陶：《萧一之墓碣——附题萧烈士遗像》，《制言》1936年第 11 期，第 84—85 页。

② 徐百麓：《徐百麓诗选》，甘肃人民出版社，1993 年。

相传阅。为了传承国学传统，唤回国学记忆，太姥爷还在秦皇岛办起了国学班，可谓石破天惊之举。每次讲课，学校的阶梯教室都挤满了人。国学班在当地的影响很大，太姥爷成为“国学热”的先行者。很多学生受国学班影响，对学习文化知识产生了浓厚的兴趣，考入大学后继续深造。国学班的开办也为后来秦皇岛市国学研究会的成立奠定了基础。太姥爷一直坚持讲学，直至 1981 年去世。随后姥爷兄弟四人继续将国学班开办到 1986 年。2000 年大姥爷又重新开办国学班，一直坚持到今天。

太姥爷一生贫寒，穷居陋巷，但仍自得其乐。他时常高吟他的得意之作：“陋室沉沉曲巷藏，西窗申酉见斜阳。观书独坐青毡透，人世方昏我始光。”散文家奚学瑶先生曾在他的《想起徐百麓先生》一文中写道：“我曾去过他的府上拜访，他的府上处于一条狭窄幽暗的小胡同中，两间破旧矮小的住房。先生此时身穿有些褴褛的衣服。这是一个贫民窟，先生生活与贫民无异。生活在这种境遇中，依然还想为社会做一份贡献，先生可谓是孔夫子的好学生：‘一箪食，一瓢饮，在陋巷，人不堪其忧，回也不改其乐’。儒学思想熏陶了无数代中国士人，他们遵照这个信条，走过一条条晦冥的人生隧道。唯有少数获得各种机遇而闻达者，享受肥马轻裘的风光，只是这种风光与徐百麓先生是无缘的。”这段文字掷地有声，我想，这正是对太姥爷心境与形象的真实写照吧。

太姥爷的经历，向我们证明了中华文化是我们的精神支柱，使我们有一种广远的视野，有一种担当大任的志向，有一种自强不息的斗志，有一种天下胸怀，与世界同向同行，开创美好明天的责任感。

二、一个凡人的胸怀与执着

我的姥爷 1949 年出生于河北省秦皇岛市。1959 年，十岁的姥爷亲身经历了“三年困难”时期。他时常吃不上饭，一位家里做卖煎饼生意的同学每天早上都会分一些煎饼给他。所以姥爷总跟我讲：“我们的上一代，曾经长期在战乱中煎熬。我们这一代的青少年时期正值共和国初建，因物资匮乏，很多时候生活上饥馑不足。你们这一代恰逢盛世，但不要忘记过去，要珍视今天，勤俭节约，珍惜每一粒粮食。”

1968 年，广大知识青年热烈响应毛主席号召，上山下乡，姥爷也加入了“到农村去、到边疆去”的队伍。农村生活，真的是披星戴月，早出晚归。春耕是最苦的，每到这个季节，要耕地下种。姥爷总是“扛大炮”——扛起长长的犁杆，左右各牵一头驴拉犁，农民叔叔在后面扶犁。到了拐弯处，被驴踢、踩到脚是常事。讲起这些，姥爷的话匣子打开就合不上了。为了保墒情，要拉石滚子压地，生产队长也常派这个活给他，半天完成一片地是硬任务。为了完成任务，他总是跑着拉滚子，汗水从头湿到脚是常事。

姥爷说，成长的路上也是一路坎坷：城里孩子干农活，不仅笨手笨脚，还常搞“破坏”。春雨过后，苗草竞生，很难辨认。锄地是精细活，要见草下锄，农民锄地如飞，留苗不留草。而姥爷虽然小心翼翼，却总是留草不留苗，惹得惜苗如命的农民震怒，劈头盖脸地批评他。姥爷无地自容，一口气跑到山顶去呐喊，喊累了，气消了，就回来了。渐渐地，姥爷学会了农活，心理也更强大了。他深有体会地说：“有时候成功并不难，难的是失败、跌跤了能站起来，挺起胸往前走。一条路是一蹶不振，一条路是百折不挠，要选择后者。因此心理强大这门功课要早早做好。”

为了解决十年九旱的问题，当时中国大力兴修水利。修水库需要民工，姥爷便加入民工队伍，每天拉小土车上大坝，堆土砌石，盼望着大坝早日竣工。姥爷还说了件新奇的事，农村条件差，晚上睡觉时总听到老鼠们在棉花秸秆堆里窜来窜去的声音。睡熟时，老鼠窜到炕上被人压死的事也不鲜见，姥爷就曾亲耳听到过小伙伴压死老鼠时发出的尖叫声。即使在这样艰苦的环境下，姥爷仍不忘钻研国学。在农村生活那几年，姥爷的衣兜中总揣着一个笔记本，里面尽是读书精要摘录，他要读之成诵。这期间，他时时在先秦诸子、四书五经、八大家散文、唐诗宋词及《史记》等经典中寻觅国学思想、历史智慧与艺术精华。

1971 年，姥爷返城做了三年建筑公司的临时工，建筑公司的领导发现他知识渊博，把他调到办公室，负责宣传教育工作。他写的标语时常挂在工地的墙上，其中一幅“拿起一块砖，想到一百年”影响最大。他给工人干部讲法家著作，大家夸他：“这小伙子，有学问，口才好，前途无量。”1973年，姥爷凭借丰富学识开始做老师，从事教育工作15年，教初高中语文、历史。

1989年，姥爷调到党政机关研究室从事调查研究工作，一直到退休。他经常深入基层进行调研，写调研文章，为领导决策做参考。他的论文、长篇通讯、诗歌都曾多次获奖，大家称他为“笔杆子”。《秦皇岛国学》创刊号向他约稿，他的《“和”文化的当下启示》[①]一文被采用。文中重点引述了先秦诸子反战尚和、天下“定于一”的主张，通过对“和而不同”“求同存异”和“竞异求同”的阐述，作出了“无一无同则乱，唯一唯同则僵”的结论。因文章有深度、有新意而倍受好评。姥爷说，他的笔上功夫离不开青少年时期“傻大胆”的经历：年轻时，他骑一辆老旧自行车从高山坡上滑下来，滑进悬崖边的小沟坎里，没跌入万丈深渊，但跌晕了，有幸被赶来的村民救下；夕阳西下，自己将船划到大海深处，去时易，回来难，最后划了六个小时才划回来，半夜才上岸，可谓大难不死；猴子一样爬上树，捅了马蜂窝，被蛰得满头是包……姥爷说，这一切都是财富，练就了“放胆文章拼命酒”的胆识。

姥爷多次在秦皇岛市国学研究会进行国学专题讲座。2011年，秦皇岛市国学研究会举办了面向社会的国学讲堂，姥爷以“先秦诸子思想精华”为题，作了系列讲座，为国学如何大众化、化大众做了新的尝试。姥爷为有自己的一片天地而自豪，他虽然平凡，却活得厚重，始终做着他该做的事，脚踏实地，孜孜以求。

回首往事，姥爷认为是农村的经历锻炼了他。他常深有感触地说：“年轻时吃点苦，找点苦吃，可以强人筋骨，可以蓄足心力体力去担当大任。

---

① 徐式婧、徐家骥:《“和”文化的当下启示》,《秦皇岛国学》2011年总第1期（创刊号），第11—18页。

你们要把握时代，德智体美劳全面发展，要准备好在未来拼智力拼勤奋的时代舞台上大显身手。”

三、家诗家话，传承文脉

太姥爷的一生做到了“家吾家以及人之家”、国学家传与外传并重。太姥爷把“国学”作为“家学”，国学成为全家人的必修课。太姥爷每天为姥爷姊弟五人讲授国学，从小培养他们对传统文化的热爱，打牢了国学基础。为了学以致用、提高写作能力，太姥爷经常在节假日组织家庭赛诗活动，比比谁的诗有情有骨有神，为此太姥爷还留下了“元宝汤成灯烛下，时将佳句代空言”的诗句。

太姥爷的爱国精神和对中国传统文化的热爱，润物细无声地影响着姥爷姊弟五人，他们都将传播国学作为毕生的使命，赓续立德树人的教育精神，继续从事教育工作。母亲兄妹七人读硕读博，毕业后无论是在大学教书育人，还是在其他行业，或直接地传播国学，或以国学为基石在各自的事业上向上攀登，发挥着自己的光和热。我们这一代兄妹几人在浓厚家风的熏陶下，正在学习和继承家学的路上起步。

从古至今，一代代人对国学的传承与发扬，形成了璀璨的华夏文明和中国独有的国学思想精华。太姥爷、姥爷、母亲和我们几代人对国学的传承，正是一种证明。

2009 年，姥爷接过了太姥爷的笔，笔耕不辍，将徐家的家族精神及价值理念撰写成书，呕心沥血写下了《徐氏家诗》和《徐氏家话》。书中揭示了中国家文化的源头活水，赋予“仁义礼智信”五德以全新的时代精神，书中有“修齐治平”的现代版，有对中国文化“和而不同”“天下大同”“天下无外”思想的传承与倡导。

徐家世世代代皆为文人，我曾疑惑：为何可以坚持这么久？姥爷告诉我：“孔子曰：‘知之者不如好之者，好之者不如乐之者。’我们以学习为乐，才能坚持始终。而且传统文化的精华代代相传，早已融入中华民族的血液，一代一代又加入全新因素，一代比一代闪亮，这也是中国人的生存密码，是五千年文明熠熠生辉的源泉。因此，对千古一脉的中国传统文化薪火相传，正是一代代士人的使命。”

每当我看见姥爷满是茧的手，早已弯曲的背，头顶稀疏的银发，总是不禁落下泪水。古稀之年的他，仍然书不离手，手不离笔，苦心钻研着文史哲，像祖国小海岛上的守护人一样守护着中华文化。同时姥爷为家庭之舟掌舵，有如无声春雨，滋润着家风、学风，哺育着儿孙茁壮成长。这种爱国奉献和对国学锲而不舍的传承精神塑造了徐家家风。在这样的家风影响下，我不敢一日怠惰，自强不息，丰富知识，增长智慧。我暗下决心，一定接好无价的家传接力棒，不负重托，无愧于心，在姥爷的肩膀上继续向上攀登，更上一层楼。

后记

书写家史，往事像过电影一样，一幕幕撞击着我的心，让我难以搁下笔。

太姥爷作为读书人，一生担当着传播国学的重任，他生为国学而来，死为国学而去，为后代留下了宝贵的精神财富。姥爷、母亲及我们三代人都在努力继承与践行徐家家风。千千万万个家庭的优秀家风，汇聚成中华文明的浩荡江河。家风建设是中华文明的重要组成部分。中华文明源远流长，博大精深，生生不息，让我们为之骄傲，我们定要珍视这一瑰宝。

我的家史没有轰轰烈烈、惊天动地的场景，却让我读懂了什么叫平凡中见不凡，同时让我更加明确了人生方向。但愿在未来的路上，我可以肩负起家庭的责任，承担起家庭的使命，融入中华民族璀璨的现代化事业中，以家国之情怀，以天下之胸怀，踔厉奋发，笃行不怠，让青春绽放绚丽之花。

（指导老师：刘英、庞也）

百年家史，代代传承

北京师范大学附属中学 · 杨宗瑶

这些故事，被每个人从记忆的长河里捞出来，逐渐清晰；他们讲述时流的那些泪，是我不曾懂的。也许有一天，再翻开这篇文章时，我已慢慢地感悟，继续讲给下一代人听……

——题记

过年回到老家，看到阁楼里灰蒙蒙一片，不禁好奇地问：“姑姥姥，这是什么啊？”“噢！那是你曾外祖父留下来的书。”轻轻拂去书皮上的灰尘，一本本泛黄的老书，上面写满了我看不懂的繁体字和草草的笔记，那都是20世纪50年代到70年代印刷的，有关于政治的、农业的、经济的……看得我一头雾水。姑姥姥笑笑，慢慢打开了那尘封百年的记忆……

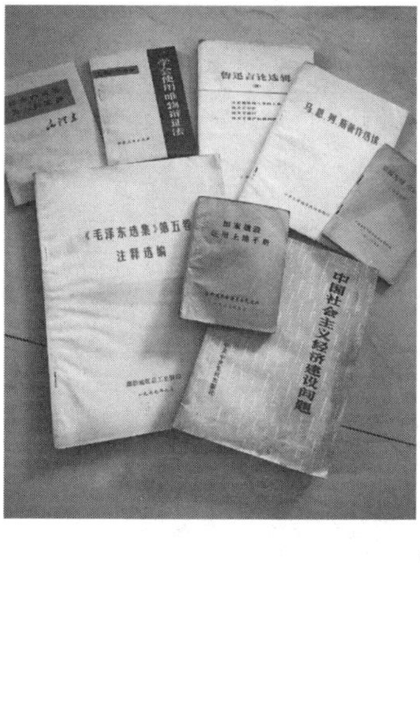

曾外祖父留下来的书

一、风雨飘摇

1919 年我的曾外祖父出生于河北省廊坊市文安县。那是一个混乱的年代，继辛亥革命之后，国内各地军阀混战，政局动荡不安，百姓流离失所，苦不堪言。在家人的小心呵护下，他平安活到了十五六岁。到了 1935 年，日本侵略军开始侵犯我华北大地，曾外祖父跟随家人乘火轮逃到天津去。正巧，他母亲在火轮上又生下了一个儿子，因此，取小名唤作火轮。他母亲却也因此染上了疾病，不久就过世了……

广州辛亥革命纪念馆展示的 20 世纪 20 年代老百姓居无定所的老照片

（一）家破人亡

高外祖母去世了，没人在家照顾弟弟妹妹，曾外祖父只好挑着担子，担着弟弟妹妹去田间除草。前面的筐里放着妹妹，后面的筐里放着弟弟，两个孩子穿着缝不起补丁的衣服，身子一颠一颠。曾外祖父把他们放在田头，自己则钻进玉米地里去除草。两个孩子眨巴着大眼，左看右看都没找到哥哥的身影，便“哇”的一下哭了起来。直到曾外祖父一手攥着杂草，一手擦着满脸的汗水再次出现，他们才停止了哭泣。就这样，日复一日……

可就算这样，他们家的生活条件仍养不活 4 个人。夜里，高外祖父辗转反侧，最终含泪做出了决定：把女儿和小儿子送人！这一年，女儿 5 岁，儿子只有两岁……那天，曾外祖父紧紧地握着他们的手，哭到不能自已，抽噎着，张了张嘴，却不知说些什么。最终，在弟弟一声声“哥哥”的呼唤中还是分别了。几天后，噩耗再次传来，弟弟死了。可还来不及伤心，就又要面临一次分别：高外祖父要去闯关东了。他一个大人都不一定能活下来，只好留下曾外祖父一人。妹妹送人了，弟弟死了，高外祖母也死了，转眼间，昔日虽贫穷但欢乐的家，死的死，散的散。凌晨三点，月光洒在玉米地里，波光粼粼，窸窸窣窣，高外祖父顺着大清河渐渐远去。曾外祖父望着他父亲慢慢变小的背影，眼泪啪嗒啪嗒往下掉，重重地砸进了玉米地里。曾外祖父的不舍流进大清河里，朝着他父亲走的方向①……

那天夜里回家后，曾外祖父再也睡不着了。第二天起床后的黑眼圈和红肿的眼睛出卖了他昨晚的经历。又这样过了几天，直到家里的存粮见底，他才开始思考自己的生存：“嗯……自己一个小孩，也只好去天津给日本人当童工了！”

①《千古风流赵北口》，大清河是文安到天津的交通要道，大清河航运也是在北宋时期兴起的。北宋为保障边境地区的物资供给，从正定府开凿运河至莫州（今鄚州），向东可达霸州、信安军、乾宁军等地。与京德御道有所不同，大清河货运航线上，穿梭的大部分是生活在社会底层的船工水手。高外祖父顺着大清河走路到天津，再辗转到东北。

（二）远走他乡

童工们披着满天星斗走进厂房，顶着凄冷的月光返回宿舍，一天劳动14个小时，即使每天睡在杂草上，也是躺下就睡着，累得连尿床了都不知道！如此睡眠不足，难免会有人赖床，但迎接的就不仅是催促、叫骂声，还有竹板、棍子或皮鞭。厂房里经常能看到被打得血肉模糊的童工含泪上工。那些工头们剥削小孩，童工们吃的饭里有沙子，空着半个肚子就要去干活，和大人同样的工作量，而工钱却少得可怜，一年只有3个大洋，在当时未必能买一袋米。

宿舍里潮湿得厉害，夏天墙面往外渗水，冬天墙上有冰碴儿。童工们个个长了脓疱、疥疮，痒得睡不着觉，一挠就连脓带血往外流，很多童工被折磨致死。万幸的是，在那样艰难险恶的环境下，我的曾外祖父活下来了，但头上的那块承载着这段记忆的疥疮却无法修复了，使得他的后半生总是和帽子相伴。

我的曾外祖父不仅活下来了，还学了一手好活计。他精通纺纱，会修理机器，用铅笔画的图纸也很精确……他随时随地都在学，记下了工头教的所有技术，可见他多么奋发自强！

二、食不果腹

20世纪40年代初，白手起家的曾外祖父带着攒了几年的钱回到故乡，买了一台织布机，又雇人纺线，开创新的事业。也是在这时，他认识了我的曾外祖母，在他25岁那年结了婚。当时抗日战争正处于激烈的时期，他们没有彩礼，也没有嫁妆。曾外祖母只是拎着一个小包袱，便来到了插着擎杆儿[1]、糊着纸窗户、一穷二白的家，家里最值钱的只是一个大衣柜。

日子刚安宁了一阵子，曾外祖父的后母就去世了，卖了一半的田产才

① 一种大树叶的叶柄。

将老人下葬。经济还没缓过来，高外祖父又过世了。家里剩下的 3 亩地要留着过日子，被逼无奈，他只好用家里最值钱的大衣柜将高外祖父下葬……

为了能吃上饭，曾外祖父和曾外祖母没日没夜地干活。每天，曾外祖父凌晨三点起床，披星戴月去 50 里外的鄚州赶集，他看过无数次的日出，看过无数次月亮落下去再与太阳换班的过程，看过无数次天空由幽幽的深蓝再到金光洒满大地。每天往返一百里路，才能确保卖掉昨天织的布，买到今天要吃的2斤杂面[①]，才能确保当天有饭吃、不挨饿，“嘴顶嘴的挣，嘴顶嘴的吃”，日日如此，也没有隔夜粮，多年都没吃过白面。

有一天曾外祖父起早了，走啊走，可天却越来越黑，突然豆大的雨点落下来，不一会儿雨便像连了线一样一股脑浇在身上。他飞奔向桥下躲雨，想等着雨小些。谁知等着等着，眼睛越眨越小，最后竟靠着土坡昏睡过去，直到水快漫过脖子才突然惊醒。

即使这样勤劳，家里的存粮还是见底了。1945 年，家徒四壁，他们的大女儿就要出生了。热心的邻居大娘帮忙接生，让曾外祖父去熬小米粥，可催了几次，都没闻到饭香。邻居大娘急冲冲地跑出来，掀开锅盖，却只有一锅水。原来曾外祖父翻遍了大盆小盆，却一粒米也没找到……邻居叹了口气，嘴上骂着“这苦日子”，最后还是回家给曾外祖父端了一碗小米。

三、生活渐好

中华人民共和国成立后，曾外祖父终于看到了生活的希望。他积极入了党，并当上了村支书。家里天天围着一群人，一人坐一个大冬瓜，商量着怎么让乡亲们都过上好日子。次数多了，冬瓜都坐烂了。

（一）与供销社的情缘

因为出色的织布技术，曾外祖父被选中第一批进入供销社，“这可是铁

---

① 一种以玉米、高粱、小麦粉混合而成的面。

饭碗！”邻居们都对他刮目相看。由于曾外祖父只上过一年学，不会算账，字也是斜着写的。当时还是十六进制，这更让他头疼，但他性子倔强，在他这儿，只卖一斤、两斤这种整斤数的，也因此常常和顾客闹笑话。所以，在党组织业务骨干去学习理论和技能时，曾外祖父很积极，已经 30 多岁的他被派到了石家庄学习半年。回来后，经常能看到他半夜点着煤油灯、眯着眼，细细地摆弄着他的小本子，把每笔账都算好多遍。他珍惜这来之不易的生活，任劳任怨，虚心向周围的人请教，冲破重重难关，一步一步凭着自己的刻苦努力与认真负责，当上了供销社主任。

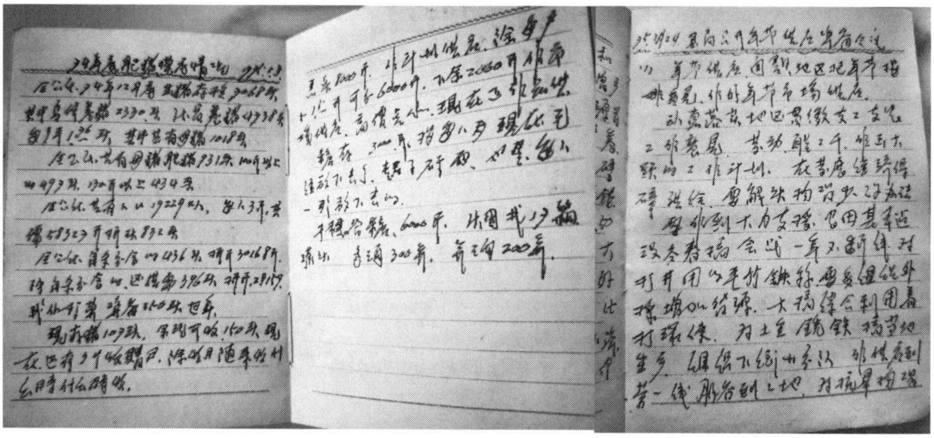

曾外祖父 20 世纪 70 年代在供销社的工作笔记

在新隆宫镇商店任职时，曾外祖父曾遇到过一个小女孩。她毛躁的头发扎成麻花辫，辫梢系着白布条（老家习俗，父母至亲去世，子女头扎白辫守孝），干涩的眼睛布满红血丝，像是哭过很久已哭不出泪来，眼中只剩空洞的深渊。曾外祖父知道失去亲人的痛苦，那个饱含泪水的月夜，那大清河旁的玉米地……他不希望女孩遭受自己经历过的苦难。他像对待自己亲生的孩子一样，利用业余时间教她本领，将她从孤苦的深渊里拉出来，让她活在阳光下。这个女孩后来成为商店里一名出色的业务员。这样的故事，还有很多很多……曾外祖父自己“淋过雨”，希望为别人撑起一把伞。

当时实行的是计划经济，所有物资都聚集在供销社统筹。由于物资匮乏，只能按人头分配，且只有在供销社才能凭票换购米、面、油等物品。而我们现在则是市场经济，每人手里都握着钱和选择权，可以在旧货市场买几百元的二手电视，也可以去商场买上万元的多功能全新电视。

“党把我培养成人，让我吃得饱，穿得暖，我一定要对得起党！”这是姑姥姥经常听到曾外祖父说的一句话。所以，在我姑姥姥结婚时，他特地去30公里外的霸县，买了一个杂牌的自行车做嫁妆，而没有在自己负责的商店里买。要知道，他可是主任呀！掌管着整个公社所有人的衣食用品，他动动嘴，手底下的哪个名牌自行车不能要？但他两袖清风，宁愿多花钱，自己吃亏，也不贪公家的便宜！

（二）“零钱化整钱”[①]

曾外祖父的工资很高，他一个月能挣50元，顶别人家一年的收入，所以我的姑姥姥[②]从小就物质丰富。但曾外祖父很低调，一直强调“我们是贫农出身，出去不要张扬”。其实也不是多么有钱，就是会过日子，更重要的是勤奋，“零钱化整钱”！

曾外祖父的孩子们上学前和放学后都要去打草，儿子管一只猪，女儿管三只羊。一年里把猪和羊都好生伺候着，过年时候把猪卖了，就得了一笔零花钱，一家子过年的新衣服就不愁了。而那些羊，则留着困难时应急用，卖一只就能帮助渡过难关。在过年前的几个月，留一只小羊，好好养着，准备过年吃。那时候宰羊也有讲究，宰了羊之后先把肉卖了，就能得一笔零花钱。剩下的羊杂做一桌子美食，这样过年吃的肉就有了，也足够招待客人。所以，在别人看来，他们家年年有肉吃。

① 为作者老家方言，大意为：集中财力办大事。

② 曾外祖父的小女儿，生于60年代。

1979 年曾外祖父与姥姥、姥爷、表姑姥姥在文安庙会的合影

1981 年曾外祖父与姑姥姥、表姨的合影

（三）与书的不解之缘

可正是这么一个掌握着丰富物质资源的人，却只爱读书学习，心里时刻牢记的是社会主义理想和一心为党的使命，那是深入到骨髓的追求。至今我妈妈仍记得他唱的那些革命歌曲、讲述的那些理想。姑姥姥说，曾外祖父没事就给她讲《资本论》《政治经济学》《共产党宣言》等书籍，“剩余价值”“周期”“生产关系”，这些概念都是曾外祖父给姑姥姥讲明白的，受益一生。这也就不难理解，他退休的时候，是怎么把两柜子的书运回几十里外的家的，是怎么把这些书当成最宝贵的家当保存下来的。我一直不明白一个从来没有上过学的老人，怎么会读那么多书，怎么那么热爱那些难懂的理论，怎么能把机械图用铅笔画得那么精确漂亮，为何对在大学教书的远亲充满那么高的敬意。

也许答案藏在他书里那些花花绿绿的批注中。他看过的书连书面都是平平整整，保存得很好，但书里的笔记却满满当当，每几行就有不同的批注，红波浪、蓝道道，留白处也挤满了绿色的感悟。他用他那独特的斜体字，在每本书上都留下了自己看过的痕迹。那翻过多次的好书，批注就热闹得不用说了。书丰富了他的精神世界，他似乎感到那些复杂的现象一点点被分解，变得清晰。这些感悟指引着他带大家过上好日子，使他非常满足。

（四）不变的热爱

曾外祖父一直是个热爱生命、热爱劳作的人。曾外祖父盖厢房，但场地中央有棵和他一起生活多年的大枣树，他舍不得砍掉这“家庭中的一员”，于是在屋顶上开了个洞，房顶就成了姑姥姥和妈妈两代人童年中不可代替的印迹。那春天一点点萌发的嫩叶，夏天雨夜的窸窣声，秋天伸手可得的大红枣，冬天枝头积攒的白雪，是他一直对生命的热爱换来的大枣树最真诚的回报。妈妈说，她的脑海里还常常浮现出他在田地里劳作的身影，那熟练的耕种、收割，那一肚子耕作的知识，还有那骑着自行车常常去地头看看的热情，一直持续到他 80 岁去世。

后记

曾外祖父的一生，不仅是二十世纪一个普通家庭变迁的缩影，也是祖国从旧社会到新社会嬗变的见证。曾外祖父在绝境中顽强不息，在困苦中披荆斩棘；他经历了苦难，仍对新事物孜孜以求、对他人施以援手；他取得了成绩，仍紧衣缩食、足履实地；他身处要位，仍朴实无华、正直刚正、爱书如命。曾外祖父的这些亲身经历、生活理念、学习精神潜移默化地影响了三代人。我作为第四代子女，不仅要把这些故事和经历传下去，也要把这些理念和精神一代代地传下去。

（指导老师：刘英）